河出文庫

ツァラトゥストラかく語りき

フリードリヒ・ニーチェ

河出書房新社

第一部

第二部

第三部

第四、最終部

ツァラトゥストラかく語りき

万人のための、そして誰のためでもない本

第一部

ツァラトゥストラの序説

一

ツァラトゥストラは三十路になったとき、故郷と故郷のみずうみをすてて山に入った。そこでみずからの精神をよろこび、孤独をたのしんで、十年のあいだ倦《う》むことがなかった。しかし、ついに心が変わった。——ある朝、朝焼けて赤い空の光とともに起き上がって、太陽に向かってあゆみ出ると、こう語りかけた。

「君よ、大いなる星よ。いったい君の幸福もなにものであろうか、もし君にひかり照らす相手がいなかったならば。

十年間、君はここまで昇り、わたしの洞窟までやって来てくれた。もしそこにわたしと、私の鷲と蛇がいなかったら、君はみずからの光にも、その歩んできた道のりにも、倦々《あきあき》してしまったことだろう。

しかし、われわれは夜あけごとに君を待って、君のあり余る充溢を引き受けると、そのような君をよろこんで祝福した。

見よ。わたしもみずからの知恵に飽きた。あまりにも夥《おびただ》しく蜜をあつめた蜜蜂のように。わたしは手を必要とする、わたしの知恵にむかってさしのべられるあまたの手を。贈りたい。分け与えたい。世の知者たちが再びおのれの無知に、貧者たちがふたたびおのれの豊かさに、気づいてよろこぶに至るまで。

そのためなら、わたしは低い所へとくだっていかねばならない。君も暮れ方になれば海の彼方に沈み、昏《くら》い下界にも光をもたらしているように。君よ、豪奢なまでにゆたかな星よ。

わたしも、君のようにしなくてはならない。わたしが下っていこうとする人々の言い方を借りれば、没落せねばならない。

さあ、わたしを祝福してくれ。君よ、どんなに大きな幸福ですら妬心《ねたみ》なく見ることができる、静かな眼よ。

さあ、祝福してくれ。この溢れんばかりの杯を。水は金《きん》色にひかり、杯からながれだして至るところ君の歓びの照り返しを運んでいくだろう。

見よ。この杯はふたたび空になろうとしている。ツァラトゥストラが、ふたたび人間になろうとしている」。

――こうして、ツァラトゥストラの没落は始まった。

二

ツァラトゥストラはただひとり山をくだって行った。誰にも出会わなかった。しかし森にはいるとその前に、不意に白髪の老人があらわれた。老人は、森へ草木の根をもとめて、俗世間をはなれた自らの聖《きよ》い庵《いおり》から出てきたのだった。その老人はツァラトゥストラにこう語った。

「この流離《さすら》いびとは見たことがある。何年も前に、ここを通りすぎて行った。名はツァラトゥストラ。しかしこの人はまるで変わってしまった。

あのとき、君はみずからの遺灰を山に運んで行った。今日は、みずからの火をあまたの谷へ運ぼうとするのか。火を放った者として受ける罰を、君はおそれないか。

そうだ、これはたしかにツァラトゥストラだ。しかし今、その眼は澄んでいて、その口には嫌悪の嘔吐《えず》きがない。だから、ひとりの舞踏者《ダンサー》のように歩んでいくではないか。

変わったのだな、ツァラトゥストラは。子どものようになった、ツァラトゥストラは。めざめたのだ、ツァラトゥストラは。だが、いま眠り込んでいる者たちのところへ行って、君は何をしようとするのか。

海のなかに棲んでいるかのように、君は孤独のなかに生きていた。その海にいだかれて。ああ、なのにいま、陸《おか》にあがろうとするのか。ああ、なのにいま、君はその体を、ふたたび重くひきずっていくつもりなのか」。

ツァラトゥストラは答えた。「わたしは人間を愛している」。

「だが」と、聖者は言った。「わしが一体どうして森に、寂寥の地に入ったろう。それは、わしがあまりに人間を愛していたからではないか。

今、わしは神を愛している。人間を愛してはいない。人間は、わしにはあまりにも不完全な代物だ。人間を愛すれば、わしはこの身を滅ぼしてしまうだろう」。

ツァラトゥストラは答えた。「なぜ、わたしは愛などと言ってしまったのだろう。私は人間に贈り物をしに行くのだ」。

「彼らに何も与えるな」と聖者は言った。「それよりも、彼らが背負っているものを持ってやって、一緒に背負ってやるがいい。――それが彼らにとって何よりの親切だ。もっとも、君がそれを望むならば、だ。

それでも与えたいというのなら、施しとしてだけで、それ以上は与えるな。しかも、彼らにまず物乞いをさせてからだ」。

「いや」とツァラトゥストラは答えた。「施しなどしない。施すほどわたしは貧しくない」。

聖者はツァラトゥストラを笑い、こう語った。「ならば君の宝物を連中にとらせてみればいい！　彼らは世捨て人など胡散臭《うさんくさ》いと思っているし、われわれが贈り与えるためにやって来たなどとは、信じはしない。

街の小路を通っていくわれらの足音は、彼らにとってはもの寂しくひびく。日が差すにはまだ間がある深夜だというのに、外を誰かが歩いているのを、寝床のなかで聞いているときのように、彼らはきっと言い合うだろう。『盗人《ぬすっと》め、どこに行く気だ』と。

人間たちのところへ行くな。森にとどまるがいい。行きたければ、いっそ動物のところに行けばいいではないか。なぜ、君はわしのようになろうとしないのか——熊のなかの一頭の熊、鳥のなかの一羽の鳥であろうとはしないのか」。

「それで、聖者たるあなたは、森のなかで何をしているのですか」。ツァラトゥストラは尋ねた。

聖者は答えた。「わしは歌をつくって歌っている。そして歌をつくるとき、笑い、泣き、歌い、泣き、笑い、呻いて、わしは神を讃える。わしの神を。ところで、君はわれわれにはどんな贈り物をしてくれるのか」。

この言葉を聞いたとき、ツァラトゥストラは聖者に一礼して言った。「差し上げるものなど何かありましょうか。いや、すぐにここを立ち去らせていただきたい。あなたがたのものを、わたしが取ったりせずに済むように」。——こうしてこの老人とこの男は別れた。ちょうど二人の少年が笑いあうように笑って。

ツァラトゥストラは一人になって、おのれの心にこう言った。「こんなことがあっていいものだろうか。この老いた聖者は、森のなかにいて、まだ何も聞いてはいない。神は死んだ、ということを――」。

三

森のはずれにある最初の町に入ったとき、ツァラトゥストラはその市場に多くの人々が集まっているのを見た。綱渡り舞踏家《ザイルテンツァー》が来ることが告知されていたから。ツァラトゥストラは群衆に向かってこう語った。

わたしは諸君に超人を教える。人間は、克服されねばならない何かだ。君たちは人間を克服するために、何をしたか。

ありとあらゆるものは、今まで、みずからを超える何ものかを創り出してきた。君たちは、その大いなる満ち潮にさからって引き潮であろうとするのか。人間を克服するよりも、むしろ動物に帰ろうとするのか。

人間にとって猿とは何か。物笑いの種か、痛みを感じるほどの恥辱である。ならば超人にとって人間はまさにこういうものであるはずだ。物笑いの種か、痛みを感じるほどの恥辱でなければならない。

君たちは虫から人間への道を辿ってきた。そして諸君らのなかの多くはまだ虫だ。かつて君たちは猿だった。そして今でも人間は、いかなる猿よりも猿だ。

諸君のなかでもっとも賢い者も、植物でも幽霊でもあっていずれでもない、迷える中途半端なものにすぎない。だが私が幽霊になれ、あるいは植物になれと命ずると思うか。聞け。わたしは諸君に超人を教える。

超人は大地の意義である。君たちの意志はこう言うべきだ。超人よ大地の意義であれ、と。

わが兄弟よ、わたしは心から願う。大地に忠実であれ、そして諸君に地上のものならぬ希望を語る者どもを、信じてはならないと。みずからそれを弁《わきま》えていようといまいと、彼らは毒を盛ろうとしているのだ。

彼らは生命を侮蔑している、ゆっくりと死んでいこうとしている、みずからも毒にあたっている、そして大地もこのような者どもに倦々《あきあき》しているのだ。この地上を去りたければ、去るがいいではないか。

かつて神を冒瀆することが最大の冒瀆だった。だが神は死んだ。だからこの神を冒瀆する者たちも死んだ。今やもっとも恐るべきことは、大地を冒瀆することだ。究め尽くすことができない者の臓腑を、大地の意義よりも高くあがめることだ。

かつては、魂が肉体を軽蔑のまなざしで見ていた。当時は、このような軽蔑こそが、至高のものとされていた。——魂は肉体を、痩せさらばえて、醜く、餓えているものにしようとした。そうすれば、魂は肉体から、そして大地から、うまく逃げおおせると思い込んでいた。

おお、この魂のほうこそが、もっと痩せ、醜く、餓えていたのだ。だから冷酷であることが、魂の淫乱のよろこびだったのだ。

だが、わが兄弟よ、言ってくれ。君たちの肉体は、君たちの魂について、どう言っているかを。君たちの魂も、貧弱で、よごれていて、あさましい安逸ではないのだろうか。

本当に、人間は、汚れてながれる川だ。きたない流れを呑みくだすことができて、そのうえ澄み切ったままでいるためには、われわれはまず大海にならなくてはならない。

聞け。わたしは諸君に超人を教える。超人はこの海だ。諸君の大いなる軽蔑は、このなかに流れくだることができる。

君たちが身をもって生きることができる、最大のものとは何だろう。それはこの大いなる軽蔑をおこなう時だ。諸君にとって、おのれ自身の幸福に虫酸が走る時だ。同じく、諸君の理性にも、徳にも、虫酸が走る時である。

君たちがこう言う時だ。「わたしの幸福が何だというのか。これは貧弱で、よごれている、あさましい安逸だ。わたしの幸福は、生きているということそのものを、肯定し、擁護するものでなければならない」。

君たちがこう言う時だ。「わたしの理性が何だというのか。獅子が獲物を欲しがるように、それは知を求めているだろうか。わたしの理性などは、貧弱で、よごれている、あさましい安逸にすぎない」。

君たちがこう言う時だ。「わたしの徳が何だというのか。わたしはみずからの徳に熱狂したことがない。わたしの善、わたしの悪に、どんなに退屈していることか。これらすべては貧弱で、よごれている、あさましい安逸にすぎない」。

君たちがこう言う時だ。「わたしの正義が何だというのか。わたしが灼熱であり、その燃料であろうとは思えない。だが正義の人は、灼熱であり燃料なのだ」。

君たちがこう言う時だ。「わたしの同情が何だというのか。同情とは、人間を愛するものが磔にされる十字架ではないか。わたしの同情は、わたしを十字架にかけない」。

諸君はすでにそう言ったか。すでにそう叫んだことがあるか。ああ、すでに君たちがそう叫ぶのを、わたしが聞いたことがあったなら。

罰されるべく、天に向かって叫んでいるのは君たちの罪ではない。叫んでいるのは諸君の節度だ。罪においてすらも吝嗇《けち》な、その君たちのせせこましさが叫んでいるのだ。

だが、君たちをその舌で舐め尽くす稲妻は、どこにある。君たちに接種されねばならない狂気は、どこにあるのか。

聞け。わたしは諸君に超人を教える。超人はこの稲妻だ、この狂気だ――。

ツァラトゥストラがこう言ったとき、群衆のなかの一人が叫んだ。「綱渡り舞踏家《ザイルテンツァー》についての長広舌《ちょうこうぜつ》は、もう沢山だよ。ここらで実際に見せてもらおうじゃないか！」。そして群衆はみな、ツァラトゥストラを笑った。しかし、綱渡り舞踏家は自分のことを言われたと思って、みずからの芸にとりかかった。

四

しかし、ツァラトゥストラは群衆を見て、怪訝に思った。それから、こう語った。

人間は綱だ、動物と超人とのあいだに掛け渡された――深淵の上に掛かる、一本の綱だ。

彼方に渡ろうとするのもあやうい。中途にとどまるのもあやうい。振り返るのもあやうい。慄《ふる》えて立ちすくむのもあやうい。

人間の偉大さは、人間が橋であり、それ自体は目的ではないということにある。人間が愛しうるのは、人間が移りゆきであり、没落であるからだ。

わたしは愛する。没落する者としてしか生きることができない者たちを。それは、彼方へと向かおうとする者たちだからだ。

わたしは愛する。大いなる軽蔑者を。彼らは大いなる尊敬者であって、かなたの岸への憧れの矢だからだ。

わたしは愛する。没落を余儀なくされ犠牲となっても、まずその根拠を星空の彼方にもとめるなどということをしない者たちを。彼らは、いつか大地が超人のものになるようにと、みずからを大地に捧げる者たちである。

わたしは愛する。認識するために生きる者、いつの日か超人があらわれる、そのために認識しようとする者を。こうして彼は欲する、みずからの没落を。

わたしは愛する。働き、案出し、超人のために家を建て、超人のために大地と動物と植物とを準備しようとする者を。こうして彼らは、みずからの没落を欲するのだから。

わたしは愛する。みずからの徳を愛する者を。徳は没落への意志であり、憧れの矢であるから。

わたしは愛する。一滴の精神もみずからに残すことなく、もろともに徳の精神たらんとする者を。こうして、彼は精神として橋の上を歩んでいく。

わたしは愛する。みずからの徳を、やむにやまれぬ性癖や悲運にしてしまう者を。だから、彼はその徳のために生き、また死のうとする。

わたしは愛する。あまり多くの徳を持とうとしない者を。ひとつの徳はふたつの徳にまさる。徳とはむしろ結び目であり、悲運の重荷がそこに吊り下がるからだ。

わたしは愛する。大盤振る舞いする魂の持ち主を。感謝も求めず、返礼もしない。つまり彼はいつも贈り与えるのであって、自分のために何かを取っておこうとはしないのだ。

わたしは愛する。骰子《サイコロ》で好運な目が転がり込むと、恥ずかしくなって、いかさま賭博をしてしまったのではないかと尋ねる者を。――なぜなら、彼は破滅しようとしているのだから。

わたしは愛する。みずからの行いの前に、黄金の言葉をなげて、つねに約束したこと以上のことを果たす者を。彼は没落を欲しているのだから。

わたしは愛する。来《きた》るべき人々の正しさを擁護し、過ぎ去った人々を救う者を。彼は現在の人々を相手にして破滅しようとするから。

わたしは愛する。みずからの神を愛するがゆえに、その神を痛めつける者を。彼はみずからの神の怒りにふれて、滅びなければならないから。

わたしは愛する。傷ついているときも魂はなお深く、ちいさな体験でも破滅することができる者を。こうして彼はよろこんで橋を渡って行く。

わたしは愛する。あふれでるくらいに豊かな魂を持っていて、みずからのことを忘れ果て、一切の物を内に受け入れてしまう者を。こうして、この一切の物のために、彼は没落する。

わたしは愛する。自由な精神と自由な心の持ち主を。彼の頭などは、ただその心のはらわたにすぎない。しかしその心は彼を没落へと駆り立てる。

わたしは愛する。人間の上にこめるくろ雲から、一つぶずつ落ちてくる、重い雨垂《あましづ》りのような者たちを。彼らは稲妻が来ることを告知する。そして告知する者として破滅するのだ。

見よ。わたしは稲妻の告知者だ、雲から落ちる重い雨垂りだ。この稲妻の名こそ、超人なのだ——。

五

ツァラトゥストラはこのように語り、ふたたび群衆をながめると、黙り込んだ。「彼らは立ち尽くしている」、と彼はおのれの心に語りかけた。「彼らは笑っている。彼らはわたしを理解しない。わたしは彼らの耳のための口ではない」。

まず彼らの耳を粉みじんに打ち砕き、目で聞くことを学ばせねばならないか。大太鼓や悔い改めを迫る伝道師のごとく、大音声でわめき散らさなくてはならないか。それとも、彼らは閊《つか》えながら話す者の言うことしか信じないのか。

彼らも何ごとか誇るものがある。おのれが誇りとするものを何と呼んでいるか。教養と呼んでいる。教養こそ、彼らが山羊飼いなどよりも優れている証拠だ。

だから彼らは、みずからを「軽蔑」すべきだなどと語られることを嫌う。ならば彼らの誇りに訴えかけよう。

ならば彼らに、もっとも軽蔑すべき者について語ろう。そう、最後の人間について。

そしてツァラトゥストラは、このように群衆に語りかけた。

「人間がみずから、おのれの目標を定めるべき時が来た。人間がその最高の希望の芽を植えるべき時が来た。

まだ人間の土壌は、芽を植えることができるくらい、十分にゆたかだ。しかしこの土壊もいつかは痩せ、耕し尽くされてしまい、もはや、そこから一本の大樹すら育つことがなくなるだろう。

何ということだ。時が来る。人間はもはやみずからの憧れの矢を人間を越えて放つことがなく、その弓の弦を鳴らすことも忘れてしまう、その時が。

諸君に告げる。人はみずからのなかに混沌《こんとん》を持っていなくてはならない、舞踏《ダンス》する星を産むことができるためには。諸君に告げる。君たちは自分のなかにまだ混沌を持っている。

何ということだ。人間がもはやどんな星をも産み出さなくなる時が来る。何ということだ。もっとも軽蔑すべき人間の時代が来る。もはやみずからを軽蔑することができない人間の時代が。

見よ。わたしは諸君にこの最後の人間を示そう。

『愛って何？　創造って？　憧れって？　星って何？』――最後の人間はそう尋ねて、まばたきする。

そのとき大地は小さくなる。そしてその上で、一切を小さくする最後の人間が跳ね回っている。その種族は地蚤《ちのみ》のように根絶やしがたい。最後の人間はもっとも長く生きのびる。

『僕らは幸福を発明した』――最後の人間はそう言って、まばたきする。

彼らは生きるに苦しい土地を見捨てる。温もりが要るから。やはり隣人を愛し、その身をこすりつける。温もりが要るから。

病気になること、不信をいだくことは、彼らにとっては罪である。用心してゆっくりあるく。石に躓《つまず》いても、人に躓いても、そいつは世間知らずの阿呆だ。

ときどきわずかな毒を飲む。心地よい夢が見られるから。そして最後には多くの毒を。そして心地よく死んでいく。

働きもする。労働はなぐさめになるから。しかしなぐさめが過ぎて、身体をこわさないように気づかう。

もはや貧しくも、豊かにもならない。どちらにせよ面倒なことだ。いまさら誰が統治しようとするか。いまさら誰が服従しようとするか。どちらにせよ面倒なことだ。

牧人などいない、畜群がひとつあるだけだ。誰もが同じであることを望み、誰もが同じだ。そう感じない者は、みずから精神病院に入る。

『昔の世の中なんて、みな頭がおかしかったんだよ』――この上品な人びとは、そう言ってまばたきする。

彼らは悧巧で、世間で起きることなら何でも知っている。だから彼らの嘲笑の種は尽きない。口げんかくらいはする。だがまもなく仲直りする――そうしないと胃に悪いから。

小さな昼の快楽、小さな夜の快楽をもっている。だが健康が第一だ。

『僕らは幸福を発明した』――最後の人間はそう言って、まばたきする――」。

ここにツァラトゥストラの最初の演説は終わった。世に彼の「序説」とも呼ばれる。ここで終わったのは、群衆がさけび、よろこび、ツァラトゥストラを遮ったからだ。「ああツァラトゥストラ、この最後の人間をくれ」と彼らは叫んだ。「俺たちをこの最後の人間にしてくれないか。ならば、超人はお前にくれてやる！」。そして群衆はみな歓声をあげ、舌を打ち鳴らした。しかしツァラトゥストラは悲しんで、心中このように言った。

「彼らはわたしを理解しない。わたしはこの耳のための口ではない。

わたしは山に長く住みすぎた。小川のせせらぎ、木々のざわめきに耳を澄ましすぎた。

そして山羊飼いにむかって語るように、彼らに語っている。

わたしの魂は、乱れず、あかるい。朝の山の様に。だが彼らは、私がつめたく、すさまじい冗談を飛ばして嘲笑する皮肉屋だと思っている。

いま、彼らはわたしを見つめて笑っている。そして笑いながら、なお憎んでいる。彼らの笑いのなかには氷がある」。

六

しかしそこで何かが起きた。すべての口を黙らせ、すべての眼を釘づけにする何かが。

そのあいだ、あの綱渡り舞踏家が芸をはじめていた。小さな扉から出てきて、綱の上を渡っている。二つの塔のあいだに張られた綱だから、市場と群衆の頭上にかかっている。その綱のちょうど半ばまで来たときに、あの小さな扉がもう一度ひらいて、色とりどりの服をまとった道化のような男がなかから飛び出してくると、足早に綱渡り舞踏家を追いかけた。「進め、足萎えめ」、ぞっとする声で怒鳴った。「進めよ、のらくら野郎、もぐり、青びょうたん！　おれの踵でせっつかれてるんじゃない！　お前はこの塔のあいだで何をやってるんだ？　塔のなかに居るのがお似合いだ。閉じ込められていればいい。おまえなんかより巧い奴がすいすい行くのの邪魔になってるんだ！」――一言ずつ、男は近づいて来た。そして綱渡り舞踏家まであと一歩と近づいたとき、恐ろしいことが起こった。すべての口を黙らせ、すべての眼を釘づけにすることが。――その道化は悪魔のような叫び声をあげて、行く手を妨げていた者を飛び超えたのだ。だが、綱渡り舞踏家はみずからの競争相手が勝つのを見ると、うろたえ、足を踏み外した。彼は手にした竿を放り出し、その竿よりもはやく、手足をまわしながら、地上へと一直線に堕ちた。市場と群衆は、嵐が押し入って来た海のようだった。みな散りぢりに、われ先にと折り重なるようにして逃げだした。綱渡り舞踏家の身体が堕ちてきたところが、ことにひどかった。

しかしツァラトゥストラは立ったままだ。まさに彼のすぐそばに、その身体は堕ちてきたのに。惨《むご》くうち砕かれて、しかしまだ死んではいなかった。しばらくすると、この砕かれた男に意識がもどってきた。自分のそばにツァラトゥストラが膝をついているのが見える。「あなたは、ここで何をしてるんですか」と、やっとのことで言葉を発した。「わたしには前からわかってたんだ。悪魔がわたしの足を掬《すく》うだろうということを。いま悪魔はわたしを地獄へ曳《ひ》いていく。あなたはそれをとめてくれるのか」。

「誓って言う、友よ」、ツァラトゥストラは答えた。「君が言うようなものは、何もかもありはしない。悪魔もない、そして地獄も。君の魂は君の肉体よりもすみやかに死ぬだろう。だから、もう何もおそれることはないのだ」。

男は疑わしげな眼でみあげた。やがて言った。「あなたの言うことが本当なら、命を失っても、わたしは何も失わない。わたしは、鞭とわずかな餌で踊りを仕込まれた一匹の動物でしかないのだから」。

「違う」。ツァラトゥストラは言った。「君は危険をおかすことを職としてきた。卑しいことではない。いま君はみずからの職によって滅びてゆく。報いるために、わたしは君をこの手で葬ろう」。

ツァラトゥストラがこう言ったときに、死に行く男からもはや答えはなかった。しかし手をうごかした。まるで、感謝するために、ツァラトゥストラの手をさがそうとするかのように――。

七

そうしているうちに暮れ方になり、市場は闇につつまれた。群衆は散っていった。好奇心や恐怖にすら、くたびれてしまうものなのだから。しかしツァラトゥストラは死者のかたわらにあって地上に座り、もの思いに耽っていた。時を忘れた。やがて夜になって、つめたい風がこの孤独のひとへと吹いてきた。そのときツァラトゥストラは立ち上がり、心中このように語った。

「まことに、今日ツァラトゥストラはよい漁《すなど》りをした。ひと一人釣れはしなかったが、それでもひとつの亡骸《なきがら》を得た。

不気味だ、人間という存在は。依然として意味がない。ひとりの道化ですら、人間を破滅させるもとになるのだから。

わたしは人間にみずからが存在する意味を教えよう。超人だ。人間という暗雲から閃《ひらめ》く稲妻だ。

だがわたしは彼らから遠い。わたしの感覚は彼らに通じない。人間にとって、まだわたしは道化と亡骸の中間にあるものにすぎない。

夜は昏《くら》い。ツァラトゥストラがゆく道も昏い。来るがいい、つめたく強張った道づれよ。わたしは君を運ぼう。そしてこの手で葬ろう」。

八

このように心中語ってから、亡骸を背に負って歩き始めた。が、まだ百歩といかないうちに、ひとりの男がしのび足で寄ってきて、彼の耳にささやいた。——見よ、話しかけてきたのは、あの塔にいた道化ではないか。「この街から出て行け。おう、ツァラトゥストラ」と道化は言う。「ここにはあんたを憎んでる奴が多すぎる。人が善くて正しい連中にだって、あんたは憎まれてる。連中、あんたのことを自分らの敵だと、自分らを軽蔑してやがると思ってる。正しい信仰をもってる信心深いやつらが、あんたのことを民衆に対する危険だと言っている。よかったじゃないか、みんなに笑われて。だって現にあんたの話し方は道化みたいだったんだからな。よかったじゃないか、あのくたばった犬っころと手を組んだのは。そんな落ち目なざまだったから、今日のところはあんたは助かったってわけなんだからな。だがこの街からは出て行け。——さもなきゃあ、おれは明日あんたを飛び越すぜ。おれは生きのび、あんたは死ぬのさ」。そう言い終えると、男は姿を消した。だが、ツァラトゥストラは昏い小路をさらに歩いて行った。

街の門のところで、墓掘り人たちに出会った。墓掘り人たちは松明《たいまつ》で彼の顔を照らし出し、ツァラトゥストラだとわかると、ひどくあざけり笑った。「ツァラトゥストラが死んだ犬を背負って出て行くぜ。けなげなこった、ツァラトゥストラは墓掘り人になったってわけだ。そりゃあおれたちの手はこんな腐れ肉にふれるにゃあ綺麗すぎるからな。ツァラトゥストラは悪魔の食い物をくすねようって算段か？　けっこうじゃないか！　たっぷり味わえよ！　まあ、悪魔がツァラトゥストラより上手の盗人《ぬすっと》じゃなければいいけどな！　――悪魔なら、お前ら二人ともかっぱらって喰っちまうぜ！」。そして彼らは声をそろえ、頭をすりつけあって笑った。

ツァラトゥストラは何も言わず、自分の道を歩いていった。森と沼のほとりを二時間も歩くと、おびただしく、餓えた狼たちの吠える声が聞こえてきて、彼自身も餓えを感じた。そこで灯りが点っている、一軒だけ街から離れた家の前に立ち止まった。「餓えがわたしを襲ってくる」、とツァラトゥストラは言った。「盗賊が襲ってくるように。森と沼のほとりで、餓えに襲われている、この真夜中に。

わたしはいつも、不意に餓えに襲われる。食事をしたばかりなのに、よく空腹になる。今日はまる一日、空腹にならなかった。餓えはどこにひそんでいたのか」。

そう言うと、ツァラトゥストラはその家の扉を叩いた。老人があらわれた。灯りを手にしてたずねた。「わしのところに来たのは誰だ。わしの浅い眠りをさまたげに来たのは」。

「ひとりの生者とひとりの死者だ」とツァラトゥストラは言った。「食べるものと飲むものを与えてくれないか。わたしは昼ひなか、飲食を忘れていた。餓えた者に食を施せば、回復するのは施した者の魂だ、と、ことわざにもある通りに」。

老人はいなくなったが、すぐ戻ってきて、ツァラトゥストラにパンとぶどう酒をさし出した。「ここは餓えた者にはつらい土地でな」、と老人は言った。「だからこそわしはここに住んでおる。動物も人間も、この隠者のわしのところにくるのだ。ところでお前さんの連れにも飲み食いさせてやるがよい。お前さんよりも疲れておる」。ツァラトゥストラは答えた。「わたしの連れは死んでいる。飲み食いさせようとしても無駄だろう」。「知ったことか」と、不機嫌に老人は言った。「わしの家の扉を叩く者は、わしの出したものを食わねばならぬ。食って去るがよい。達者でな!」。

それからツァラトゥストラはさらに二時間歩いた。道のりと星の光が頼りだった。彼は夜歩くことに馴れていて、ありとあらゆるものの寝顔をながめることが好きだった。しかし空が白みはじめると、ツァラトゥストラは深い森のなかにいることに気づいた。もう道はなかった。そこで彼は死者を一本の木の空洞《うろ》のなかにおさめて――狼から死者を守ろうとしたのだ――自分はその木を枕にして、土と苔の上に身を横たえた。そしてたちまち寝入ってしまった。身体は疲れていたが、魂はみだれなかった。

九

長いあいだツァラトゥストラは眠った。朝焼けるひかりだけではなく、午前も顔の上をすぎていった。しかしついに目があいた。ツァラトゥストラはいぶかしげに森とその静けさを見た。いぶかしげにみずからの内部を見た。そして素早く身を起こした、とつぜん陸地を見出した船乗りのように。そして歓びの声をあげた。ひとつの新たな真理を見たからだ。彼はその心にむけてこう語った。

「一すじの光がさしてきた。わたしには道連れが必要だ。生きた道連れが。――好きに運んで行ける亡骸の道連れではない。

そうではない。わたしは生きた道連れを必要としている。みずからの意志でみずからに忠実たらんとするからこそ、わたしに付き随《したが》う道連れが――わたしが向かおうとする所に至るまで。

光がさしてきた。ツァラトゥストラは群衆に語りかけるのではなく、このような道連れに語る。ツァラトゥストラよ、畜群の牧人や番犬になるべきではない。

畜群から多くのものを誘《おび》き出すこと――そのために来た。群衆と畜群は憤《いきどお》るがいい。ツァラトゥストラは牧人どもから盗賊と呼ばれたい。

牧人どもとわたしは言う、しかし彼らは善く正しい者たちと称している。牧人どもとわたしは言う、しかし彼らは正しい信仰をもった信心深い者と称している。

見るがいい、この善く正しい者たちを。彼らがもっとも憎むのは誰か。彼らの価値を刻んだ石版をうち砕く者を、破壊者を、犯罪者を。だが、これこそが創造する者なのだ。

見るがいい、すべての宗派の信者たちを。彼らがもっとも憎むのは誰か。彼らの価値を刻んだ石版をうち砕く者を、破壊者を、犯罪者を。だが、これこそが創造する者なのだ。

創造する者は道連れをもとめる、亡骸ではなく、畜群でも信者でもなく。創造する者は共に創造する者をもとめる、新たな価値を新たな石版に刻む者たちを。

創造する者は道連れをもとめる、共に収穫をする者を。創造者の前では一切が熟して、刈り入れを待っている。なのに百本の鎌がない。だから穂をむしり散らして苛立つしかない。

創造する者は道連れをもとめる、鎌を研ぐことを知っている者を。彼は善悪を破壊し、侮蔑する者と呼ばれるだろう。しかし彼らこそが収穫をし、祝う者なのだ。

ツァラトゥストラは共に創造する者をもとめる。共に収穫し、共に祝う者をもとめる。畜群や牧人や亡骸に、何のかかわりがあろう。

そして君よ、わたしの最初の道連れよ。さらばだ。心こめて君を木の空洞《うろ》のなかに葬った。心こめて君を狼たちから隠した。

だがわたしは君と別れる。その時だ。朝焼ける光と朝焼ける光との間に、ひとつの新たな真理が、わたしを訪れたのだから。

牧人にも墓掘り人にもなるべきではない。群衆には二度と語るまい。死者に語りかけるのはこれが最後だ。

創造する者、収穫する者、祝う者を仲間としよう。わたしは彼らに虹を示そう。超人へと昇っていくすべての階段《きざはし》を。

ひとり住む隠者たちに、わたしの歌をうたおう。ふたりで住む隠者たちにも。そして、かつて聞いたことがないことを聞く耳がある者がまだいるのなら、その心をわたしの幸福でずっしりと満たそう。

わたしはわたしの目標をめざす。わたしはわたしの道を行く。ためらい、間だるい者を、飛び越えて行く。わたしの歩みが、彼らの没落となるがいい」。

十

ツァラトゥストラが、このように心中語り終えたとき、すでに太陽は正午の空にのぼっていた。と、彼はいぶかしげに空を見上げた。——頭上にするどい鳥の声が聞こえたから。すると、見よ。一羽の鷲が空に大きな輪をえがいて飛び、その鷲には一匹の蛇がかかっていた。餌食のようには見えず、友人であるかのようだった。鷲の首に巻き付いていたから。

「これはわたしの動物たちだ」とツァラトゥストラは言い、心からよろこんだ。

「太陽のもとでもっとも誇り高い動物と、太陽のもとでもっとも賢い動物——彼らは偵察をしに出てきたのだ。

彼らはまだツァラトゥストラが生きているかどうか知りたいのだ。本当に、わたしはまだ生きているのだろうか。

動物のもとにいるより、人間のもとにいるほうが危険だと知った。危険な道をツァラトゥストラは歩いている。わが動物たちよ、わたしを導いてくれ」。

ツァラトゥストラはこう言い終えると、あの森のなかの聖者の言葉を思い出してため息をつき、みずからの心にこう語った。

「もっと賢くなりたい。わたしの蛇のように、大地に拠《よ》って賢くなりたい。

だが、それは不可能な願いだ。ならばわたしの賢さが、いつも誇りを見失わないように願おう。

そしていつかわたしの賢さに見捨てられるようなことがあったら――ああ、賢さはよろこんで飛び去ってしまうものだ――そのときはわたしの誇りは、愚かさとともに空を翔けてくれればいい」。

――こうして、ツァラトゥストラの没落は始まった。

ツァラトゥストラの教説

三つの変化について

わたしは諸君に、精神の三つの変化について語ろう。いかにして精神は駱駝《らくだ》となるか、いかにして駱駝は獅子となるか、そして最後にいかにして獅子は幼子《おさなご》となるかを。

強く、重荷に耐え、畏れを宿している精神には、多くの重いものがあたえられる。その強さこそが、重いものを、もっとも重いものを求めるのだ。

何が重いのか。そう重荷に耐える精神はたずねる。そして駱駝のように膝を屈して、多くの荷物を負おうとする。

もっとも重いものは何か、伝説の英雄たちよ。そう重荷に耐える精神はたずねる。わたしもそれを担い、自分の強さをよろこびたい。

もっとも重いもの。それは、おのれの傲慢に痛みを与えるために、みずからを卑しめることではないか。おのれの知恵をあざけるために、みずからの愚劣を明るみに出すことでは。

あるいはこうか。われらが目指してきた勝利をおさめて祝おうとするその時に、それを捨て去ることか。誘惑者を誘惑するために、高い山に登ることか。

あるいはこうか。認識の木の実や草をとぼしい糧にして、真理のためにおのれの魂の飢えを忍ぶことか。

あるいはこうか。病気だというのに、慰めに来てくれた者を家に帰し、君の望みを何一つ聞かない、耳が聞こえない人たちを友人にすることか。

あるいはこうか。真理の水であるならば、よごれた水のなかにでも入って行き、つめたい蛙がいても熱い蝦蟇《がまがえる》がいても嫌がらないことか。

あるいはこうか。われわれを侮蔑するものを愛し、われわれを脅かそうとする幽鬼に手をさしのべることか。

このような、これ以上なく重い一切のものを、忍耐づよい精神は担う。重荷を負って砂漠に急ぐ駱駝のように、精神もみずからの砂漠に急ぐ。

だが、荒涼として人影もない砂漠のただなかで、第二の変化が起こる。精神は獅子となり、自由を獲得しようとし、おのれ自身の砂漠の主《あるじ》になろうとする。

彼は最後までみずからを支配していた者を探す。そしてその最後の支配者、神の敵となろうとし、この巨大な龍と勝利を賭けて戦う。

この精神がもはや主と認めず、神とも呼ぶまいとするこの巨大な龍とはなにものか。この巨大な龍の名は「汝なすべし」だ。だが獅子となった精神は「われ欲す」と言う。

「汝なすべし」は精神の行く手をさえぎる、黄金《きん》にきらめく鱗をもった獣であって、その鱗一枚いちまいが「汝なすべし！」と金色にかがやいている。

千年のあいだ永らえてきたさまざまな価値がこの鱗にかがやいている。ゆえにあらゆる龍のなかでもっとも強いこの龍は、このように言う。「ものごとのすべての価値、――それがわが身にかがやいているのだ」。

「すべての価値はすでに創られてしまった。そして、すべての創られた価値とは、――このわたしなのだ。まことに、『われ欲す』などは、もはやあってはならぬ！」。そう龍は言う。

わが兄弟よ。何のために精神に獅子が必要なのか。重荷を背負い、断念し、畏敬の念を知る動物では、十分ではないのか。

新たな価値を創造すること――それは獅子にすらできない。だが、新しい価値のために自由を手にいれることは、獅子の力にしかできない。

自由を手にいれ、義務に対してすら聖なる「否《ナイン》」を言うこと。わが兄弟たちよ。このためには獅子が必要なのだ。

新たな価値を打ち立てる権利を獲得すること――これは忍耐づよく畏れを知る精神にとっては、怖気《おぞけ》をふるう不快な行為だ。まことに強奪にもひとしいことであって、強奪こそを得意とする猛獣が行うことだ。

精神はかつて「汝なすべし」をみずからのもっとも聖なるものとして愛した。今や精神はこのもっとも聖なるもののなかにすら、妄想と恣意とを見出さざるをえない。こうして彼はみずから愛していたものからの自由を奪いとる。この強奪のために獅子が必要なのだ。

しかし言うがいい、わが兄弟たちよ。獅子ですらできなかったことが、なぜ幼子にできようかと。なぜ強奪する獅子が、さらに幼子にならねばならないのかと。

幼子は無垢だ。忘れる。新たな始まりだ。遊ぶ。みずから回る輪だ。最初の運動だ。聖なる「然《ヤー》りを言うこと」だ。

そうだ《ヤー》、わが兄弟たちよ。創造という遊びのためには、聖なる「然《しか》りを言うこと」が必要だ。ここで精神は自分の意志を意志する。世界から見捨てられていた者が、自分の世界を獲得する。

わたしは諸君に精神の三つの変化を教えた。いかにして精神は駱駝《らくだ》となったか、いかにして駱駝は獅子となったか、そして最後にいかにして獅子は幼子《おさなご》となったかを。

ツァラトゥストラはこう語った。そのとき彼は「まだら牛」と呼ばれる街に滞在していた。

徳の講座について

ツァラトゥストラはある賢者の名声を耳にした。賢者は眠りと徳についてたくみに語るという。たいへん尊敬されており、高い報酬を受けて、若者は皆その講座を聞きに集《つど》ってくるという。ツァラトゥストラはこの賢者のもとに行き、若者たち皆と共にその講座を聞いた。賢者はこう語った。

「眠ることを誇り、眠らぬことを恥ずかしく思うがいい！　これこそ何よりも大事なことだ！　よく眠れぬ者、夜起きている者とつきあうな！

泥棒でさえひとの眠りをさまたげることを恥ずかしく思っている。だから夜中に足音を忍ばせて歩くのだ。だが恥知らずなのは夜警である。連中は角笛を持ち歩いて吹くのだから。

たやすいわざではないのだ、眠るということは。そのためにこそ、一日中起きていなくてはならぬ。

十度、お前は昼の間に、自分自身に打ち克たなくてはならない。そうすればこころよい疲労が訪れ、それは魂の阿片となる。

十度、お前はさらに、自分自身と和解しなくてはならない。自分に打ち克つことはつらいことだから、和解できない者はよく眠れなくなる。

十の真理を、お前は昼の間に見つけなくてはならない。さもないとお前は夜になっても真理を探し求めなくてはならず、お前の魂は空腹のままだ。

十度、お前は昼の間に笑って、ご機嫌でいなくてはならない。さもないと夜中、胃袋というこの悲しみの父が、お前のさし障りとなるだろう。

こういうことを知るひとが少ないのだ。よく眠るためには、すべての徳を持たなければならぬ。このわしが偽証をするだろうか？　このわしが姦淫をするだろうか？

このわしが隣人の婢女《はしため》に欲情するだろうか？　何であれこうしたことがあると、うまく眠れなくなってしまうのだ。

そしてすべての徳を持ったとしてもだ、なお一つのことを心得ていなくてはならぬ。それは、しかるべき時には、それらの徳をも眠らせなくてはならないということである。

それは、これらの徳、この淑やかなご婦人方が、いがみあわないためだ！　お前のためにこのようないがみあいが起こったら、とんだ不運というものだ！

神と争わず、隣人とも争わないこと。よく眠るためにはそれが必要だ。隣人たちのなかに悪魔がいても争わないこと！　さもなければ、悪魔は夜な夜なお前につきまとうだろう。

お上をうやまい、服従しなさい。お上が曲がり、間違っていても！　よく眠るためにはそれが必要だ。権力はとかく曲がった足で歩くものだが、このわしに何ができるというのかね？

みずからの羊の群れを、もっとも青々としげる草地に連れていく者が、わしは最高の牧人だと思う。その仕事があればこそ、うまく眠れるというものだ。

大きな名誉も、多くの財産も、わしは欲しくない。そんなものがあると、脾臓に炎症をおこす。とはいえ、よい評判といささかの財産がなければ、よく眠れない。

つきあう人は少ないほうが、悪質な人々ともつきあわねばならなくなるよりも、わしにとっては好ましい。しかも適切な時をわきまえて行き来しなくてはならない。そうすれば、よい眠りをさまたげない。

精神の貧しい者たちも、わしには好ましい。彼らは眠りを後押ししてくれる。精神の貧しい者は幸いなり、だ。とりわけ、彼らが周囲から正しいとされているときは。

こうして、徳ある者は昼ひなかを過ごす。そして夜がきたら、わしは眠りを呼びつけたりしないように気をつける！　眠りは呼びつけられるのを好まない。眠りはさまざまな徳の主《あるじ》だからだ！

むしろ、わしは昼のあいだ、何をして何を考えたかについて思いをめぐらす。雌牛のように辛抱づよく反芻しながら、みずからに問いかける。お前は十度みずからに打ち克ったが、それは何であったか。

そして十度自らとおこなった和解は、十度見つけた真理は、十度わが心をなごませた笑いは、何であったか。

このようなことを考えて、四十の考えに揺られていると、眠りが不意にわしに訪れるのだ。あの呼びつけることができない、さまざまな徳の主である眠りが。

眠りはわしの瞼をとんとんと叩く。すると瞼は重くなる。眠りはわしの口にふれる。すると口は開いたままになる。

まことに、やわらかい足裏をもって音もたてずに、眠りはやってくる。このもっとも愛すべき盗人《ぬすびと》は。眠りはわしから思考を盗む。だからわしは放心して、この講壇のように愚鈍に立ち尽くす。

いや、長いこと立ってはいられない。すぐ横になる」――。

賢者がこのように語るのを聞くと、ツァラトゥストラは内心笑った。それを聞いてひとつ悟ることがあったから。彼は心中このように語った。

四十の考えに揺られているこの賢者は、わたしから見ると阿呆だ。だがわたしは信じる、この男が本当に眠りに精通しているということを。

この賢者の近くに住む者たちは、それだけで幸福だ。このような眠りは伝染するのだから。厚い壁すらも通りぬけて。

彼の講座そのものにすらある魔力がこもっている。若者たちが、この徳の説教者の講義を聞いたのは、無駄ではなかった。

彼の知恵とはつまるところ、こうだ。「目覚めてあれ、よく眠るために」。そしてまことに、生きることには何も意味がなくて、わたしが無意味を選ばなくてはならないとしたら、これはわたしにとっても、もっとも選ぶにあたいする無意味だということになるだろう。

たった今、はっきりと判った。人びとが徳の教師を求めたとき、何よりも求めたものは何だったのかを。よい眠りを求めたのであり、そのために罌粟《けし》の花の香りがする徳を求めた。

名声高いこれら講壇の賢者たちにとっては、夢も見ない眠りこそが知恵だった。彼らはそれ以上の生の意味を知らなかった。

いま現在にあっても、このような徳の説教者に似た者がいる。ただこれほど正直でないだけだ。しかし彼らの時は過ぎた。もはや長くは立っていられない。はやくも身を横たえている。

ねむい者は幸いなり。まもなく眠りに落ち、うなずきはじめるであろうから――。

ツァラトゥストラはこう語った。

世界の向こうを説く者たちについて

かつてはツァラトゥストラも、この世界のさらに向こう側があると説く者たちのように、人間の彼方へとみずからの妄想を馳せた。苦しみ悩む神の創り出したものが、この世界だとわたしは考えていた。

わたしには、世界は神の夢であり詩だと思われた。不満な神が目前にただよわせている多彩な煙だと。

善と悪、快楽と苦痛、そして我と汝――これらは創造主の目前にただよう多彩な煙だと思われた。創造主は自分から目を逸らそうとした――だから世界を創造した。

苦悩する者にとって、その苦しみから目を逸らしわれを忘れることは、陶酔的な楽しみだ。その陶酔的な楽しみであり、われを忘れることこそが、この世界なのだと思っていた。

この世界は、永遠に不完全であり、永遠に矛盾しているものの反映であって、しかもまたその反映も不完全な反映にすぎないものであるが――みずからもまた不完全な創造主にとっては、陶酔的な楽しみだ。――それが世界だと、わたしは思っていた。

だからわたしも人間の彼方へと妄想を馳せた、世界の向こうを説くすべての者たちのように。だが、本当に人間に彼岸はあるか。

ああ、わが兄弟たちよ。この神はわたしが創ったものであり、人間の作り上げたものであり、人間の錯乱の産物だった。すべての神々と同じように。

人間だったのだ、神は。しかも人間と自我のみじめな一かけらに過ぎなかった。わたし自身の灰と灼熱から、この幽霊はあらわれた。金輪際、彼岸から来たのではなかった。

何が起こったろうか。わが兄弟たちよ。わたしは悩める自分自身に打ち克った。みずからの灰を山上に運び、もっと明るい炎を発明した。すると、見よ。その幽霊は消え失せてしまったではないか。

今、わたしは快癒している。だから、このような幽霊を信じることは、悩みであり苦しみだ。悩みであり屈辱だ、今のわたしには。世界の向こうを説く者たちに、こう言いたい。

苦悩と無能、――これがあらゆる世界の向こう側をつくり出した。苦しみ抜いた者だけが知る、あのつかの間の幸福の錯乱こそが、世界の向こう側をつくり出した。

ひと飛びで、一回の命がけの跳躍だけで、究極のものに到達しようとすること。これは疲労のなせるわざだ。もはや意欲することも意欲しない、みじめで無知なこの疲労こそが、神と世界の向こうをつくり出した。

わたしを信じるがいい、わが兄弟たちよ。肉体に絶望したのは肉体だった。――こうして肉体は、幻惑された精神の指で最後の壁を手さぐりした。

わたしを信じるがいい、わが兄弟たちよ。大地に絶望したのは肉体だった。――こうして肉体は、存在の腹が語りかけるのを聞いた。

そして、ここで肉体は、頭で——いや、頭だけではない——最後の壁を突き破って、彼方にある「あの世」へ行こうとした。

だが「あの世」は、人間には見つからぬよう隠されている。あの人間味がない、非人間的世界、これは天国という虚無なのだ。存在の腹が人間に語りかけるのは、人間の腹話術によってでしかない。

本当に、あらゆる存在は証明しがたく、語らせがたい。だが、兄弟たちよ。あらゆるもののなかでもっとも奇妙なものが、もっともよく証明されているではないか。

そうだ。それはこの自我《イッヒ》だ。自我は矛盾し混乱しているが、みずからの存在については、この上なく誠実に語っている。この創造し、意欲し、評価する自我は。一切のものの尺度であり価値である自我は。

そしてもっとも誠実なこの自我は——肉体について語っている。自我は、詩作し、夢を見、引き裂かれた翼で飛ぶときでさえ、やはり肉体を欲している。

自我はますます誠実に語ることを学んでいく。そして学ぶほどに、肉体と大地を讃え、敬うようになる。

わたしの自我はひとつの新たな誇りを教えてくれた。それを人間に教えよう。——もはや頭を天国の事物の砂のなかに突っ込むのをやめ、自由にしておくことだ。それは大地に意義を創り出す、地上にある頭なのだから。

わたしは人間にひとつの新たな意志を教えよう。人間が盲目的に歩んできたこの地上の道を意欲することだ。その道をみとめて、病人や瀕死の人びとのように、もはやそこから逸れていってはならない。

肉体と大地を軽蔑して、天国だの救済のために流す血だのを発明したのは、病人や瀕死の人びとなのだ。だが、この甘く陰険な毒ですら、肉体と大地から作ったのではなかったか。

おのれの悲惨から逃れようとして、だが星はあまりに遠かった。そこで嘆息した。「おお、別の存在と別の幸福に忍びこめる、天国へ至る道があればいいのに！」と。そこで彼らは、抜け道と血の飲み物を発明した。

おのれの肉体とこの大地から抜け出したのだと思い込んだのだ、この恩を知らぬ者たちは。その脱出には痙攣と恍惚のよろこびがあった。だがそれは何があってこそだったか。その肉体と、その大地があってこそではないか。

ツァラトゥストラは病人に寛大だ。彼らがこのようにみずからを慰め、このように恩を忘れる、その仕方に怒ろうとは思わない。願っている。この病人たちが恢復《かいふく》し、克服し、そしてより高い肉体をわがものにすることを。

ツァラトゥストラは恢復しつつある者にも怒りはしない。みずからの妄想を愛おしんで振り返り、夜中に神の墓のそばを忍んで行くことがあるとしても。だが、その時にながす涙も、やはり病いであり、病んだ肉体によるものであることには変わりがない。

詩作《ディヒテン》し、神を渇望する者たちのなかには、多くの病的な人々がいた。彼らがはげしく憎悪するのは、認識者と、数ある徳のなかでもっとも年若い徳、すなわち正直であるという徳である。

彼らはよく暗黒時代を振り返る。当時はもちろん、妄想と信仰は別ものだった。理性が狂うことは神にも似ることであって、それを疑うことが罪だった。

この神にも似た人びとを、わたしはあまりによく知っている。彼らは信じられることを願い、疑うことは罪だと思いたい。わたしはまたあまりによく知っている。彼ら自身が、何をもっとも信じているかを。

確かに、それは世界の向こうでもなく、救済のために流す血でもない。むしろ、彼らもまた肉体をもっとも信じているのだ。自分自身の肉体こそが、彼らにとってはみずからの物自体である。

だがその肉体こそが病んでいる。ゆえに激していたたまれなくなってくる。だから死を説教する者に耳を傾け、みずからも世界の向こう側があると説くのだ。

わが兄弟たちよ、むしろ健康な肉体の声を聞け。もっと正直で、純粋な声だ。

健康な肉体、完全で、まがっていない肉体は、もっと正直に、純粋に語る。そう、大地の意義について語るのだ。

ツァラトゥストラはこう語った。

肉体を軽蔑する者たちについて

肉体を軽蔑する者たちに言いたいことがある。彼らが考えをあらためることも、学び直すことも求めない。ただ、彼らがその肉体に別れを告げ——そして黙ってもらいたい。

「わたしは肉体であり魂だ」——幼子《おさなご》は言う。なぜ、幼子のように語ってはいけないのか。

そして目ざめた者、心得た者は言う。わたしはどこまでも肉体であって、他の何ものでもない。魂は肉体にある何かを言いあらわす言葉にすぎない。

肉体はひとつの大いなる理性だ。ひとつの意味を持った多様だ。戦争であり平和だ。畜群であり牧者だ。

わが兄弟よ。君が「精神」と呼んでいる君の小さい理性は、君の肉体の道具である。君の大いなる理性の小さな道具であり、玩具なのだ。

「われ《イッヒ》」と君は言い、この言葉を誇りとしている。だが、もっとも大きなものとは、——君は信じようとしないが——君の肉体であり、君の大いなる理性である。それは「われ」と言わず、「われ」を実行する。

感覚は感じ、精神は認識する。だがそれは決してそれ自体のうちに完結することがない。だが、感覚と精神は自らにおいてすべてのものは完結していると、君をかき口説こうとする。これほど感覚と精神はうぬぼれている。

だが、感覚と精神は道具だ、玩具だ。その向こうになお「自己《ゼルプスト》」がある。この「自己」こそが感覚の眼で探し、精神の耳で聞いている。

「自己」はつねに聞き、探す。比較し、制圧し、征服し、破壊する。それは支配する。「われ」の支配者でもある。

わが兄弟よ。君の思考と感情の後ろには、強大な支配者、知られざる賢者がいる。——それが「自己」である。彼は君の肉体のなかに住む。彼は君の肉体である。

君の最高の知恵よりも、君の肉体のなかに、より多くの理性がある。だが、君の肉体が君の最高の知恵を必要とするのは、一体何のためか。それを誰が知ろう。

「自己」は「われ」を笑う、「われ」が得意げに飛び跳ねるのを笑う。「自己」はひとり言う、「こうして思考が跳んだり跳ねたりするのは、わたしにとって何の意味があるだろう。これはわたしの目的地に着くための回り道にすぎない。わたしは『われ』のおぼつかない足取りを引いて導く紐だ、『われ』がいだく概念を吹き込む者だ」。

「自己」は「われ」に言う。「さあ、苦痛を感じよ」。すると「われ」は苦しみ、どうすれば苦しまないですむかを考える。——まさにそのために、考えなくてはならなくなる。

「自己」は「われ」に言う。「さあ、快楽を感じよ」。すると「われ」は楽しみ、どうすれば何度も楽しめるかを考える。——まさにそのために、考えなくてはならなくなる。

肉体を軽蔑する者たちにひと言いおう。彼らは軽蔑する。が、それは何かを尊敬すればこそである。では、尊敬と軽蔑、価値と意志を創造したのは何か。

創造する「自己」こそが、おのれのために、尊敬と軽蔑を創造した。快楽と苦痛を創造したのだ。創造する肉体は、おのれのために、精神を創造したのである。みずからの意志の手先として。

諸君、肉体を軽蔑する者よ。諸君の愚行と軽蔑においてさえ、君たちはみずからの「自己」に仕えている。言おう。諸君の「自己」そのものが死のうと欲しているのだ、生に背をむけているのだ。

君たちの「自己」は、もっとも欲すること——おのれ自身を超えて創造することができない。それが「自己」のもっとも欲すること、その情熱のすべてであるのに。

だがもう遅い——だから君たちの「自己」は没落しようとする。諸君、肉体を軽蔑する者たちよ。

諸君の「自己」は没落を欲している、だから肉体を軽蔑するようになったのだ。君たちはもう、みずからを超えて創造することができなくなっている。

だから君たちは生と大地にむかって憤怒する。君たちが軽蔑するときの白眼視には、無意識の嫉妬がある。

わたしは君たちの道を行かない。肉体を軽蔑する者たちよ。わたしにとって、諸君は超人へと架かる橋ではないのだ——。

ツァラトゥストラはこう語った。

歓びの情熱と苦しみの情熱

わが兄弟よ。君がひとつの徳をもっていて、それが君自身の徳であるならば、それは何者とも共有できないはずだ。

むろん、君はその徳に名前をつけて愛撫したいと思うだろう。君はその徳の耳を引っぱって、もてあそびたいと思うだろう。

だが見よ。君が名をつければ、それを群衆と共有することになる。そしておのれ自身の徳を持ちながら、群衆や畜群になってしまう。

むしろこう言うべきだ。「わたしの魂にとって苦痛であり甘美であるもの、またわが内臓の飢えであるものは、言い表しがたく名もない」と。

君の徳は、なれなれしい名前で呼ばれるには高貴にすぎるものであってほしい。それについて語らねばならないときは、口ごもりながら語ることを恥じるな。

口ごもりながら、こう語るがいい。「これがわたしの善だ。わたしはこれを愛する。すっかり気に入っている。わたしの欲する善は、こういうものだけだ。

わたしはそれが神の掟であってほしくない。人間の規約でも、必需品でもあってほしくない。大地の彼方のための、天の楽園のための道しるべにしたくはない。

地上の徳だ、わたしが愛するのは。そのなかに小賢しい分別などほとんどない。万人共通の理性はさらにない。

だが、それは小鳥のようにわたしのところに来て、巣をつくった。だから愛しているし、胸にいだいている。——いま、わたしのところで、黄金の卵をあたためている」。

このように、口ごもりながら、みずからの徳をたたえなくてはならない。

かつて君は情熱に苦しんでそれを悪と呼んだ。だが今や、それはすべて徳なのだ。苦しい情熱から生まれたものなのだから。

君はこの苦しみの情熱に、みずからの最高の目的をふかく刻んだ。こうしてそれは君の徳となり、歓びの情熱となった。

たとえ君が、癇癪持ちの血筋であろうと、好色の、狂信の、または復讐狂いの血をひいていようとも——

ついに、すべての君の苦しい情熱は、徳になった。すべての悪魔は天使に。

かつて君はおのれの地下室に野犬を飼っていた。だが、ついにそれは小鳥に、愛らしい歌姫になりおおせた。

君はみずからの毒から香油を醸《かも》しだした。君は悲しみの雌牛の乳をしぼっていた。——今はその乳房からあまい乳をのんでいる。

そして、もうこれからは、君にはどんな悪も生じはしないだろう。生ずるとしても、君の徳と徳のあいだの諍《いさか》いから生まれる悪だけだ。

わが兄弟よ。好運にめぐまれたなら、君はひとつの徳を持つだけでいい。ならば、もっと軽やかに橋を渡っていける。

立派なことだ、多くの徳を持つということは。だが重い宿命だ。それゆえに砂漠に行きみずからを殺した者もいた。徳と徳との戦闘であり戦場であることに疲れ果てて。

わが兄弟よ。戦いは、闘争は、悪か。だがこの悪は避けられぬ。諸君の徳のあいだの嫉妬と不信と誹謗は避けられない。

見よ。いかに君の徳一つひとつが、首位に就こうと欲しているかを。一つひとつが君の精神すべてを欲して、みずからの伝令にしようとしている。みな、君の怒りの、憎しみの、愛の、すべての力を欲している。

すべての徳は、他の徳に嫉妬する。むごいものだ、妬みは。徳もまた嫉妬で破滅することがある。

嫉妬の炎に押しつつまれて、ついには蠍のように、みずからを毒針で刺しつらぬく。

ああ、わが兄弟よ。君はまだ、ひとつの徳がみずからを誹謗し、おのれを刺し殺すのを見たことがないのか。

人間とは、乗り越えられるべき何かだ。だからこそみずからの徳を愛さなくてはならない。――それらの徳は、君を破滅させるだろうから。

ツァラトゥストラはこう語った。

青ざめた犯罪者について

諸君、裁き手よ、生け贄を捧げる者よ、獣が頭を垂れてうなずくまで、殺そうとはしないのか。ならば見よ。この青ざめた犯罪者はうなずいた。彼の眼にあるのは、大いなる侮蔑だ。

「このような『わたし《マイン》』など、乗り越えられるべき何かにすぎない。わたしにとって、この『わたし《イッヒ》』は、人間に対する大きな侮辱だ」。そう彼の眼は語る。

彼がおのれを裁いたのは、彼の最高の瞬間だった。この崇高な者を、ふたたび低劣さに引きずり降ろすな。

このようにみずから自身に苦しんでいるものに、救いは、ない。すみやかな死のほかには。

諸君、裁き手よ。彼を殺すならば、同情からでなくてはならない。復讐であってはならない。そして、彼を殺すことによって、おのれが生きながらえることが間違いではない、と、思えなくてはならない。

諸君と諸君が殺す相手とが和解するだけでは十分ではない。諸君の悲しみが、超人への愛とならねばならない。それゆえに、諸君が「それでもなお生きること」は、間違いではない、そう思えなくては。

諸君はその犯罪者を「敵」と呼ぶべきだ、「悪人」ではなく。「病人」と呼ぶべきだ、「ならず者」ではなく。「愚か者」と呼ぶべきだ、「罪人」ではなく。

そして君よ、赤い法服に身を包んだ裁き手よ。君が心の中で行った一切のことを声にして言うならば、誰もが叫ぶだろう。「この汚物を、この毒虫を片付けろ」。

だが思考と行為は別だ。行為の結ぶ像《イメージ》とも別だ。それは因果の車輪でつながれているのではない。

この像こそが、この蒼白い犯罪者を蒼白くした。彼がその行為をおかしたときに、彼はやってのけるだけの力があった。しかし行為をなしおえたあと、その像に耐えることができなくなった。

そのときから、彼は絶えずみずからをその犯罪をおかした者として見るようになった。わたしはこれを狂気と呼ぶ。例外行為を、みずからの本質とみなしてしまったから。

白墨で円を描けば、そのなかの雌鶏は呪縛されて動けない。おなじように、あの犯罪者のした行為が、彼のあわれな理性を呪縛したのだ。――わたしはこれを行為のあとの狂気と呼ぶ。

聞くがいい、裁き手たちよ。さらにもうひとつ別の狂気がある。それは行為の前の狂気だ。ああ、諸君はこのような「魂」の深みにまで十分に這入り込んでいなかった。

赤い法服に身を包んだ裁き手は言う。「この犯罪者はなぜ人を殺したか。盗もうとしたのに」。だが、わたしは諸君に言う。その「魂」は血を欲した、盗みではなく。彼は刃の歓びに渇いていた。

彼のあわれな理性はこの狂気を理解できず、彼をこう説得した。「血など流して何になる」、理性は言う、「折角の機会だ。せめて盗んでやろうとは思わないか。復讐してやろうとは」。

そして彼はそのあわれな理性に耳を傾けた。その言葉は鉛のように重く、彼を押さえつけた。――だから彼は殺して盗んだ。みずからの狂気を恥じたくはなかったのだ。

そして今や罪悪感が鉛のようにふたたび彼を押さえつける。彼のあわれな理性はふたたび硬く、痺れ果て、重くなる。

頭を振ることさえできれば、その重荷はころがり落ちるというのに。しかし誰が、彼に頭を振らせることができるだろう。

この人間とは何か。病いの堆積だ。この病が精神を通じて世界に手をのばす。そこで獲物を得ようとする。

この人間とは何か。野生の蛇がもつれた塊だ。この蛇たちは、互いに凝然《じっ》としているほうがめずらしい。――勝手にいなくなって、世界に獲物をさがそうとする。

見よ、このあわれな「肉体」を。この肉体が苦しみ、求めるものを、あわれな精神は読み取り解釈した。――それは殺人の快楽であり、刃の歓びを狂おしく求めていると。

いま病む者は、いま悪とされている悪に襲われる。みずからに苦痛を与えているものによって、人に苦痛を与えようとする。だが時代が別ならば、善悪も別だ。

かつて、懐疑は悪であり、「真の自己」へ至ろうとすることは悪だった。その時は、このような病者は異端者となり、魔女となった。異端者や魔女として彼らは苦しみ、そして人を苦しめようとした。

だが、こう言っても諸君の耳には入るまい。われらのなかの善良なる者たちの、害になるではないか。そう諸君は言うだろう。だが、諸君のなかの善良なる者たちが、私にとって何だというのか。

諸君が言う、善良なる者たちが持つ多くの点に、わたしは嘔気《はきけ》がする。その悪にではなく。むしろ思う、彼らに狂気があったならばと。あの青ざめた犯罪者のような、みずから破滅する狂気が。

本当に思う。真理、誠実、正義と呼ばれるものが彼らの狂気であったならばと。だが、彼らが徳をそなえているのは、ただ長生きをするため、みじめな安穏のなかで生きるためだ。

わたしは激流のほとりに立つ欄干だ。つかむがいい、それができるならば。しかしわたしは、諸君の松葉杖ではない――。

ツァラトゥストラはこう語った。

読むことと書くことについて

すべての書かれたもののなかで、わたしは血で書かれたものだけを愛する。血で書け。ならばわかるだろう、血が精神であることを。

他人の血を理解することはたやすくできることではない。わたしは読んでばかりいる怠惰な者を憎む。

読者とはどんなものかを知れば、もはや読者のために誰も何もしなくなる。一世紀もこのような読者ばかりがつづくなら——精神そのものが悪臭を放つようになる。

万人が読むことを覚えるということは、長い目でみれば、書くことだけでなく考えることも損ねてしまう。

かつて精神は神だった。それは人間になった。今や賤民にまでなりつつある。

血と寸鉄のことばで書く者は、読まれることを欲しない。暗誦《そら》んじられることを欲する。

山のなかで最短の道は、山頂から山頂へ飛ぶ道だ。だがそのためには、長い足がなくてはならない。寸鉄のことばとは、この山頂たるべきだ。その言葉から語りかけられる者は、大きな、背の高い者でなければならない。

空気はうすく清らかで、危険は間近く、精神は快活な悪意で満ちている。そこでは、これらのことが、ぴたりと調和している。

わたしは小鬼に取り囲まれていたい。勇気があるのだから。幽霊を祓い退ける勇気は、みずからのために小鬼を作り出す。——勇気は笑いたいのだ。

わたしはもはや諸君と同じように感じていない。わたしが足下に見る雲、わたしが哄笑を浴びせる黒ぐろとして重い雲が——まさに諸君にとっては、嵐を巻き起こす雷雲だ。

諸君は高められたいと願うときに、上を見る。わたしはすでに高められているから、下を見おろす。

諸君のうちで誰が、哄笑することができ、そして高められていることができるか。

もっとも高い山頂に立つ者は、すべての悲劇と悲劇の厳粛さを笑う。

勇気を持ち、無頓着で、嘲笑的で、荒々しくあれ——そう知恵はわれらに求める。知恵はひとりの女であって、つねに戦士だけを愛する。

諸君はわたしに言う。「生は担うに重い」。だが、諸君も朝方にはその誇りを、暮れ方にはその諦念を持っているだろう。それは一体何のためか。

生は担うに重い。だが、そのようなかよわい様を見せるのは止めてくれ。われわれはみな重荷を負う力がある、愛すべき雌雄の驢馬《ろば》なのだ。

一滴のしずくを乗せてもふるえる薔薇のつぼみと、われわれに、どんな共通点があるというのか。

そうだ。われらが生きることを愛するのは、生きることに慣れているからではない。

愛することに慣れているからだ。

愛のなかにはつねにいくらか狂気がある。しかし、狂気のなかにもつねにいくらかの理性がある。

わたしは生きることを好ましく思っている。そのわたしから見て、蝶やシャボン玉や、それらに似ている人間たちこそが、幸福について最もよく知っていると思われる。

このような、軽くて、おろかで、小さくかわいらしく、うごきやすい心の持ち主たちが、ひらひら飛んでいるのを見ると——ツァラトゥストラは、こころ動かされ、思わず涙をうかべ、歌をくちずさむ。

わたしは踊ることができる神のみを信じる。

わたしがみずからの悪魔を見たとき、悪魔は真面目で、綿密で、深く、厳粛だった。それは重さの霊だった。——この霊によってすべてのものが落下する。

怒りによってではなく、笑いによってこそ、この霊は殺せる。さあ、この重さの霊を殺そうではないか。

わたしは歩くことをおぼえた。それから気の向くままに歩いている。わたしは飛ぶことをおぼえた。それから飛ぶために、ひとから背を突いてもらいたくはなくなった。

いまわたしは軽い。いまわたしは飛ぶ。いまわたしはわたしをみずからの下に見る。いまわたしを通じて、ひとりの神が舞い踊っている。

ツァラトゥストラはこう語った。

山上の木について

ツァラトゥストラは、ある若者がみずからの行く手を避けるのを目にとめた。ある暮れ方、「まだら牛」と呼ばれる街のまわりを囲む山のなかをひとり歩いていると、その若者の姿があった。彼は一本の木にもたれかかって座り込み、疲れた目で谷を眺めていた。ツァラトゥストラは若者が座り込んでいる木に手をついて、こう語りかけた。

「両手でこの木を揺さぶろうとしても、わたしにはできないだろう。

しかし、われわれには見えない風は、思うままこの木を苦しめ、曲げてしまう。われわれは目に見えない手によって、もっともひどく苦しめられ、曲げられるのだ」。

若者は驚愕して立ち上がり、言った。「ツァラトゥストラだ。ちょうどいまこの人のことを考えていたのだ」。ツァラトゥストラは答えた。

「だとしても、なぜ君はそう驚くのか。――だが、人間は木と同じようなものだ。

高みへ明るみへと上へ伸びていこうとするほどに、その根は強く向かっていく。地へ、下へ、暗みへ、深みへ、――悪のなかへ」。

「そうだ、悪のなかへ！」と若者は叫んだ。「どうしてあなたはわたしの心を見抜くことができるのですか」。

ツァラトゥストラは微笑んで言った。「魂はそう見抜けるものではない。見抜こうとするならば、まずこちらでそのような魂を作りあげておかねばならない」。

「そうだ、悪のなかへ！」と、若者はふたたび叫んだ。

「あなたの言っていることは本当です、ツァラトゥストラ。高みを目指すようになってから、わたしはもう自分を信じられなくなってきた。そして誰もわたしを信じてくれない。――いったい、どうしてしまったんだ。

わたしは目まぐるしく変わっていく。わたしの今日が昨日を否定する。わたしはよく階段を飛ばして昇っていく――、しかし飛ばされた階段は、それを許してくれない。

高みに立つと、わたしはいつもただ独りだ。誰もわたしと話をしない。孤独のさむさに顫《ふる》えて。高みにきて、一体どうしようというのか。

わたしの軽蔑とわたしの憧憬は、相ともなって成長する。高く昇るほどに、昇る自分を軽蔑する。この男は、高みにきて一体どうしようというのか。

自分が昇りそして躓《つまず》くことを、わたしがどんなに恥じているか。この喘ぎのはげしさを、わたしがどんなに嘲笑しているか。空とぶ者を、わたしがどんなに憎んでいるか。高みに至って、わたしがどんなに疲れているか！」。

ここで若者は黙り込んだ。ツァラトゥストラはかたわらの木を見やると、こう語った。

「この木は森のなかで独り立っている。人間と動物とを超えて、高く生い茂った。

この木が語ろうとしても、誰も理解しないだろう。それほどまでに、高く成長したのだ。

今、この木はただひたすらに待っている——いったい何をか。雲のいるところに、あまりにも近く立っている。だから、はじめて稲妻に打たれるのを待っているのではないか」。

ツァラトゥストラがこう語ると、若者ははげしい身振りをして叫んだ。「そうだ、ツァラトゥストラ。あなたが言っていることは本当だ。高みを目指したときから、わたしはみずからの没落を望んでいた。そしてあなたこそ、待っていた稲妻なのだ。そうだ、あなたがわれらのもとに現れてからというもの、いったいわたしなど何だというのか。わたしを砕いたのは、あなたに対する妬みなのだ!」。——若者はそう語ると、激しく泣いた。ツァラトゥストラは彼の肩を抱いて、ともにその場を離れた。

しばらく一緒に歩いたあと、ツァラトゥストラはこう語りはじめた。

わたしもこころ裂かれる思いだ。君の言葉よりもまして、その目が、君の危機のすべてをよく語っている。

君はまだ自由ではない。自由を追い求めているのだ。追い求めるからこそ、君はそうして疲れ果て、覚めすぎている。

君は自由な高みをめざしている。君の魂は星の世界を渇望する。だが、君の低劣な衝動もまた、自由を渇望している。

君のなかにいる野犬たちも自由をめざしている。君の精神があらゆる牢獄を破ろうとすると、その犬たちも地下室で喜び、吠えたてる。

わたしが見たところ、君はまだ捕らわれている。自由をこころに思い描いているだけだ。そして捕らわれている魂は悧巧になる。しかし悪がしこく、低劣にもなる。

精神の自由を勝ち取った者も、なおみずからを洗わねばならない。そのなかにはなお多くの牢獄と腐敗物が残っている。彼の眼はなお純粋にならねばならない。

そうだ。わたしは君の危機を知っている。だが、わたしの愛と希望にかけて願う。君の愛と希望を投げ捨てるな。

みずからの高潔さを、まだ君は感じている。君をうらみ、悪意のある眼をむける他人たちも、やはりまだ君の高潔さを感じているのだ。知るがいい。誰にとっても高潔な者は邪魔なのだ。

善良な人びとにとっても、高潔な者は邪魔になる。彼らが高潔な者を善人と呼ぶ時、それによって高潔な者を片付けてしまおうとしている。

高潔な者は、新たなものを、新たな徳を創造しようとする。善人は古いものを求め、古いものを維持しようとする。

だが、高潔なる者のあやうさは、ひとりの善人になってしまうことではない。むしろ、傲慢な者、冷笑する者、何もかもを否定する者になってしまうことだ。

ああ、わたしは知っている。自分の最高の希望を失った高潔なる者たちを。そのとき彼らは、すべての高い希望を誹謗する者に成り果てた。

そのとき彼らはつかの間の歓楽にのめり込んで厚顔無恥に生き、その日ぐらしに生きてそれ以上を目指すことをやめた。「精神もまた快楽である」――そう彼らは言った。ここに彼らの精神の翼は破れた。今やその精神は這い回り、あたるものに嚙みついては汚す。かつては彼らも英雄たらんとした。いま蕩児となった。彼らにとって、英雄は恨みと恐れの的だ。

だが、わたしの愛と希望にかけて願う。君の魂のなかの英雄を投げ捨てるな。君の最高の希望を聖なるものとして持ち続けよ――。

ツァラトゥストラはこう語った。

死を説く者たちについて

死を説く者たちがいる。また、この大地は、生きることから離れるべきだと説教されても仕方がない者たちで満ちている。

大地は余計な者たちで満ちている。生は「多数の、あまりに多数の者たち」によって腐っている。あの「永遠の生」によって、彼らが生から誘《おび》き出されてしまえばいい。

ひとは死の説教者たちを「黄色い」あるいは「黒い」と形容してきた。だが、わたしは別の色で彼らを描いてみせよう。

彼らのなかに恐るべき者たちがいる。心のなかに猛獣を飼っていて、快楽にふけるかおのれの肉を引き裂くか、の選択しかない。そして、その快楽は、おのれの肉を引き裂くことでしかない。

彼らこの恐るべき者たちは、まだ人間にすらなっていない。彼らは生から脱出するべきだと説教すればよい、そして彼ら自身も生から立ち去るがよい。

彼らのなかには魂の結核にかかった者たちがいる。生まれた途端に死にはじめ、倦怠と諦念の教えにあこがれる。

彼らは屍体になろうとする。その意志をみとめようではないか。この死人たちがめざめないように、この生ける棺桶をうち壊さないように、用心しようではないか。

彼らは病人や老人や亡骸に出会うと、すぐこう言う。「これで生は論破された」と。だが論破されたのは彼らだけだ。生きてあるということの一面しか見ない、彼らの眼だけだ。

厚い憂鬱に包まれて、死をもたらす小さな偶然を待ち焦がれている。歯を食いしばりながら。

こういうこともある。彼らは砂糖菓子に手をのばし、おのれの子どもらしい振る舞いを自嘲する。彼らは一本の藁にすがりついて、一本の藁にまだすがりついていることを自嘲する。

彼らの格言はこうだ。「生き続けている者は愚かだ。だが、こうして生き続けているわれわれも愚かだ。そして、そう知りながら生きていること、これが生においてもっとも愚かなことだ！」。

「生は苦しみにすぎない」――とまたある者は言う。それが本音なのだ。ならば、その君たちの生が終わるようにしようとすればどうか。苦しみにすぎない生なら、終わるようにしようとすればいいではないか。

ならば諸君の徳の教義はこうなる。「みずから自身を殺すべきだ！　この世からひそやかに自分自身をとりのぞくべきだ！」。

「肉欲は罪である」と、死を説く者のひとりは語る。「われらは肉欲を避けて、子どもをつくらぬようにしよう！」。

「子どもを産むことは面倒なことだ」——また別の者が言う。「なのに、何のために産むのか。不幸な人間が生まれるだけなのに」。彼らもまた、死を説く者たちだ。

「同情こそ必要だ」——さらに別の者は言う。「私が所有するものを持っていってくれ。私が私である所以のものも持っていってくれ。そうするほどに、私は生に束縛されることがなくなる！」。

もし彼らが底の底からその同情をもつならば、隣人たちの生を耐えがたいものにすべきだ。悪意こそが——その真の善意であるべきだ。

彼ら自身は生から離れようとしているのに、みずからの贈り物という鎖で他人をかたく縛ろうとするのは、どうしたことなのか——。

そしてまた、生きることは激しい労働であり、また気ぜわしく落ち着かぬことだとみなしている諸君も、実は生に疲れ果てているのではないか。君たちもまた死の説教を受け入れるべく熟しているのではないか。

激しい労働を愛し、速いもの、新しいもの、見知らぬものを愛する諸君はすべて——みずからに耐えることができない。諸君の勤勉は逃避であり、自分自身を忘れようとする意志なのだ。

諸君がもっと生を信じていたら、このように瞬間に身を委ねることはあるまい。だが諸君は、待つことができるほどに自らのうちに充実した内容を持っていない。——だから、怠惰にすらなれない。

いたるところ死を説く者たちの声が響きわたっている。そして大地は死を説かれてしかるべき者たちで満ちている。

それとも「永遠の生」を説くのだとでも言うか。わたしにとっては同じことだ。——彼らがすみやかに立ち去ってくれさえすれば。

ツァラトゥストラはこう語った。

戦争と戦士について

われわれは最高の好敵手から手加減されたくない。こころの底から愛する者たちからも、そうされたくない。だから諸君にむかって真実を語ることを許してくれ。

戦いのなかで出会った、わが兄弟たちよ。わたしは諸君をこころの底から愛する。わたしは諸君に似ているし、似ていた。そしてわたしは諸君の最高の好敵手だ。だから諸君にむかって真実を語ることを許してくれ。

わたしは諸君のこころの憎しみと妬みを知っている。君たちは憎しみも妬みも知らぬほど偉大ではない。だから、それらを恥じぬほどには偉大であれ。

そして認識の聖者になれぬとしても、せめて認識の戦士であれ。戦士はこのような聖者の道連れであり、先駆けだから。

兵卒は多い。だが、わたしが見たいのは多くの戦士だ。彼らが着ているものは「一律の制服」と呼ばれる。だが、そのなかに包まれている者たちまで、一律であってほしくはない。

諸君の眼はいつも敵を――君たちの敵を――探していなくてはならない。諸君のなかにはひと目惚れではなく、ひと目見て憎しみをいだいた者もあろう。

君たちの敵を探さねばならない。君たちの戦いを戦わねばならない。おのれの思想のために。君たちの思想が敗北する時にも、その時の誠実さが勝利の声をあげるのでなくてはならない。

平和を愛するならば、新たな戦いへの手段としてでなくては。そして長い平和より短い平和を。

わたしが諸君に勧めるのは労働ではない。戦いだ。平和ではない。勝利だ。君たちの労働は戦いであれ、平和は勝利であれ。

ひとは弓矢を身につけているときだけ、沈黙して静かに座していることができる。そうでないときは、ただ無駄口を叩いてはいがみあう。君たちの平和は勝利であれ。

君たちは言う、大義あらば戦争も聖なるものとなると。わたしは諸君に言う。よい戦争は、一切の大義を神聖なものにすると。

戦いと勇気は、隣人愛よりも多くの偉大なことを成し遂げた。今まで多くの困窮した人々を救ってきたのは、君たちの同情よりもその勇敢さだ。

「何が善いことなのか」と君たちは問う。勇敢であることが善い。「かわいくて心にしみるものがいい」などとは、小娘たちに言わせておけばいい。

ひとは君たちを冷酷と言う。だが諸君の心情は純粋だ。君たちが心からの情愛をあらわすときの、その羞じらいがわたしは好きだ。君たちはみずからの心の満ち潮を恥じる。だが他の人々はみずからの引き潮を恥じる。

君たちは醜いか。よろしい、わが兄弟たちよ。ならば崇高さを身にまとえ。それは醜い者が着るマントだ。

だが、諸君の魂は偉大になると傲りはじめる。崇高さのなかに悪意が生まれる。わたしは君たちをよく知っている。

悪意という点で、傲慢な者と意気地のない者がふと手を結ぶ時がある。しかしそれは双方の誤解のなせるわざだ。わたしは君たちをよく知っている。

君たちには、憎むべき敵のみがあり、軽蔑すべき敵があってはならない。みずからの敵を誇れなくてはならない。ならば敵の成功は、諸君の成功でもある。

反抗心――それは奴隷の高貴さだ。忠実であること、これが諸君の高貴さであれ。君たち自身が命令することでさえ、忠実さのあらわれであるように。

よき戦士の耳には、「われ欲す」よりも「汝なすべし」のほうが快くひびく。諸君は好ましい一切のことがらを、まず命令されたものとして受け取らねばならない。

君たちの生への愛が、君たちの最高の希望への愛であれ。そしてその最高の希望は、生をめぐる最高の思想であれ。

だが、その最高の思想を、わたしからの命令として受け取るべきだ。――その命令はこうだ。人間は乗り越えられねばならぬ何かでなくてはならない。

こうしてみずからの忠実と戦いの生を生きよ。長く生きることが何だというのか。手加減してほしい戦士がどこにいるというのだ。

わたしは手加減などしない。諸君をこころの底から愛する。戦いを供にする兄弟よ

——。

ツァラトゥストラはこう語った。

新しい偶像について

いまもまだどこかに民族と畜群があろう。だがわれわれのいる此処にはない。わが兄弟よ、あるのは国家である。

国家。国家とは何か。さあ耳をひらいて聞くがいい、今わたしは諸君に、民族の死について語ろう。

国家とは冷たい怪物のなかでもっとも冷たい。それは冷ややかに嘘をつく。その口から這いずりでてくる嘘はこうだ。「わたし、すなわち国家は、民族である」。

嘘だ。民族を創出し、その上に一つの信と一つの愛とをかかげたのは、創造者たちだった。こうして彼らは生に奉仕した。

多くの者たちを罠にかけ、それを国家と呼んでいるのは殲滅者だ。彼らはその上に一本の剣と百の欲望をつり下げる。

民族がまだ存在するところでは、民族は国家などというものを理解しない。国家を邪悪な眼差しとして、風習と掟に対する罪として憎む。

民族のしるしを、君たちに教える。民族は善と悪について独自の言葉を語る。その言葉は隣人には理解できない。民族はその言葉をみずからの風習と掟のなかで作り出したのだから。

しかし国家は善と悪について、あらゆる言葉を使って嘘をつく。国家が何を語っても、それは嘘だ。——国家が何を持っていても、それは盗品だ。

国家の一切は偽物だ。嚙まずにはいられない、だから盗んできた歯で嚙む。その内臓すらも偽物なのだ。

善悪をめぐる言葉は混乱する。君たちに教えよう、これが国家のしるしだ。まことに、このしるしは死への意志を示しているのだ。まことに、このしるしは死を説く者たちに目配せする。

多数の、あまりに多数の者たちが生まれてくる。この余計な人間たちのために、国家は発明されたのだ。

見よ、国家があまりに多すぎる人間たちをどんなにおびき寄せているかを。どんなに呑み、嚙み、反芻しているかを。

「この地上にわしより大きいものはない。わしは神の指であり、秩序を与えるのだ」——と、この怪獣は吠える。その前に膝を屈するのは、耳の長い者、目の近い者ばかりではない。

ああ、諸君、大いなる魂の持ち主たちよ。君たちにも、国家はその陰鬱な嘘をささやく。ああ、国家は、もの惜しみせずみずからを捧げる豊かな心の持ち主を見抜いている。

そうだ。諸君、古き神を征服した者たちよ。国家は君たちの心中も見抜いている。戦いに疲れ、諸君はその疲労ゆえに新たなる偶像に仕えてしまう。

英雄たちと尊敬すべきものたちを取り巻きにしたがるのだ、国家、この新たな偶像は。好ましい良心という日差しをあびたがる――この冷血な怪獣が。

国家は君たちにすべてを与える、君たちが国家をあがめるならば。こうして国家は諸君の徳の輝きと気高いまなざしを買い取る。

国家は君たちを餌にしてあまりにも多数の者をおびき寄せようとする。そうだ、なんという地獄の手管《てくだ》が発明されたことか。神々しい栄光を放つ装飾品を鳴らして走る、死の馬が。

そうだ。多くの者たちのために、死が発明された。そしてこの死こそが「生」として讃えられている。まことに、あらゆる死を説く者たちに対する、心からの奉仕だ。

善い者も悪い者もみな毒を飲むところ、それをわたしは国家と呼ぶ。善い者も悪い者もみずからを失うところ、それが国家だ。すべての者たちが緩慢な自殺をし、それが「生」と呼ばれるところ、それが国家だ。

この余計な人間たちを見るがいい。彼らは創始者たちの作品を、賢者たちの宝を盗み、この窃盗を教養と呼ぶ。――この一切が彼らにとっては病となり、災いとなるというのに。

この余計な人間たちを見るがいい。彼らはつねに病んでいる。にがい胆汁を吐き出して、新聞と呼んでいる。彼らはたがいに貪《むさぼ》りあうが、消化することさえできない。

この余計な人間たちを見るがいい。彼らは富を得てますます貧しくなる。権力を欲し、そのため権力を作り出す鉄梃《かなてこ》である、多くの金銭をもとめる——この無能な者たちは。彼らがよじ登っていくさまを見るがいい、この敏捷《はしつこ》い猿たちが。彼らは互いに頭をふみ越えてよじ登り、そして互いを泥と谷のなかに引きずり込もうとする。

みな王座に就こうとする。これが彼らの狂気だ。——あたかも幸福が王座にあるかのように。だが往々にして王座には泥しかない。——また往々にして王座は泥の上にある。

わたしから見れば、みな狂人であり、よじ登る猿であり、熱に浮かされている。彼らの偶像、この冷たい怪獣は悪臭を放つ。彼らこの偶像を崇拝する者たちも、ひとり残らず悪臭を放つ。

わが兄弟よ。彼らの口と欲望からでてくる臭気のなかで窒息したいか。むしろ窓をうち破り、外へとおどり出るがいい。

この悪臭から逃れよ。この余計な者たちの偶像崇拝から遠く離れよ。

この悪臭から逃れよ。この人身御供から立ちこめる濛気から遠く離れよ。

大いなる魂たちに、大地は今もまだ開かれている。一人きりの孤独な者たち、二人きりの孤独な者たちに、まだたくさんの居場所がある。そこには静かな海の香りがながれてくる。

大いなる魂たちに、自由な生はまだ開かれている。本当だ、すくなく持つものは、他人の持ちものになることもすくない。ささやかな貧しさよ、讃えられてあれ。

国家が終わるところで、はじめて人間が始まる。余計などではない人間が。そこで歌が始まる。なくてはならない人間の、一回きり、かけがえのない歌が。

国家が終わるところで、——そこで彼方を見よ、わが兄弟たちよ。見えないか。あの虹が、超人への橋が——。

ツァラトゥストラはこう語った。

市場の蠅について

わが友よ。逃れよ、君の孤独のなかへ。君は、世の大人のわめき声に耳がきかなくなり、世の小人の刺す針にさいなまれているようだ。

威厳にみちて、森と岩石とは君とともに沈黙することをこころえている。君の愛する、あの大枝をひろげる木に、いま一度ひとしくなれ。その木は静かに耳を澄まし、海へと枝をさしかけている。

孤独の終わるところに、市場がはじまる。そして市場がはじまるところに、また大芝居を打つ者たちのわめく声が、毒蠅がうなる音がはじまる。

この世のなかでは、どんな素晴らしいものでも、まずそれを演出する者がいなければ何にもならない。そしてこの演出家を大衆は偉人と呼ぶ。

本当に偉大なのは、創造することだ。だが、大衆はほとんどこれを理解しない。大がかりな演出家と役者がすることには、感受性をもっているのに。

新たな価値の創造者がいて、世界はこの人のまわりをめぐる――眼には見えずとも、めぐる。だが、芝居を打つ役者のまわりをめぐるのだ、大衆と名声は。それが世の成り行きだ。

役者にも精神はある。だがその精神には良心がほとんどない。つねに彼が信じるもの、それはもっとも多くの人々を信じさせるためのものだ——彼自身を信じさせるものである。

明日、彼は新たな信仰を持つだろう。明後日にはもっと新しい信仰を。彼の感覚はすばやい。大衆と同じく、天候のようにうつろいやすい。

驚かせること、それが彼にとっては証明だ。熱狂させること、それが彼にとっては説得だ。そして血こそが、彼にとって何よりの根拠である。

繊細な耳にだけそっと入ってくる真理、それを彼は偽りと、なきにひとしいものと呼ぶ。まことに、彼が信じるのは世に大騒ぎを起こす神々だけだ。

市場はもったいぶった道化だらけだ。——そして大衆はこの道化を大物だと褒めそやす。大衆にとって、彼らは時代の支配者だからだ。

しかし時代は彼らをせき立てる。同じく彼らも君をせき立てる。そして君に諾《ヤー》か否《ナイン》かを言わせようとする。ああ、君はこのような賛否のあいだで板挟みになりたいか。

真理から愛を受けようとする君よ。このような強引で先を急ぐ者たちに嫉妬することはない。このような強引な者の腕に真理が身を任せたことなど、いまだかつて一度もないから。

このような性急な者たちを避けて、君はみずからの安全な場所に帰るがいい。このような諾か否かの問いを突きつけられるのは、市場においてのみだから。

すべて深い泉は、ゆっくりと経験をする。何がみずからの深みに落ちてきたのかを知るには、長く待たねばならない。

すべて偉大なものは市場と名声から去って行く。昔から、新たな価値を創造する者たちは市場と名声から離れて住んでいた。

わが友よ。逃れよ、君の孤独のなかへ。君は毒ある蠅たちに刺されている。逃れよ。つよい風が吹き荒《すさ》ぶところへ。

逃れよ、君の孤独のなかへ。君は卑小で惨めな者たちの、あまりに近くに生きていた。彼らの目には見えぬ復讐から逃れよ。彼らが君になすことは、復讐しかない。

もう彼らに腕を上げるな。切りがない。蠅たたきになることは、君の宿命ではない。この卑小で惨めなものたちは数知れず、切りがない。堂々たる建築も、雨つぶと雑草で崩れた例はすくなくない。

君は石ではない。だが多くの水滴のためにうつろになっている。さらに多くの水滴をあびれば、打ち砕けて粉々になってしまうだろう。

君は毒蠅に刺されて疲れ切っているようだ。百か所も刺されて血をながしている。なのに、君の誇りは怒りを覚えない。

なんら罪の意識もなく、この毒蠅たちは君の血をほしがる。その血のない魂が血を渇望しているのだ。――だから罪の意識もなく刺す。

しかし、君は深い人だ。小さな傷にもふかく苦しむ。そしてその傷が治りもしないうちに、君の手の上をおなじ毒虫が這った。

君は誇り高くて、この盗み食いするものたちを打ち殺すなどということはしない。だが、この毒あるものどもの不正すべてに耐えた末に、非業の死をとげることがないように、気をつけるがいい。

また彼らは賞賛のうなり声をあげ、君のまわりを取り巻くことがある。押しつけがましい賞賛だ。彼らは君の肌と血に近づきたがっている。

彼らは君に媚びへつらう、神か悪魔にそうするように。彼らは君に泣いて懇願する、神か悪魔にそうするように。それが何だ。彼らは胡麻すりで卑屈な泣き虫だ。それだけのことだ。

彼らも君に愛想よくしてみせることがある。だがそれは腰抜けの小賢しさにすぎない。そう、腰抜けは小賢しいものだ。

彼らはその狭量な魂で君を見透かそうと考えをめぐらせる。——そしていつも君はいかがわしい奴にされる。見透かそうと考えをめぐらせれば、何でもいかがわしく見えるものなのに。

彼らは君のあらゆる徳をとがめて罰する。彼らが心の底から許すのは、——君の失敗だけだ。

君は寛大で公正なこころを持っているから、「彼らが小さな存在なのは、とがめるべき罪ではない」と言う。だが彼らは狭量な魂は言うのだ、「大きな存在はすべてとがめるべき罪である」と。

君が彼らに寛大であっても、彼らは君から軽蔑されていると感じる。だから君の親切にたいして、ひそかに仕返しをしようとする。

君の無言の誇りは常に彼らの趣味に合わない。君が十分に慎み深く虚栄心を見せたとしても、彼らは様《ざま》を見よと言ってよろこぶ。

われわれが或るひとの一点を認識するということは、そこに火をつけるということだ。だから卑小な人間に気をつけよ。

君にむかうと、彼らはみずからを小さく感じる。だから彼らの低劣さは、君への目に見えぬ復讐となって燃えあがる。

君は気づかなかったか、君があらわれると彼らがよく口ごもっていたことを。そして消えゆく火から煙が昇るように、彼らから力が抜けていったことを。

そうだ。わが友よ。君は隣人にとって良心の呵責そのものだ。彼らは君の隣人に値しない。だから君を憎み、君の血を吸いたがる。

君の隣人はいつも毒蝿となろう。君が偉大であること、――それ自体が彼らをもっと有毒にし、いよいよ蝿にしてしまう。

わが友よ。逃れよ、君の孤独のなかへ。つよい風が吹き荒《すさ》ぶところへ。蝿たたきになることは、君の宿命ではない――。

ツァラトゥストラはこう語った。

純潔について

わたしは森を愛する。都会は住みにくい。そこには淫乱な者が多すぎる。淫乱な女の夢のなかに落ちるよりは、殺人者の手のうちに落ちるほうが、ましではないか。

そしてあの男たちを見るがいい。彼らの目は語っている——この地上で、女と寝るよりもましなことを何も知らないと。

彼らの魂の底には泥がたまっている。そして、ああ、何とその泥に精神があるとは。せめて彼らが動物として完全であればよいのだが。だが、動物になるには、無垢でなくてはならない。

わたしが、君たちに官能を殺せと勧めるとでも。わたしが諸君に勧めるのは、官能の無垢だ。

わたしが、君たちに純潔を守れと勧めるとでも。純潔は或る者には徳だが、多くの者にはほとんど悪徳だ。

彼らも自分を抑えはする。だが、彼らのなすこと一切から、肉欲の雌犬が妬ましげにのぞいている。

彼らの徳の高みまでも、彼らの冷徹な精神の底にすらも、この雌犬と不満は追ってくる。

そしてこの肉欲の雌犬は、一切れの肉がお預けになると、なんとしおらしく一切れの精神をほしがることだろう。

君たちは悲劇を愛するか、そしてこころ打ち砕くすべてのものを。しかし、わたしは諸君の雌犬をあやしむ。

君たちは残忍な目をしているようだ。そして悩める者をみだらな目つきで見る。ただ、諸君の好色が姿をかえて、同情と称しているのではないか。

このような比喩をあたえよう。おのれの悪魔を追い祓おうとして、みずから豚の群れのなかに入り込んで行った者は少なくない、と。

純潔を守るのがつらいなら、守ることをやめればよい。純潔が、地獄への道――魂の泥と情欲への道になってしまわないように。

わたしは汚らわしいことを語っているか。だが、これはわたしが語る最悪のことではない。

認識をこころざす者が、真理の水に入るのを嫌うのは、その真理が汚れているときではない。その真理が浅いときだ。

ほんとうに、底の底から純潔なひともいる。彼らは、君たちよりも寛大で、好んで大いに笑う。

彼らは純潔そのものを笑い、そしてたずねる。「純潔が何だというのか。

純潔は、愚かなことではないか。この愚かしさのほうが、われわれにやってきたのであって、こちらから求めたわけではない。

われらはこの客に、心を宿として貸した。だから客はわれわれのところに泊まっている。——居たいだけ、居るといい」。

ツァラトゥストラはこう語った。

友について

「わたしのところには、いつもひとり余分な者がいる」——そう隠棲する者は考える。「いつも一かける一だが——長いあいだのうちに、二になってくる」。「わたしが」と「わたしを」は、いつも対話に熱中している。もしさらにひとりの友がいなかったら、どうしてそれに耐えることができようか。

隠棲する者にとって、友はいつも第三者だ。その第三者は、ふたりの対話が深みに沈んでしまわないようにする、コルクの浮子《うき》である。

ああ、隠棲する者にとっては、あまりにも多くの深みがある。だから彼はあこがれる、ひとりの友に、そして友がいる上のほうへ。

われわれの他者への信仰は、われわれが心の中で何を信じたいと思っているかを曝露《ばくろ》する。われわれの友へのあこがれは、われわれの本心を曝露するものだ。

友への嫉妬を飛び越えるために、友を愛するにすぎないことがよくある。また、みずからが攻撃されやすい質《たち》であることをかくすために、攻撃し、敵をつくることがよくある。

「せめて、わたしの敵であれ」。——友情をせがむことをしない、本当に畏敬の念を持つ者は、このように言う。

友になろうとするならば、友のために戦わねばならない。そして戦うためには、敵になることができなくてはならない。

友のなかにいる敵を敬わなくてはならない。君は友に近づきすぎて、一心同体にならないでいることができるか。

友のなかにおのれの最高の敵がいなくてはならない。君が彼に逆らうとき、君の心がもっとも彼に近づいていなくてはならない。

君は友のそばにいるとき、服を脱いでいたいと思うか。あるがままの君を友に与えることが、彼の名誉になると思うか。だが、彼は君を悪魔にくれてやれと思うだろう。

おのれを少しも隠さないことは、腹立たしいことだ。一糸まとわぬ姿でいることをおそれる理由は、いくらでもある。そうだ、諸君が神々ならば、衣を恥じらうこともよいだろうが。

友のために、どんなに美しく着飾っても過ぎるということはない。君は友にとって、超人への矢であり、あこがれであるべきだから。

友がどのような顔をしているか知ろうとして、彼が眠っているところを見たことがあるか。つね日頃の友の顔とは何だろう。それは、粗末でゆがんだ鏡に映った、君自身の顔だ。

友が眠っているところを見たことがあるか。その寝顔を見て、愕然としなかったか。おお、わが友よ。人間は乗り越えられなければならない何かなのだ。

友たるもの、推察と沈黙にすぐれていなくてはならない。すべてを見ようとしてはならない。めざめている友のなすことが、君の夢のなかにあらわれなくてはならない。

君の同情は推察であれ。まず友が同情してほしいかどうか知らなくては。ともすれば、彼が愛しているのは、君の透徹した目と、永遠へのまなざしかもしれない。

友への同情をかたい殻のなかに隠すがいい。噛もうとすれば、歯をひとつ折るほどにかたい殻の。そうすれば、同情はこまやかに甘くなる。

君は友の、澄み切った大気であり、孤独であり、パンであり、薬であるか。みずからを縛る鎖を解くことができなくても、友を解き放つことができる者は少なくない。

君は奴隷か。ならば友となることはできない。君は専制君主か。ならば友を持つことはできない。

あまりにも長いあいだ、女性のなかには奴隷と専制君主が住んでいた。だから女性はまだ友情をむすぶことができない。知っているのは愛だけだ。

女性の愛のなかには、彼女が愛しないすべてのものに対する不公平と盲目がある。そして知的な女性の愛にすらも、光とならんで、まだ奇襲と稲妻と夜がある。

女性はまだ友情をむすぶことができない。今も女性は猫だ、小鳥だ。もっともよくて、牝牛だ。

女性はまだ友情をむすぶことができない。だが、諸君、男たちよ。君たちの一体誰が友情をむすぶことができるというのか。

おお、諸君、男たちよ。君たちの魂の貧しさ、吝《しわ》さはどうだ。君たちが友に与えるくらいのものを、わたしは敵にも与えよう。だからといって貧しくはならない。

仲間うちの身びいきはある。だが友情こそあってほしい。

ツァラトゥストラはこう語った。

千の目標と一つの目標について

ツァラトゥストラは多くの国と多くの民族を見た。そして多くの民族の善と悪とを発見した。ツァラトゥストラは善悪以上の大きな力をこの地上に見出さなかった。

まず善悪の評価ということをしなければ、民族は生きていくことができない。そして、生き延びるためには、隣の民族が評価するように評価してはならない。

ある民族が善とする多くのことが、他の民族には侮蔑すべきこと、恥辱とされていた。わたしはそれを見た。ここでは悪と呼ばれていることが、ほかでは深紅の栄光に飾られているのを見た。

隣人同士が理解し合うことは決してなかった。それぞれの魂は、相手の妄念と悪意とをいぶかしがっていた。

どの民族の上にも、さまざまな善が刻まれた石版がかかげられている。見よ、それはその民族が克服してきたものの一覧だ。見よ、それはその民族の力への意志が発した声だ。

ある民族が困難とみなすものが、その民族にとって讃えられるべきものだ。不可欠なのに労苦なくしては手にいれられないもの、それが善と呼ばれる。最大の苦境から救い出してくれるもの、稀有なもの、もっとも困難なもの――それを聖なるものとして崇めたたえる。

その民族を支配と勝利と栄光に導き、隣人を恐怖させ嫉妬させるもの、それがこの民族にとっては高いもの、第一のもの、規準であり、万物の意味なのだ。

本当だ、わが兄弟よ。君はまず、ある民族の苦境と風土と気候そして隣人を知るがいい。そうすればおそらく、その民族が自らに打ち克っていく法則を知ることができるだろう。また、なぜその民族がその梯子《はしご》をつたってみずからの希望へと昇っていくかを知ることができるだろう。

「汝はつねに第一人者であり、人に抜きんでた者でなくてはならぬ。汝の妬みぶかい魂は、友人以外の何者をも愛してはならぬ」。――これが、ギリシャ人の魂をおののかせた。そして彼らはみずからの偉大さに至る道を進んだ。

「真実を語れ、そして弓と矢を友とせよ」。――これが、わたしの名を生みだした民族［ペルシア人］にとっては、好ましくまた困難と思われた。――金の星《ツアラトウストラ》というわたしの名も、わたしには好ましくまた困難だ。

「父母をうやまい、魂の底からその意志に従え」。このような克己の石版をみずからの頭上にかかげた或る別の民族［ユダヤ人］は、それによって強大となり不滅となった。

「忠誠を尽くし、忠誠のためには、悪しきこと危険なことにも、名誉と血を賭けよ」。また別の民族［ゲルマン人］は、このように自らを教育し、律し、この自らを律することによって大きな希望を孕んだ。

まことに、人間はみずからおのれ自身に自分の善と悪とのすべてを与えた。誰かから受け取ったのではない、見つけたのでもない、天の声として降ってきたのでもない。みずからを養うために、人間は事物のなかに価値を置いた。――人間が事物の意味を、人間的な意味を与えた。だから彼は「人間」と呼ばれる。すなわち「評価する者」と。

評価することは、創造することだ。聞け、諸君創造する者よ。評価することそれ自体が、高く評価されるすべてのものにまさる宝だ。

評価することによって、はじめて価値が生まれる。評価がなければ、存在の胡桃《くるみ》はうつろであろう。聞け、諸君創造する者よ。

価値が変わる。――それは創造者が変わるということだ。創造せずにおられないものは、つねに破壊をやめない。

はじめはさまざまな民族こそが創造者だった。後になってはじめて個人が創造者となった。まことに、個人というもの自体がきわめて近年の産物だ。

かつてはさまざまな民族が、善の一覧を刻んだ石版をみずからの頭上にかかげた。支配しようとする愛と、従おうとする愛がむすびあって、このような石版を創り出したのだ。

群れることの悦びは、「われ」であることの悦びよりも旧《ふる》い。良心にやましいところがないということと、群れているということが、同じ意味だったあいだは、ただやましい良心だけが、「われ」と口にした。

ほんとうに、みずからの利益のために多数の利益をはかろうとする、狡猾で愛に欠けた「われ」は、群れることの起源ではなく、その没落だ。

善と悪を創造した者は、つねに愛によって創造した。愛が燃えていた、そのすべての徳の名のもとにおいて。そして怒りも燃えていた。

ツァラトゥストラは多くの国と多くの民族を見た。ツァラトゥストラはこの地上において、愛をもって行う者が作り出したもの以上に大きな力《マハト》を持つものを見出さなかった。その名は、「善」と「悪」である。

その賞賛の力、その叱責の力は、ほんとうに怪物だ。言え、わが兄弟よ。誰がこの怪物を克服するか。言え、誰がこの獣の千の頸《くび》に軛《くびき》をかけるだろうか。

今まで千の目標があった。千の民族がいたのだから。だがこの千の頸をひとつに束ねる軛がまだない。ひとつの目標がない。人類はまだ目標を持っていない。

だが、どうか。わが兄弟たちよ。人類にまだ目標がないなら、――人類そのものがまだ居ないのではないか――。

ツァラトゥストラはこう語った。

隣人愛について

諸君は隣人にむらがってそれに美名を与えている。だが言おう。君たちの隣人愛は、君たち自身をうまく愛することができていないということだと。

君たちはおのれ自身からのがれて、隣人のもとへ走る。そしてそのことをひとつの徳に仕立てようとしている。だが、わたしは諸君の「無私」の正体を見抜いている。

「汝」は「我」よりも旧い。「汝」は聖なるものとして語られたが、「我」はいまだそうではない。だから人間は隣人へと殺到する。

わたしが諸君に隣人愛を勧めると思うか。わたしがむしろ勧めるのは、隣人からの逃走であり、遠人への愛だ。

隣人への愛より高いもの、それは遠人への愛、来たるべき人への愛だ。人間への愛より、物事や幻影への愛のほうが高い。

わが兄弟よ。君に先だって行く幻影は、君よりも美しい。なぜ君はそれにおのれの骨肉をあたえないのか。だが君は幻影を怖がって、隣人のもとに走る。

君たちは自分自身に耐えることができない。そして自分自身を十分に愛していない。だから諸君は隣人を愛へと誘い、そのあやまちで自らを鍍金《めっき》しようとする。

諸君があらゆる隣人に、またその近隣の者たちに、耐えられなくなればいいと思う。

らなくなる。

そうすれば、君たちはおのれ自身から、友とあふれんばかりの心情とを創り出さねばならなくなる。

君たちは自分をよく言われたいとき、証人を連れてくる。そして証人をたぶらかして、自分のことをよいと思い込ませる。すると、君たちは自分自身をなかなかのものだと思うようになる。

自分の知に背いて語る者だけではない、自分の無知に背いて語る者こそ、虚言を弄する者だ。だから君たちは隣人と交際するときに、みずからのことについて語ることによって、自分も隣人をも騙すことになる。

道化は言う、「人間との交際は性格をそこなう。とくに性格のない者はそうなる」と。

ある者は自分をさがして隣人のところに行く。またある者は自分を無くしたくて隣人のところに行く。自分自身をよく愛することができないから、君たちの孤独は牢獄になってしまう。

諸君の隣人愛は、そこに居ない者を犠牲にする。君たちが五人集まれば、いつも六人目が血祭りにあげられる。

君たちの祝祭をわたしは好まない。そこにはあまりに多くの俳優があらわれたし、観客も幾度となく俳優のように振る舞った。

わたしは諸君に隣人を教えない。友を教える。友こそ諸君の大地の祝祭であれ。そして超人への予感であれ。

わたしは諸君に友を、そしてその満ちあふれる心情を教える。だが、満ちあふれる心情をもって愛されたいと思うなら、海綿になることを心得ていなければならない。

わたしは諸君に友を教える。そのなかで世界がすでに完成している、善の受け皿である友を。——完成した世界をいつでも贈ろうとする、創造する友を。

この友のために、かつて繰り広げられた世界は、ふたたび巻きおさめられる。悪による善の生成として、偶然による目的の生成として。

もっとも遠い未来こそが、君の今日の動機であれ。君の友のなかで、君はみずからの動機としての超人を愛さなくてはならない。

わが兄弟よ。わたしは諸君に隣人愛を勧めない。わたしは諸君に遠人への愛を勧める。

ツァラトゥストラはこう語った。

創造者の道について

わが兄弟よ。君は孤独へ入って行こうとするのか。君自身への道を探し求めようとするのか。しばし待って、わたしの話を聞くがいい。

「探し求める者は、道に迷いやすい。孤独であろうとすることは、つねに罪だ」。そう群衆は言う。そして君もながいあいだ、そうした群衆のひとりだった。

群衆の声は君のなかでなお鳴り続けるだろう。そして君が群衆にむかって、「もはや諸君とは、同じ良心を持ってはいない」と語っても、それは一種の嘆きであり、苦痛の声だろう。

見よ。君のこの苦痛も、やはりその同じ良心から生まれた。そしてこの良心の燃え残りがひかり、君の苦しみになお影を投げかけている。

だが、君はみずからの苦しみの道を行こうとするのか。自分自身への道を。ならば、君にそれをなすだけの権利と力があることを、わたしに示すがいい。

君はひとつの新しい力か。ひとつの新しい権利か。ひとつの最初の運動か。みずから回る輪か。君は星々をして、みずからの周りを回らせることができるか。

ああ、高みを目指す欲望は、なんとおびただしいことか。野心家たちの痙攣が、なんとおびただしいことか。わたしに示してくれ、君がそのような欲望に駆られた者、野心家のひとりではないことを。

ああ、吹子《ふいご》以上のことはしていない大思想が、なんとおびただしいことか。それはものをふくらませて、ますます空虚にする。

君は自分が自由だと言うのか。わたしが聞きたいのは、君を支配する思想であって、なんらかの軛《くびき》から逃れたということを聞きたいのではない。

君はそもそも、軛から逃れることを許された者なのか。服従を投げ捨てたときに、みずからの最後の価値を投げ捨ててしまった者も多い。

何からの自由、と。ツァラトゥストラはそれを意に介さない。君の眼がはっきりとわたしに告げなくてはならないことは、何をめざしての自由か、ということだ。

君は、みずから自身の善と悪をおのれに与えることができるか。みずからの意志を掟として頭上にかかげることができるか。君はおのれに対して、みずからの掟による裁判官となり、処刑人となることができるか。

恐ろしいことだ。孤独であって、共にいるのは君自身の掟に従う裁判官と処刑人だけだということは。つまり、荒涼とした空間とつめたい孤独の息吹のなかに投げ出された一つの星となることだ。

今はまだ、君はひとり、多くの人々のために悩んでいる。今はまだ、君はみずからの勇気と希望を余すところなく持っている。

しかし、いつか君は孤独に疲れ果てる。いつか君の誇りは膝を屈し、君の勇気は軋む。

いつか君は叫ぶだろう、「わたしはたった独りだ！」。

いつか君はもはやみずからの高さを見ず、みずからの低さのみあまりに近く見ることになるだろう。君はみずからの気高さそのものを、幽霊のように恐れるだろう。いつか君は叫ぶだろう、「すべては間違っていた！」。

孤独な者を殺すさまざまな感情がある。殺せなければ、その感情自体が死なねばならないのだから。だが君はその感情を殺すことができるか。

わが兄弟よ。君はすでに「軽蔑」という言葉を身に沁みて知っているか。そして君を軽蔑する者たちにも公正たらんとする、君の公正の苦悩を知っているか。

君は多くの者に強いて、君についての評価をあらためさせた。それを、彼らは深く根に持っている。君は彼らの近くまで来たのに、そのまま通り過ぎて行ってしまった。そのことを彼らは決して許さない。

君は彼らを超えていく。だが君が高く昇るほどに、妬みの眼は君を小さい者と見る。そして、飛ぶ者が、もっとも憎悪されるのだ。

「諸君がわたしに公正たらんとしても、どうしてそんなことができようか」──そう君は語らざるを得ないだろう──「わたしが諸君から受け取るにふさわしいもの、それは君たちの不公正な扱いだ」と。

不公正と汚物を、彼らは孤独な者に投げつける。だが、わが兄弟よ。君が星になろうとするなら、その輝きで彼らを照らすことを惜しんではならない。

また、善き正しき者たちを警戒せよ。自分自身の徳を作り出す者を、彼らは好んで十字架にかける。——孤独な者を憎んでいるのだ。

また、聖なる無邪気さを警戒せよ。そういう無邪気で無知な者にとっては、素朴でないものはすべて神聖ではなくなる。彼らは好んで火をもてあそぶ——火刑の。

そして君の愛の発作を警戒せよ。孤独な者は、たまたま出会った者に、すぐに手を差し伸べる。

君が手を差し伸べてはならぬ人間はすくなくない。前足のみ差し出せばよい。そしてわたしは、君の前足が猛獣の爪を備えていればよいと思う。

だが、君が出会う最悪の敵はつねに君自身であるだろう。洞穴のなかで、そして森のなかで、君自身が待ち伏せている。

孤独な者よ、君は君自身への道を行く。しかしその道を歩んでも、君自身に辿り着かず行き過ぎてしまう。そして君の七つの悪魔を避けて通り過ぎてしまう。

君は、君自身にそむく異端者となる。魔女となり預言者となり、道化となり懐疑家となり、不浄の者となり悪党となる。

君は、みずから自身の炎で、自分自身を焼こうとせざるを得なくなる。ひとたび灰になりおおせることなくして、どうして新たに甦ることができるというのか。

孤独な者よ、君は創造者の道を行く。君はみずからのために、七つの悪魔から一人の神を創り出そうとせねばならない。

孤独な者よ、君は愛する者の道を行く。君はみずからを愛し、ゆえに自分を軽蔑せねばならない。ただ愛を知る者だけが行うような軽蔑の仕方で。

愛する者は、軽蔑するからこそ、創造しようとするのだ。愛すればこそ、愛するものを軽蔑せねばならなかった経験がない者が、愛について何を知ろう。

君の愛と君の創造の力をたずさえて、君の孤独のなかへ行け。わが兄弟よ。そうすれば公正などは、足をひきずりながら、後から遅れてついてくる。

わたしの涙をたずさえて、君の孤独のなかへ行け。わが兄弟よ。わたしは愛する。おのれを超えて創造しようとし、そのために滅びる者を――。

ツァラトゥストラはこう語った。

老いた女と若い女について

「ツァラトゥストラよ、どうしてお前はそんなに人目をさけて、薄くらがりを忍び歩いているのか。そして何をマントの下に大事そうに隠しているのか。

それはお前に贈られた宝か。それともお前が生ませた子どもか。それともお前は悪党の友だから、今みずから盗賊の道を歩いていくところか」――。

そうだ、わが兄弟よ。そうツァラトゥストラは答えた。これはわたしに贈られた宝だ。ひとつの小さな真理だ、わたしが抱いているのは。

だが、赤子のようにきかん坊だ。口をおさえていないと、大声でわめき出すだろう。

きょう、日の沈むころにひとり道を歩いていると、ひとりの老婆に出会った。老婆はわたしの魂にこう語りかけた。

「ツァラトゥストラは、わたしたち女にも多くのことを語ってくれた。しかし、女というものについて、わたしたちに語ったことは一度もない」。

そこでわたしは答えた。「女というものについては、ただ男にだけ語るべきだ」。

「女とはどのようなものか、わたしに聞かせておくれ」。老婆は言った。「何しろわたしは年老いているし、じきに忘れてしまうだろうから」。

わたしはその願いに応えて、こう語った。

女については何もかもが謎だ。しかし女の何もかもを解く答えはたった一つだ。それは妊娠だ。

女にとって、男はひとつの手段である。目的はつねに子どもだ。だが、男にとって女とは何か。

真の男は二つのことを欲する。危険と遊戯だ。だから男は女を欲する、これ以上なく危険な玩具として。

男は戦いのために教育さるべきであり、女は戦士の回復のために教育さるべきである。他の一切は愚かだ。

あまりに甘い果実――戦士はこれを好まない。だから女を好む。もっとも甘美な女でも、苦みがあるから。

女は男よりも子どもをよく理解する。ところが、男は女よりも子どもらしいものだ。

真の男のなかには子どもがかくれている。この子どもが遊戯をしたがる。さあ、女たちよ。男のなかにいる子どもを見つけ出すがいい。

女は玩具たれ。清らかで美しい、玩具であるがいい。まだ存在していない世界の、さまざまな徳の輝きをたたえた宝石のようなものであれ。

君たちの愛のなかにひとつの星が輝いているように。君たちの希望は、「わたしは超人を生みたい」ということであれ。

君たちの愛のなかに勇敢さがあるように。君たちが畏怖するような男にむかって、その愛をたずさえて飛び込んで行け。

君たちの愛のなかに名誉があるように。ふつう、女は名誉をあまり理解していない。だが、愛される以上に愛し、決しておくれを取らないこと、これが君たちの名誉であれ。

女が愛するとき、男は恐れるがいい。そのとき、女はあらゆる犠牲を捧げる。そして他のことに何の価値もおかなくなる。

女が憎むとき、男は恐れるがいい。魂の根底において男はせいぜい悪であるにすぎないが、女はそこで有害であるからだ。

女はどのような者をもっとも憎むか。——鉄が磁石にこう言った。「わたしは君をもっとも憎む。君はわたしを引くが、吸いつけてしまうほどに強くないから」。

男の幸福は「われ欲す」だ。女の幸福は「彼は欲す」である。

「さあ、いま世界は完全になった」。——愛のすべてをあげて従うとき、すべての女はそう考える。

女は服従し、みずからの面《おもて》に対してひとつの深みを見出さねばならない。女のこころはひとつの面であって、うごきやすく、荒れやすい、あさい水面《みなも》だ。

だが男のこころは深い。その奔流は目に見えぬ地下をながれている。女はその力を予感する、が、把握することはない。

その老婆は答えて言った。「ツァラトゥストラは親切なことをたくさん言ってくれたものだ。とりわけてもそれを聞かせたい、若い女にとって。

奇妙なことだ。ツァラトゥストラはあまり女を知らないのに、それでも女について正しいことを言うとは。もっとも、女ということにかかわりあえば、どんなことでも起きるというから。

お礼に、ひとつの小さな真理をあげよう。これはわたしの年の功だ。

よくおむつにくるんで、口を押さえておきなさい。さもないと、大きな声でわめき出すから。この小さな真理は」。

「女よ、その小さな真理をわたしに与えてくれ」。わたしは言った。すると老婆はこう言った。

「女のところに行くのか。ならば鞭を忘れるな」。

ツァラトゥストラはこう語った。

蝮《まむし》のかみ傷について

ある日、ツァラトゥストラは無花果《いちじく》の木蔭でまどろんだ。暑かったので、その腕で顔をおおっていた。そこに蝮があらわれて、首を嚙んだ。痛みのあまり、ツァラトゥストラは大声をあげた。彼が顔から腕をはなしてこの蛇を見ると、ツァラトゥストラの眼だということがわかって、蝮は不器用に身をくねらせて逃げようとした。「逃げなくともよい」とツァラトゥストラは言った。「君はまだわたしの感謝を受け取っていないではないか。よい時に起こしてくれた。わたしの行く道はまだ長いのだから」。「あなたの道はもうみじかい」と、蝮は悲しそうに言った。「わたしの毒であなたは死ぬから」。ツァラトゥストラは微笑んだ。「いままで、蛇の毒で龍が死んだことがあるか」――そう彼は言った。「だが、君の毒をとりもどすがいい。それをわたしに贈るほど、君は富にめぐまれていない」。そこで蝮はふたたびツァラトゥストラの頸に巻きつくと、その傷を舐めた。

あるとき、ツァラトゥストラが弟子たちにこの話をすると、弟子たちはたずねた。「おお、ツァラトゥストラよ。あなたのお話の教訓《モラル》は何でしょうか」。ツァラトゥストラはこう答えた。

善く、正しい者たちは、わたしを道徳《モラル》の破壊者と呼ぶ。だからわたしの話は道徳的ではない――。

言いたいことはこうだ。君たちに敵があるなら、その悪に対して善で報いるな。それは敵を恥じさせることになるから。それよりも、敵が諸君に何か良いことをしてくれたのだと、証し立ててみせよ。

恥じさせるよりは、むしろ怒れ。君たちが呪いの言葉をかけられたときに、祝福の言葉をあたえようとするのは、わたしは気に入らない。むしろ、少しは呪いの言葉を浴びせよ。

そして君たちにひとつの大きな不正が加えられたら、すみやかに五つの小さな不正で報いるがいい。ただひとりで不正に苦しめられている者を見るのは、きわめて不快だ。

君たちはすでに知っていたか。相手の不正に対してこちらも不正を行うこと、それは半ば正義だということを。不正を甘受すべきなのは、それを担いうる者だけだ。

小さな復讐をすることは、全くしないことよりも人間らしい。そして法を犯した者にとって権利であり名誉でないならば、諸君の刑罰を好ましいとは思わない。

いつも自分が正しいと主張するより、不正とみなされても平然としていることのほうが高貴だ。とりわけ自分が正しいときは。ただ、そうあるためには、十分にゆたかでなければならない。

諸君のつめたい正義を、わたしは好まない。君たちの裁判官の目からは、つねに死刑執行人とそのつめたい刃が見え隠れしている。

言うがいい。くもりなき目をもった愛であるような正義はどこにあるか。

ただすべての刑罰のみならず、すべての責任を引き受けるような愛を、作り出してくれ。

裁き手以外のすべての者に無罪を宣告する正義を、作り出してくれ。

君たちは、さらにこのことも聞きたいか。徹底して公正であろうとする者からすれば、嘘をつくことも、人間への親身な態度となる。

だが、どうしてこのわたしが徹底して公正であろうとすることができよう。どうして一人ひとりのあり方を与えることができよう。だから、一人ひとりにわたしのものを与えること、これでわたしは満足しよう。

最後に言おう、わが兄弟よ。すべての隠者に不正を加えるな。隠者がどうして忘れることができよう。どうして報復することができよう。

隠者は深い井戸のようなものだ。石を投げ込むのはたやすい。だが石が底まで沈んでしまったら、いったい誰が取り出すことができようか。

隠者を侮辱することがないように。するのならば、むしろひとおもいに彼を殺せ。

ツァラトゥストラはこう語った。

子どもと結婚について

わが兄弟よ。わたしは君ひとりに尋ねたいことがある。測量のための錘《おもり》のように、この問いを君の魂に投げ込む。どれほど深いか知るために。

君は若い。結婚して子どもがほしいと思っている。しかし尋ねよう。君は、子どもがほしいと思うことを許された人間か。

君は勝利を収めたのか。みずからを克服したか。官能を統御できているか。君の持つさまざまな徳を支配できているか。わたしは君に問う。

それとも、その願望から声をあげているのは、獣であり、生理的欲求なのではないか。それとも孤独のつらさか。それとも自分に対する不満か。

君が勝利し自由であるからこそ、子どもに憧れるのであってほしい。君は勝利しみずからを解放したからこそ、その生きた記念碑を打ち建てるのでなくてはならない。

君はおのれを超えて打ち建てていかなくてはならない。だがそのためには、君自身が肉体においても魂においても、ゆがみなく真っ直ぐに打ち建てられていなくてはならない。

ただそのまま生み増やしていくだけでなく、生み高めていかねばならない。結婚の園は、そのためにこそ君の助けになるものであれ。

もっと高い肉体を君は創造せねばならない。最初の運動を、みずから回る輪を。——創造者を創造しなくてはならない。

結婚とわたしが呼ぶのは、創造する二人が、自分たち二人を超える一人を創造しようとする意志だ。そういう意志を意欲する者として、二人がおたがいを畏敬し合うということ。これをわたしは結婚と呼ぶ。

これが、君の結婚の意味であり真理であれ。だが、あのあまりの多数の、余計な者たちが結婚と呼んでいるものを——ああ、わたしは何と呼べばいい。

ああ、あの二人の魂の貧しさは。ああ、あの二人の魂の汚れは。ああ、あの二人のみじめな満足は。

このようなこと一切を、彼らは結婚と呼ぶ。そして言う、われらの結婚は天で結ばれたと。

だが、この余計な者たちの天をわたしは好まない。いや、わたしは彼らを好まないのだ。この天の網に絡めとられた獣たちを。

その神もわたしに寄って来ないでほしい。片足をひきずってのろのろと、みずから結びつけたわけでもない二人を祝福しようとやってくる神など。

このような結婚を笑ってはならない。自分の両親のために涙を流さないでいられる子どもが、どこにいるか。

ある男は、品位があり、大地の意義を理解するほどに成熟していると思われた。だが、その妻を見たときに、わたしは大地が馬鹿ものたちの住処になったかと思った。

そうだ、わたしはひとりの聖者が一羽の鵞鳥《がちょう》と連れ合うのを見た。そのときに、大地は痙攣して震えおののけばよいと思った。

ある者は真理をめざして、英雄のように出立していった。だがついに連れて帰ってきたのは、ひとつの小さな化粧した虚偽だった。彼はそれを結婚と呼んでいる。

ある男は人づきあいがむつかしく、えり好みをしていた。だが、彼は一挙にそうした交友関係をすっかり台無しにしてしまった。彼はそれを結婚と呼んでいる。

ある男は天使の徳を兼ね備えたひとりの侍女をもとめた。だが、彼は一挙にして一人の女の侍女となってしまった。そしてその上、天使にならなくてはならぬことになっている。

買い手となれば、誰でも慎重なものだ。みな抜け目がない。だがこれ以上なく抜け目ない男も、妻をもとめるとなると、中も見ずに袋入りのまま買う。

みじかいあいだ、多くの愚かなことをする――これを君たちは恋愛と呼んでいる。そして君たちの結婚はこの、みじかいあいだの多くの愚かなことを終わらせる。かわって、それはただひとつの長きにわたる愚かさとなる。

君たちの女に対する愛、女たちの男に対する愛。ああ、それがせめて、なやみ隠れる神々への同情であってくれればいい。だが、たいていそれは、二匹の獣がお互いの腹をさぐり合っているにすぎない。

しかし、諸君の最上の愛であっても、恍惚とした比喩、苦痛にみちた灼熱にすぎない。それは君たちを照らし、より高い道へとみちびく松明《たいまつ》であるのに。

いつか君たちは君たち自身を超えて愛さなくてはならない。だからまず愛することを学ぶがいい。諸君の愛のにがい杯を飲まなくてはならないのは、そのためなのだ。

最上の愛の杯のなかにも、苦みはある。だからこそ、愛は超人への憧れとなり、創造者たる君に渇きをあたえるではないか。

創造者の渇き、超人への矢と憧れ。わが兄弟よ、言うがいい。これが君の結婚への意志か。

このような意志、このような結婚を、わたしは神聖なものと呼ぶ——。

ツァラトゥストラはこう語った。

自由な死について

多くのものはあまりに遅く死ぬ。ある者たちはあまりに早く死ぬ。「死ぬべき時に死ね」、という教えはまだ耳慣れまい。

死ぬべき時に死ね。ツァラトゥストラはそう教える。

むろん、生きるべき時に生きなかった者が、どうして死ぬべき時に死ねよう。そのような者は生まれて来なければよかった。――わたしは余計な者たちにそう説く。

だが、余計な人間たちも、死ぬとなればもったいぶった意味をほしがる。からの胡桃も割ってほしがる。

みな、死を重大事と思う。だが、死はいまだ祝祭ではない。人間はまだ、もっとも美しい祝祭を挙げるにはどうすればいいのか、習いおぼえていない。

わたしは諸君に、まったき完成をもたらす死を示そう。生きる者にとって刺激となり誓約となるような死を。

完成をもたらす者は、希望をもつ者たち、そして誓いを立てる者たちに囲まれ、勝利に輝いておのれの死を遂げる。

このように死ぬことを学ばなくてはならない。そして死んでいく者が、生きていく者たちの誓いを固めるということがないなら、どんな祝祭も行われるべきではない。

このように死ぬのが最善だ。しかし次善は、戦いのなかで死に、大きな魂を惜しげもなく浪費することだ。

だが、戦う者たちにとっても、勝利を収めた者たちにとっても、諸君のうす笑いを浮かべた死はおぞましい。それは盗人のように忍び足でやって来るが——実は支配者として来る。

わたしの死を、わたしは諸君にむかって讃える。自由な死だ。それはわたしが欲するからこそ、わたしに来る。

ではわたしはいつ欲するか。——目的と後継者を持つ者は、その目的と後継者にとってふさわしい時に死を欲する。

そして、目的と後継者に畏敬の念を持つなら、もはや人は生という聖域にひからびた花輪などかかげたりはしないだろう。

本当に、わたしはあの縄をなう人々のようになりたくない。彼はその撚《よ》り糸をながく引きのばして、自分は後ろへうしろへとさがり続けていく。

また、真理と勝利を得るにはすでに老いすぎている者もすくなくない。歯のない口は、もはやどんな真理をも味わう権利はない。

そして栄光を得ようとする者は誰でも、よい頃合いに名誉に別れを告げて、ある困難な術を身につけなくてはならない。ふさわしい時に——去ることを。

自分の味がいちばん佳いときに、みずからを食べさせ続けるのをやめなくてはならない。長く愛されたいと思う者は、このことを知っている。

もちろん酸っぱい林檎もある。秋の最後の日まで待つことが、彼らが引き受けた運命だ。こうして甘く熟れるが、同時に黄ばんで、しなびてしまう。

ある者はまず心情が老いる。またある者は知性《ガイスト》が老いる。青春のさなかからすでに老いている者もいる。しかし青春が来るのがおそかった者の青春は長い。

失敗した人生をおくっている者もすくなくない。彼の心を、毒虫が喰いあらしているからだ。そういう者は、そのかわりに死に成功するように試みるがいい。

甘くならない者もすくなくない。彼らは夏のあいだにすでに腐っている。臆病だから、枝にしがみついているだけだ。

あまりに多くの者が生きながらえて、あまりに長くその枝にしがみついている。腐ったもの、虫喰いのものを、みな枝から振り落とす嵐が来ればよい。

すみやかな死を勧める説教者が来ればよいのだ。それこそわたしが語った嵐であり、生の木を揺さぶるだろう。しかし、わたしの耳に入ってくるのは、緩慢な死を、あらゆる「地上のもの」への忍耐を説く者の声ばかりだ。

ああ、君たちは地上のものへの忍耐を説くか。だが、罵声をあびせる諸君に、あまりに忍耐づよく耐えているのは、地上のもののほうなのだ。

ほんとうに、緩慢な死を説く者たちが尊敬するあのヘブライ人は、あまりに早く死んだ。そして、彼の早世が、多くのものたちのわざわいとなった。

彼はまだ、ヘブライ人の涙と憂鬱、そしてあの善く正しい人々への憎しみしか知らなかった。――あのヘブライ人イエスは。だから死への憧れに襲われた。

せめて彼が荒野にとどまり、あの善く正しい人々から遠くはなれていればよかった。ならば彼は生きることを学び、大地を愛することを学び、――そして笑うことも学んだのかもしれないのに。

わが兄弟よ。わたしを信じよ。彼はあまりに早く死んだ。わたしの年齢になるまで生きていたら、みずからその教えを撤回しただろうに。撤回することができるほど、彼は高潔だった。

だがまだ未熟だった。青年というものは、未熟に愛し、未熟に人間と大地を憎む。その心情と精神の翼はまだ縛られていて、重い。

だが、青年のなかよりも、大人のなかには多くの子どもがいて、憂鬱はすくない。大人は、死ぬことも生きることも、もっとよく理解している。

死に対して自由、そして死の時にも自由だ。もはや「然り」を言うときではなくなれば、聖なる「否」を言う。こうして大人は、死と生をよく理解している。

君たちの死が、人間と大地への冒瀆とならないようにせよ。わが友よ。諸君の魂のなかにある蜜に、切に願う。

君たちが死ぬときも、その精神と徳が、ひかり輝かなくてはならない。夕焼ける大地のように。さもなくば、諸君の死は失敗だ。

わが友である君たちが、そのためにもっと大地を愛するように、わたしは死にたい。そしてふたたび大地となって、わたしを生んでくれたこの大地のなかで安らぎを得たい。

ほんとうに、ツァラトゥストラはひとつの目的を持っていて、みずからの球を投げた。さあ諸君、わが友よ、この目標を受け継いでくれ。君たちにむけて、この黄金の球を投げよう。

わが友よ。わたしが何よりも見たいのは、君たちがこの黄金の球を投げるところだ。だからもう少しだけこの地上にとどまろう。そうさせてほしい。

ツァラトゥストラはそう語った。

贈るという徳について

一

ツァラトゥストラは街に別れを告げた。あの「まだら牛」という、彼のこころに適《かな》っていた街だ。――弟子を名乗る多くの者たちが、見送ろうと付きしたがった。ある十字路まで来ると、ツァラトゥストラは彼らに言った。わたしはここから独りで行きたい、と。彼は独り行くことを好んでいたから。弟子たちは別れのしるしとして、一本の杖を贈った。その黄金の握りは、一匹の蛇が太陽に巻きついて球をなしていた。ツァラトゥストラはこの杖をよろこび、地に突いた。そして弟子たちにこう言った。

言ってみよ。どのようにして金は最高の価値を持つようになったか。金はありふれておらず、役に立たず、ひかり輝いて、その輝きがやわらかいからだ。いつも金はみずからを贈り与えている。

金が最高の価値を持つようになったのは、最高の徳の似姿としてでしかない。贈り与える者のまなざしは、金のようにひかり輝く。金のひかりは、月と太陽を平和につなぐ。

最高の徳はありふれておらず、役に立たず、ひかり輝いて、その輝きはやわらかい。最高の徳は、贈り与える徳だ。

ほんとうに、わたしにはよくわかっている。わが弟子たちよ。諸君がわたしとおなじく、贈り与える徳を得ようとつとめていることを。君たちは、猫や狼などとは何の共通点もない。

諸君が渇望すること、それはみずから犠牲となり、贈り物となることだ。だからこそ、君たちはみずからの魂にあらゆる富をあつめ、山と積もうとする。

諸君の魂は財と宝玉を得ようとつとめ、飽くことを知らない。それは、君たちの徳の、贈り与えたいという意志が、飽くことを知らないから。

君たちはあらゆるものを、みずからの方へそしてみずからの内へと、力強く呼び集める。そうしたものを諸君の泉から、愛の贈り物として、ふたたび流れ出させるために。

まさに、こうした贈り与える愛は、すべてのものを強奪する者にならざるを得ない。だがわたしは、このような我欲を健全と呼び、神聖と呼ぶ。

別の我欲がある。あまりに貧しく、餓えていて、つねに盗もうとする、病める者の我欲、病める我欲だ。

この我欲は、すべての輝けるものを盗人の目で見る。餓えて、ゆたかに食べている者に横目をつかう。贈り与える者の食卓のまわりをいつもしのび歩く。

こうした欲望は、病いの、そして目に見えぬ退化のあらわれだ。こうした我欲の、盗癖がぬけない貪欲さは、長わずらいに身体が弱っていることのあらわれだ。

わが兄弟たちよ、言うがよい。われわれにとって有害な、もっとも有害なことは何か。

それは退化ではないか。――贈り与える魂がないところにはいつも退化があると、われわれは見抜いている。

われわれの道は昇る。種から、種を超えたものへと。だが、「一切はわれわれのために」と言う退化した感覚は、われわれを身震いさせる。

われらの感覚は上へ飛ぶ。これがわれわれの肉体の比喩であり、向上の比喩だ。さまざまな徳の名も、このような向上の比喩だ。

こうして肉体は歴史をつらぬいて進んでいく。生成するもの、戦うものとして。ならば精神とは――肉体にとって何か。肉体の戦いと勝利を知らせる伝令であり、肉体の同志であり、肉体の反響だ。

善そして悪という名称は、比喩だ。何も語らない。目配せしているだけだ。そこに知を求めようとする者は、愚か者だ。

わが兄弟よ。君たちの精神が比喩によって語ろうとするその一時ずつを、ゆるがせにしてはならない。そこに諸君の徳の起源がある。

そのとき、諸君の肉体は、高められて甦《よみがえ》る。肉体はその歓びで精神を熱狂させ、精神は創造する者となり、評価する者となり、愛をそそぐ者となり、一切のものに恩恵を施す者となる。

君たちの心が、大河のようにひろびろと漲《みなぎ》っていて波打ち、そのほとりに棲まう人々にとって、祝福にもなるが危険にもなるとき、そこに諸君の徳の起源がある。

君たちが毀誉褒貶を超えて高まり、その意志が愛をそそぐ者の意志となって万物に命令しようとするとき、そこに諸君の徳の起源がある。

君たちが快適な暮らしや柔らかい寝床をさげすみ、軟弱なものからあくまで離れて床につこうとするなら、そこに諸君の徳の起源がある。

君たちが一つの意志を意志する者となって、いっさいの苦境を転換させ、そしてその転換を避け得ぬ必然と呼ぶならば、そこに諸君の徳の起源がある。

まさに、そのとき諸君の徳は、ひとつの新たな善と悪だ。本当に、新しい、ふかい響《どよ》めきだ、新たな泉の湧く鳴りわたりだ。

力《マハト》だ。この新しい徳は。支配する思想だ。そのまわりに一つの賢明な魂がある。金の太陽に巻きつく、認識の蛇が。

二

ここでツァラトゥストラはしばし沈黙した。そして弟子たちを愛のまなざしで見た。そしてまた語り始めた。――声が変わっていた。

わが兄弟よ。大地に忠実であれ、君たちの徳の力で。諸君の贈り与える愛と認識が、大地の意義に奉仕するように。切に願う。

君たちの愛と認識が、地上から飛び立って、その翼が永遠の壁を打つことがないように。ああ、いつもそうして消え去った徳は、実に多かった。

わたしがするように、その飛び去った徳を、ふたたび大地に連れ戻せ。――そうだ、肉体と生に、ふたたび。それらの徳が大地に意義を、人間のための意義を与えるようにせよ。

今まで、精神と徳は百千も飛び立ち、過った。ああ、今でもわれらの体のなかには、その迷妄と失敗が宿っている。それはわれわれの肉体と意志そのものになってしまった。今まで、精神と徳は百千も試み、迷った。そうだ、人間とは試みだった。ああ、多くの無知と誤ちが、われらの肉体となった。

幾千年にわたる理性のみならず、――幾千年にわたる狂気も、われわれから迸《ほとばし》る。後を継ぐ者であるということは、危険なことだ。

いまもわれわれは一進一退、あの「偶然」という巨人と戦っている。いままで全人類を支配してきたのは、愚劣と無意味だ。

諸君の精神と徳を、大地の意義に奉仕させよ。わが兄弟よ。そして万物の価値が新たに君たちによって定められるように。そのために、諸君は戦う者にならねばならない。そのために、諸君は創造する者にならねばならない。

知ることによって、肉体は清らかになる。肉体は、知を試して高まる。認識する者にとって、一切の衝動は神聖になる。高められた者の魂は快活《フレーリヒ》になる。

医者よ、君みずからを治癒せよ。それが君の患者を助けることにもなる。患者にとってもっとも助けになるのは、みずから自身を癒した者をその目で見ることだ。

まだ踏破されていない幾千の小路がある。幾千の健康と、幾千の隠れた命の島がある。人間と人間の大地は、いまだ汲み尽くされていない、いまだ発見し尽くされていない。

孤独な者たちよ。目ざめよ、耳を澄ませ。未来から風が来る、ひそやかな羽ばたきの音とともに。そして、繊細な耳には、よい知らせが聞こえよう。

諸君、いま孤独な者たちよ。締め出された者たちよ。君たちはいつか、一つの民衆とならなくてはならない。みずからを選び出した君たちから、ひとつの選ばれた民が生まれなくてはならない。――そして、そこから、超人が。

そうだ。大地は快癒の場にならねばならない。すでに新しい香りが、至福をもたらす香りが、大地にはただよっている。――そして、新しい希望が。

三

ツァラトゥストラはこう語り終えると、沈黙した。が、まだ最後の言葉を語り終えていない人のようであった。しばらく迷いながら、手にした杖をもてあそんでいた。遂に、こう語り始めた。――その声は変わっていた。

わが弟子たちよ。今わたしは独りで行く。諸君も今ここを去り、独り行くがよい。それをわたしは望む。

そうだ。諸君に勧めたい。わたしを離れて去り、ツァラトゥストラを拒め。もっとよいことがある。ツァラトゥストラを、恥じることだ。彼は君たちをあざむいたかもしれない。

認識する人は、自分の敵を愛するだけでなく、自分の友を憎むことができなくてはならぬ。

いつまでもただ弟子のままでいるのは、師に報いることにはならない。なぜ君たちは、わたしの花冠をむしり取ろうとしないのか。

諸君はわたしを崇拝する。だが、その崇拝が崩れ落ちる日がきたら。その彫像に圧し殺されないように用心せよ。

君たちは言うのか、ツァラトゥストラを信じると。だが、ツァラトゥストラが何だというのか。君たちはわたしの信者だ。だが、およそ信者などというものが、何だというのか。

諸君はまだみずから自身をさがし求めなかった。そこでわたしを見つけた。いつも信者とはそういうものだ。だから信じるということはたいしたことではない。

いま諸君に命ずる。わたしを捨て、みずからを見出せ。そして君たちがみな、わたしのことなど知らぬと言うようになったときに、わたしは諸君のところに帰ってくる。

そうだ、わが兄弟よ。そのときにはわたしは今とは違った目で、失った者たちを探すだろう。今とは違った愛で、諸君を愛するだろう。

そしていつの日か、また君たちがわたしの友となり、同じ一つの希望の子となるだろう。そのとき、わたしは三たび諸君を訪ねよう。大いなる正午を、君たちと祝うために。人間が動物から超人へ向かう道のなかばにあって、暮れ方にむかう自らの道を、おのれの最高の希望として祝うとき。それが大いなる正午だ。それは新たな朝にむかう道でもあるのだから。

そのときは、没落してゆく者も、彼方へと向かう者として、みずからを祝福するだろう。そのとき彼の認識の太陽は、その天頂にある。

「すべての神々は死んだ。いまわれらは、超人が生まれることを願う」。――これが、いつか大いなる正午が来たときの、われわれの最後の意志であれ――。

ツァラトゥストラはこう語った。

第二部

「――そして君たちがみな、わたしのことなど知らぬと言うようになったときに、わたしは諸君のところに帰ってくる。

そうだ、わが兄弟よ。そのときにはわたしは今とは違った目で、失った者たちを探すだろう。今とは違った愛で、諸君を愛するだろう」。

『ツァラトゥストラ』、第一部「贈るという徳について」

鏡を持つ幼子

そしてツァラトゥストラはふたたび山に入り、あの洞窟のなかの孤独にかえって、人を遠ざけた。種を蒔《ま》きおえた人のように待っていた。だが、彼の魂は、居ても立ってもいられなくなって、かつて愛した人びとをもとめはじめた。まだ与えるべきものが多くあったのだから。愛するからこそ開いた手を閉じ、贈り与える者でありながら羞《はじ》をもちつづけることは、かくも、むつかしい。

こうしてこの孤独の人に、歳月は流れていった。だが彼の知恵は育ち、充実して、痛みを感じるまでになった。

ある朝、彼は朝焼けよりもはやく目ざめて、臥所《ふしど》でながい間もの思いに耽っていたが、ついにその心にむかってこう言った。

「どうして夢のなかであんなに驚いて、目をさましてしまったのか。鏡を持った幼子がひとり、わたしのほうに歩んできたようだったが。

『おお、ツァラトゥストラ――』と、その幼子はわたしに言った。『鏡のなかのご自分をごらんになればいい』。

鏡を見たときに、わたしは叫び声をあげ、こころは慄《ふる》えた。そこに見たのは、自分ではなくて、悪魔のにがにがしい顔と、嘲笑だったから。

ほんとうだ、この夢が何を示し何を忠告しようとしているか、わかりすぎるほどにわかる。わが教えが、危機のただなかにあるのだ。雑草が小麦の名を騙っている。

敵は強大となり、わが教えのすがたを歪めた。だから、わたしが最も愛する者たちさえ、わたしから受け取った贈り物を恥じるようになった。

わたしは友を失った。失った者を探しに行く時が来たのだ」——。

この言葉とともに、ツァラトゥストラは飛び起きた。だが、不安のあまり大気を求めてあえぐ者のようではなく、霊感におそわれた預言者か歌い手のようだった。彼の鷲と蛇はあやしんでこれを見た。まるで朝焼けるひかりのように、来るべき幸福が彼の顔をかがやかせていたから。

わたしはどうしてしまったのだろう。わが動物たちよ。——ツァラトゥストラは言った。わたしは変わったのではないか。至福が、疾風《はやて》のようにわたしにやってきたのではないのか。

この幸福はおろかしい。愚かなことを語るだろう。まだ若すぎるのだから——。だから根気強く見守ってくれ。

わたしはこの幸福によって傷を負った。すべての悩める者たちがわが医者となる。

わが友のところへ、ふたたび降りていくことができる。そしてわが敵のところへも。ツァラトゥストラはふたたび語り、贈り、愛する者たちを愛することができる。

わたしの愛はもどかしくて、あふれ、流れだし、下流へ、日いずる方へも没する方へも向かっていく。黙《もだ》してそびえる峰と、痛みをかかえた雷雨をぬけて、わたしの魂は鳴り響《どよ》もしておちていくだろう。

わたしは長く憧れて遠くを見ていた。長く孤独だった。そして沈黙を忘れた。

わたしの全身は口となった。断崖の高みから落ちる渓流のとどろきとなった。わが言葉を、谷へ向かって流し落としたい。

わたしの愛の奔流が道なき場所に落ちていこうと構いはしない。どうして奔流が、ついには海へそそぐ道を見出さぬことがあろうか。

たしかにわたしのなかには湖がある。隠棲を愛し、ひとり満ち足りた湖が。だが、この愛の奔流は、この湖水を連れ去ってくだる。――海へ。

新しい道だ、わたしが行くのは。新しい言葉なのだ、わたしに来たのは。すべての創造する者のように、古い言い方に飽きた。わたしの精神は、もうすり切れた靴を引きずって歩かない。

わたしには、すべての言葉の歩みが遅すぎる。嵐よ、お前の馬車に飛び乗ろう。そしてお前すらをもわが悪意の鞭で打とう。

怒号のように歓呼のように、わたしは海を渡っていく。わが友が住む、至福の島々を見出すまで――。

そのなかにはわが敵もいよう。話しかけることさえできれば、いまは誰だろうと、どんなに愛することだろう。敵すら、わが至福の一部だ。

そしてわたしのもっとも荒々しい馬に乗ろうとするとき、いつも助けて馬上に乗せてくれるのは、この槍以外にない。この槍はわが足の忠実なる従者だ——。

敵にむかって投げつけるこの槍、それをついに投げつけることができるのだから、わたしは敵にどんなに感謝することだろう。

わたしの雲は膨大な雷電をはらんだ。稲妻の哄笑を幾たびもあげて、そのあいだにも激しい霰《あられ》を地の底へむかって投げてやろう。

わたしの胸は大きくふくらみ、暴風を山々に吹き渡らせる。そうしなければ、この胸は軽くならない。

そうだ、わたしの幸福と自由は、嵐のようにやってくる。しかしわが敵は、頭上で邪悪なるものが荒れ狂っていると思うだろう。

そう、わが友よ。君たちも、わたしの荒々しい知恵に驚愕するだろう。あるいは、諸君もわが敵とともに逃げ去ってしまうかもしれない。

ああ、そのときわたしが牧笛を吹き鳴らして、君たちを呼び戻すことができたら。ああ、わたしの知恵の雌獅子がやさしく吼えることを学んでくれたら。わたしたちはすでに一緒に多くのことを学んできたのだから。

わたしの荒々しい知恵は、ひと気のない山上で身ごもった。そして、彼女は粗い岩の上で、その子、その末子を産んだ。

だから彼女は荒涼とした荒野を夢中で駆けめぐり、やわらかい草地を探し回っている

――わが親愛なる、荒々しい知恵は。

諸君のこころの柔らかい草地に、わが友よ、――君たちの愛の上に、彼女はその最愛の子を寝かせたいのだ――。

ツァラトゥストラはこう語った。

至福の島々で

無花果《いちじく》の実が樹から落ちる。よく実って、あまい。落ちて赤い皮が裂ける。わたしは北風だ、熟れた無花果を落とす。

わが友よ。無花果の実のように、この教えも君たちに降ってくる。さあ、この汁とあまい果肉を啜《すす》れ。あたりは秋、澄み切った空、そして午後。

見よ。われらをとりまく一面の何という充溢。そしてこのあり余るゆたかさのなかから、遙かな海をながめる歓び。

かつて人は遙か海を眺めたときに神と言った。だがわたしは諸君に教える。そのとき、超人と言うことを。

神はひとつの憶測だ。だがわたしは望む、諸君の憶測が、その創造する意志を超えて先を行くことがないように。

君たちに、一つの神を創造することができるとでも。——ならば、すべての神について語ることをやめるがいい。だが、諸君は超人を創造することができる。

わが兄弟よ。おそらく、君たち自身にはそれはできない。だが、自分自身を創り直して、超人の父や祖先になることはできるかもしれない。それができたら、君たちの最高の創造なのだ——。

神はひとつの憶測だ。だがわたしは望む、諸君の憶測が、その考えうることのなかに限られることを。

君たちに、一つの神を考え尽くすことができるとでも。――諸君には真理への意志がある。それは、すべてを人間が考えることができ、人間が見ることができ、人間が感じとることができることに変えることだ。君たちが感覚で知り得たものこそを、最後まで考え抜かなくてはならない。

そして君たちが世界と呼んできたものを、まず君たちが創造しなくてはならない。諸君の理性、諸君の像《イメージ》、諸君の意志、諸君の愛が、世界そのものとならなくては。そして本当に、これが君たちの至福にならねばならない。諸君、認識する者たちよ。

この希望がないならば、どうして生に耐えることができようか。諸君、認識する者たちよ。君たちが、不可解で理に背くもののなかに、生まれ落ちていいわけがない。

しかし、わが友よ。君たちにわたしの心をすべてさらけ出してしまえば、こうなる。もし神々があるとすれば、その一人でないことにどうして耐えられようか。ゆえに神はいない。

この結論を引き出したのはわたしだ。今度はこの結論がわたしを引いていく――。

神はひとつの憶測だ。だが、この憶測から来るあらゆる苦難を飲みつくしたあとで、死なない者がいるだろうか。創造者から信念を奪ってよいのか。鷲から、鷲にしかなし得ないあの遥かな飛翔を奪ってよいのか。

神はひとつの思想だ。すべての真っ直ぐなものを曲げ、すべての立っているものにめまいを起こす思想だ。何という思想か。時間もいつか消えて無くなるというのか。一切のうつろい行くものは、ただの嘘だというのか。

そのようなことを考えれば、人間の身体は回りだし、めまいがして、胃は嘔気をもよおすだろう。そうだ、このような憶測を、めまいの病と言おう。

一なる者、全なる者、不動なる者、充足せる者、不滅なる者を語る一切の教えを、わたしは悪と呼び、人間を憎悪するものと呼ぶ。

すべての不滅なるものは――比喩にすぎない。詩人たちは嘘をつきすぎる――。

だが、時間と生成については、最高の比喩で語らねばならない。それは果敢なくうつろう地上のものすべてを賛美し、間違いではなかったのだと、そう言うものでなければならない。

創造――それは苦悩からの大いなる救済であり、生を軽快にする。しかし創造する者が生まれるためには、苦難と多くの変化が必要だ。

そうだ、諸君、創造する者たちよ。君たちの生のなかには多くのにがい死がなくてはならない。だからこそ諸君は、うつろい行く地上のものを弁護し、正当と認める者になる。

創造する者が新たに生まれてくる赤子であるためには、みずから子を産む女であり、その痛みであろうとしなくてはならない。

そうだ、百の魂、百の道程、百の揺籃《ゆりかご》と陣痛をわたしは経てきた。すでに幾度も訣別した。胸はり裂ける別れの最後の瞬間がどんなものか、知っている。

だが、わたしの創造する意志が、わたしの運命がそれを欲する。もっとはっきり言えば、わたしの意志が、まさにこのような運命を欲している。

わたしの感受性はすべて、常にくるしみ、牢獄につながれている。だが、わたしの意欲は、つねにわたしを解放し、歓びを与える者として、やって来る。

意欲は解放する。これが意志と自由についての真の教えだ。――ツァラトゥストラはこれを君たちに教える。

もはや意欲しない、もはや評価しない、もはや創造しない。ああ、このような大きな倦怠がいつまでもわたしに近づいて来ないように。

認識のはたらきにおいてすら、感じるのはわたしの意志の生殖と生成への欲求だけだ。わたしの認識には無邪気なところがあるが、それは、そこに生殖への意志があるからだ。

神と神々から離れよとわたしを誘ったのは、この意志だった。いったい何が創造できるというのか、もし神が――存在するならば。

わたしには熱烈な創造への意志があって、だからいつも新たに人間への創造へと駆り立てられる。鉄槌《かなづち》が石材に打ちつけられるように。

ああ、諸君人間たちよ。石のなかにひとつの像が眠っている。わたしの思い描く像のなかの像が。ああ、それがもっとも硬くてみにくい石のなかに眠っていなくてはならないとは。

今やわたしの鉄槌はこの牢獄を破るべく、苛烈に力をふるう。破片が飛び散る。が、それが何だというのか。

わたしはこの仕事をし遂げたい。わたしに一人の影が訪れたから。――あらゆるもののなかで、最も静かで、最も軽快なものが、かつてわたしを訪れた。

超人の美しさが、影としてわたしを訪れた。ああ、わが兄弟よ。もはやわたしに何のかかわりがあろう――あの神々が。

ツァラトゥストラはこう語った。

同情する者たちについて

わが友よ。諸君の友であるわたしに、ひとつの嘲りの声が聞こえてきた。「ツァラトゥストラを見てみろよ！　あいつは俺たちのあいだを、動物のあいだを歩くみたいに歩いているじゃあないか？」。

だが、それはこう言うべきだった。「認識する者が、人間のあいだを、動物のあいだとみなして歩く」と。

認識する者にとっては、人間そのものが動物である。赤い頬をした動物だ。

どうして赤い頬なのか。あまりにも多く、恥を感じなくてはならなかったからではないか。

おお、わが友よ。認識する者はこう語る。「恥辱、恥辱、恥辱、――これが人間の歴史だ」。

高貴な者は、ひとを辱めまいとみずからを戒めている。また、すべての苦悩する者を前にすれば恥辱を感じよと、みずからを戒めている。

本当に、わたしはひとに同情して幸福を感じるようなあわれみ深い者を好まない。彼らにはあまりに羞恥心が欠けている。

同情せずにいられないときでも、同情しているなどと言われたくない。同情するとしても遠くからしたい。

また顔を隠して、気づかれないうちに逃げ去りたい。わが友よ、諸君もそうすることだ。

行く先々で、君たちのように悩みない者たちばかりに出会うことが、わたしの運命ならよいのだが。わたしが希望と饗宴と蜜をともにできる者たちに。

そうだ、わたしも悩める人々のために幾ばくかのことをしてきた。しかし、それ以上のことをしたと思えるのは、もっと歓ぶことを学んだときだ。

存在しはじめてからずっと、人間はあまりにわずかにしか愉しんでこなかった。わが兄弟よ、ただこれだけがわれらの原罪だ。

そしてわれわれがもっと歓ぶことを習い覚えたら、他人を苦しませたり、苦しませることを考えだしたりすることを、これ以上なくすっかりと忘れてしまうだろう。

だから悩める者を助けた手を洗う。そしてまた自分の魂をも念入りに拭う。

悩める者が悩んでいるところをわたしに見られたとき、彼の恥ずかしい思いを察してわたしも恥ずかしく思ったから。そして彼を助けたとき、わたしは彼の誇りを惨《むご》く傷つけたから。

大きな親切をおこなっても、感謝は受けとれない。どころか、相手に復讐心を芽生えさせる。また小さな思いやりを受けたことがわすれられないなら、それは呵責の虫となって嚙む。

「素っ気なく受けとれ。相手を特別に思っているからこそ受けとるのだという態度をとれ」。——他に贈るものを持たない人々に、わたしはそう勧める。

だがわたしは贈り与える者だ。歓んで贈る、友として友へ。見知らぬ者やまずしい者は、わたしの樹から自分で果実をつみとっていくがいい。そのほうが、恥ずかしい思いをしないで済む。

しかし乞食たちを一切近づけてはならぬ。与えようと与えまいと、乞食は腹立たしい。罪びとや、良心の呵責にせめられている者も同じだ。わが友よ、わたしを信じよ。良心の呵責に噛みさいなまれている者は、やがて他人を噛むようになる。

だが何よりもいけないのは、卑小な考えだ。本当に、卑小な考えにふけるよりは、悪を行うほうがましだ。

なるほど諸君は言う。「ちいさな意地悪を楽しむことによって、多くの大きな悪を行わずにすむ。それだけ節約になる」と。だが、そのような節約などすべきでない。

悪行は腫れ物のようだ。かゆくなり、掻きむしりたくなり、ついに裂ける。——腫れ物は嘘をつかない。

「見ろ、俺は病気だ」——悪行は語る。これが悪行の正直なところだ。

だが卑小な考えは黴《かび》のようだ。這い、身を低めて、どこにいるかわからないようにする。——この小さな黴によって全身が腐り、しぼんでしまうまで。

しかし悪魔に憑かれた者もいる。その耳にはこういう言葉を囁こう。「いっそその悪魔を大きく育てよ。君にはまだ偉大になる道が一つ残されている」と。

ああ、わが兄弟よ。みな誰についても知りすぎるほど知っている。多くの者が透き通って見えるほどに。しかし、だからこそ、その人々を通り抜けて行くことができない。

人間と生きていくことは、難しい。沈黙していることが難しいから。

しかも、われわれがもっとも不当な扱いをしているのは、不快な人々に対してではない。まったくどうでもよい人々に対してだ。

だが、悩む友がいるならば、彼の安息の場所になるがいい。ただし、言うなれば堅い寝床に、野営用のそれに。それがもっとも彼の役に立つ。

そして友が君に酷《ひど》いことをしたら、こう言うがいい。「君がわたしにしたことは許す。だが、君が君にしたことを、わたしがどうやって許せるというのか」。

すべての大きな愛はこのように語る。こうして許しも同情も超えるのだ。

おのれの感情をよく抑えておかなくてはならない。感情に流されるなら、すぐに頭脳も流れ去ってしまう。

ああ、同情する者たちがしたよりも大きな愚行が、この世にあるだろうか。同情する者たちがした愚行よりも苦しみを与えたものが、この世にあるだろうか。

同情を超えた高みを知らぬ、愛する者にわざわいあれ。

かつて悪魔がわたしに語った。「神にも地獄がある。人間への愛だ」。

つい最近も、悪魔はこう語った。「神は死んだ。人間への同情のゆえに、神は死んだ」

——。

だから同情には警戒を怠るな。同情からこそ、人間に重苦しい雲が寄せてくる。本当に、わたしは嵐の兆しを読むのに長けている。

さらにこの言葉もよく心に留めておくがいい。すべての大きな愛は、すべての同情を超えている。大きな愛は、みずから愛するものを——創造するから。

「わたしは自分をわたしの愛に捧げる。そしてわたしとともに、わが隣人をも」。——すべての創造者がこう言い放つ。

すべての創造者は苛酷である——。

ツァラトゥストラはこう語った。

僧侶たちについて

あるときツァラトゥストラは、弟子たちに合図をすると、こう語り出した。

「僧侶たちがそこにいる。彼らはわが敵だが、いまはそばを静かに通り過ぎるがいい。剣を抜くな。

彼らのなかにも英雄はいる。多くはあまりにも苦悩した。――だから他人をも苦しめようとする。

彼らは凶悪な敵だ。その謙遜ほど復讐心に燃えているものはない。彼らに触れた者は、たやすく汚れる。

だが、わたしは彼らと血が繋がっている。彼らの血のなかにあっても、わたしの血が敬われることを欲する」――。

そこを通り過ぎると、ツァラトゥストラは痛みにおそわれた。しばらく痛みと戦っていたが、やがてこう語り始めた。

わたしはあの僧侶たちをいたましく思う。彼らはわたしの趣味にも反している。が、趣味などは、わたしが人間とまじわりはじめてから、もっとも些細なことでしかない。

彼らと同じ悩みを持っていた。今も持っている。わたしからすれば、彼らは囚われ人、烙印を押された者だ。彼らが救い主と呼ぶ者が、彼らを軛《くびき》につないだ――。

いつわりの価値、虚妄のことばの軛に。ああ、彼らをその救い主から救う者があればいいのに。

彼らは大海原をただよっていて、島に上陸したと信じた。だが見よ、それは眠り込んでいる怪物だったのだ。

いつわりの価値、虚妄のことば。それは死すべき人間にとって最悪の怪物だ。——そのなかに災厄が、ながいあいだ眠り、待っていた。

しかし災厄はついに来る。怪物は目を覚まし、みずからの上に小屋を建てて住んでいた者を、喰らい、飲み込む。

おお、この僧侶たちが建てた小屋を見るがいい。この甘くかおる洞穴を、彼らは教会と呼ぶ。

おお、このまやかしの光、泥のにおう空気よ。ここは魂がおのれの高みにまで——飛ぶことが許されない。

それどころか彼らの信仰は命ずる。「膝をついて階段をのぼれ、この罪人め」と。

本当に、彼らの恥と帰依のためにやぶにらみとなった目を見るよりは、恥知らずの姿を見るほうがいい。

このような洞穴と贖罪のための階段をつくったのは誰か。澄み渡った空にたいしておのれを恥じ、みずからを隠そうとした者ではなかったか。

その天井がくずれ落ちて、澄み切った空がまた見えるようになり、崩れた石壁の下の草やあかい罌粟《けし》の花を照らすようになったら――わたしはふたたび、こうした神のいる聖地に心を向けよう。

　みずからに異議をとなえるもの、痛みを与えるものを、彼らは神と呼んだ。だから、たしかに彼らの崇拝には、英雄的なところが多くあった。

　そして彼らの神を愛する仕方は、人を十字架にかけることしかなかった。

　彼らは屍体《しかばね》として生きようとした。みずからの屍体を黒衣で覆った。わたしは彼らのことばからも、死体置場の不快なにおいを嗅ぐ。

　彼らの近くに住むことは、ひきがえるの甘くも憂鬱な歌がひびいてくる黒い沼のそばに住むようなものだ。

　もっとよい歌をうたってくれなくては、彼らの救い主を信じることはできない。救い主の弟子なら、もっと救われているように見えなくては。

　その一糸まとわぬ姿が見たい。ただ美だけが、悔い改めさせる力を持つからだ。その衣にくまなく覆い隠された悲しみが、いったい誰を説得できるというのか。

　そうだ、彼らの救い主自身も、自由の世界から、自由の第七天国から来たのではない。その救い主自身、認識の絨毯《じゅうたん》の上を歩いたことなど一度もない。

　その救い主の精神は隙間だらけで、彼らはその一つひとつに妄想を詰め込んだ。その詰めものを神と呼んだ。

　彼らの精神は同情に溺れて、彼らの精神は死んだ。同情の水かさが増し、あふれんばかりになると、その面《おもて》に浮かんでくるのはいつも大きな愚劣さだった。

叫び声をあげて、彼らは熱心にみずからの畜群を駆り立て、小橋を渡らせようとするのだった。あたかもそれが未来に到達するただひとつの橋であるかのように。実にこの牧人たちも、迷える子羊にすぎなかったのだ。

この牧人たちの精神はちいさく、魂はひろい。だが、わが兄弟よ。彼らの持ったもっとも宏大な魂も、なんと狭い土地だったことか。

彼らは歩んできた道に血のしるしをつけた。そして血によって真理は証明されると考えたが、それは彼らの愚かさのなせるわざだった。

だが、血は真理の最悪の証人だ。血はもっとも純粋な教えにすら毒を注いで、妄想と憎悪にしてしまう。

みずからの教えのために火をくぐるものがあったとしても――それが何を証明するというのか。まさに、みずからの炎のなかから自分の教えが生まれ出てくるということこそが、もっと真実なのだ。

蒸し暑いこころと冷えた身体、この二つが出会ったときに、「救い主」という竜巻が起こる。

民衆が救い主と呼ぶあの激しい竜巻よりも、もっと偉大で高貴な生まれの者は本当に存在した。

そしてわが兄弟よ。この救い主よりも偉大な者たちからさえも、君たちは救済されねばならない。自由への道を見出そうとするならば。

まだ一人の超人もあらわれていない。もっとも偉大な人間も、もっとも卑小な人間も、わたしは見てきたのに。その裸形を――。

もっとも偉大な人間も、もっとも卑小な人間も、まだあまりにも似ている。そうだ、もっとも偉大な人間ですら、わたしはこう見た――あまりに人間的であると。

ツァラトゥストラはこう語った。

徳ある者たちについて

ゆるみきって眠りこけている心にむかっては、雷のとどろきと稲妻のひかりで語らなくてはならない。

だが美の声はひそやかに語りかける。覚醒した魂にしか、忍んではこない。

きょう、わが紋章はわたしにむかって、かすかに慄《ふる》え、笑った。美の聖なる笑いだ、慄えだ。

諸君、徳ある者たちよ。わたしの美はきょう君たちを笑った。その声はこう聞こえた。「この者たちはまだ——支払いを受けとるつもりだ」。

君たちはやはり支払いを受ける気でいるのか、諸君、徳ある者たちよ。徳に報いが欲しいか、地上の生に対して天国が欲しいか、君たちの今日に対して永遠が欲しいか。

そして報酬係も支払係もいはしないということを教えると、諸君は怒るのか。そうだ、徳あることそれ自体が報いだなどということさえ、わたしは言わない。

これがわたしの悲しみだ。物事の根底に、報酬と罰という嘘がふきこまれている。——そしてまた、諸君の魂の奥底にまでふきこまれている。君たち、徳ある者たちよ。

だがわたしの言葉は、猪の鼻のように諸君の魂の根底を掘り起こす。君たちには犂《すき》の刃だと呼ばれるだろう。

諸君の心の底にある秘密はすべて明るみに出されるだろう。君たちが掘り返されて、くだかれ、白日のもとにさらされるときに、諸君の嘘と真実はより分けられるだろう。

復讐、罰、見返り、報復。このようなけがらわしい言葉にかかわるには、君たちはあまりに清らかだ。それが諸君の真実ではないか。

君たちはみずからの徳を愛する。母が子どもを愛するように。だが、母がその愛に対して報酬をもとめたことがあろうか。

君たちの自己そのものを愛すること、それが諸君の徳だ。円環をもとめる渇きが、君たちのなかにある。すべての円環は、みずから自身にふたたび到達しようとして、環をなしてめぐる。

君たちの徳からくる行いはすべて、消えゆく星のようだ。星はつねに進行していて、止まらない。――もはや進行しないなどということがあろうか。

星のひかりと同じように、諸君の徳のひかりも、その行為が終わったあとも進行をやめない。たとえその行為が忘れ去られても、その光はなお生きていて、すすみ行く。

諸君の徳は君たち自身だ。異物ではない。皮膚や外套でもない。これが君たちの魂の根底からくる真理だ。徳ある者たちよ。

だが、鞭打たれてもがき苦しむのが徳だと思っている者もあろう。君たちはこうした人々の叫びにあまりに耳を傾けすぎた。

また、みずからの悪徳がなまけているのを徳だと思っている者たちもいる。その憎悪や嫉妬が手足をのばすと、彼らの「正義」は目を覚まし、寝ぼけ眼をこすりはじめる。

下の方へと引かれて行く者たちもいる。彼らの悪魔がそうする。が、奈落に落ちるほどにこの人々は目をかがやかせ、神への欲望に身を焦がす。

ああ徳ある者たちよ。こういう声が諸君の耳を襲った。「わたしがそれでないもの、それがわが神であり、徳だ」と。

石塊を積んでふもとに下る車のように、重くきしみながらやってくる者たちもいる。大いに威厳について、徳について語る――彼らの車止め《ブレーキ》が、その徳だ。

ねじを巻かれた柱時計のような者たちもいる。彼らはチクタクと鳴り、その鳴る音を徳と呼ばれたい。

まったく愉快な連中だ。こうした時計を見つけると、わたしはみずからの嘲笑で自分のねじを巻く。そのとき彼らはわたしにむかってさらに唸りさえするだろう。

またある者たちは、彼らの一握りの正義を誇って、その正義のために一切のものごとに不正をはたらく。世界がその不正のなかで溺死するまでに。

ああ、この者たちの口から「徳」という言葉が発されるときは、なんと不快なことか。彼らが「わたしは正しい《ゲレヒト》」と言うと、それはいつもまるで「わたしは復讐した《ゲレヒト》」としか聞こえない。

彼らはその徳で敵の目をえぐろうとする。彼らがみずからを高めるのは、ただ他者を低くするためだ。

さらにこういう者たちもいる。彼らは泥沼に座り、葦のかげから言う。「徳——それは泥沼のなかに凝然《じっ》と座っていることだ。われわれは誰も嚙まない。嚙もうとする者を避ける。そして何事についても、ひとから与えられた意見しかもたない」。

さらにまたある者たちは、所作を愛し、徳は一種の所作だと考える。

彼らの膝はつねに徳を尊んで曲げられ、手振りは徳をたたえている。が、彼らのこころはそれについて何も知らない。

さらにこういう者もいる。彼らは「徳はなくてはならないものだ」と言うことを徳だと思っている。が、実は警察がなくてはならないと信じているだけだ。

また人間の気高さを見ることができない多くの者たちは、人間の低劣さを近寄って見ることを徳と呼ぶ。つまり、みずからの悪意の目が、徳なのだ。

ある者は感銘を受け心が高められることを徳と呼ぶ。またある者は衝撃を受け狼狽することを徳と呼ぶ。

だからほとんどすべての人間が、徳にかかわっていると信じている。少なくとも、誰もが「善」と「悪」についてはよくわきまえていると思っている。

だが、ツァラトゥストラが来たのは、この嘘つきと道化たちに、「諸君が徳について何を知っているというのか。何を知ることができるというのか」などと言うためではなかった。

そうではない。わが友よ。ツァラトゥストラは願う。これら嘘つきや道化たちから学んだ古い言葉に飽きるように――

「報酬」「報復」「罰」「正義による復讐」などといった言葉に飽きるように――

「私心なき行為が善である」などと口にすることに飽きるように。

ああ、わが友よ。子どものなかに母がいるように、君たちの「自己」が行為のなかにあるように。そしてこれが、徳についての諸君の言葉であってくれ。

たしかに、わたしは君たちから百の言葉を奪い、諸君の徳がもっとも好んでいる玩具を奪った。だから君たちは、子どもが怒るように、わたしに腹を立てている。

子どもたちは海辺で遊んでいた。――と、そこに波が来て、その玩具を海の底へ攫《さら》っていってしまった。子どもたちは泣いている。

だがその同じ波が彼らに新たな玩具をもってくるだろう。あたらしい、色とりどりの貝殻をかれらの目の前に撒くだろう。

子どもたちも機嫌をなおすだろう。わが友たちよ。君たちも同じく機嫌をなおすだろう。――色とりどりのあたらしい貝殻を得て――。

ツァラトゥストラはこう語った。

賤民について

生は歓びの泉だ。だが、どんな泉も賤民が来て口をつければ、汚され毒されてしまう。すべての清潔な者をわたしは愛する。が、不潔な者たちの口もとをゆがめた笑いと、その渇きをみることは、たえがたい。

彼らは泉のなかにまなざしを投げた。その厭わしい薄笑いが、泉の底から照り返してくるのを、いまわたしは見る。

聖《きよ》い水を、彼らは淫らな情欲で汚した。そしてみずからの汚らわしい夢を歓びと呼んだとき、彼らはその言葉をも汚した。

彼らがその湿った心臓に火を寄せると、炎すら機嫌を損ねる。賤民がそばに来ると、火の精霊も燃え上がり、くすぶりかえる。

彼らが手にとると、果実も不自然に甘ったるくなり、熟れすぎて爛《ただ》れる。彼らが見ると、果樹も風によわくなって実を落とし、立ち枯れる。

そして生に背を向けた多くの者は、実は賤民に背を向けたのだ。泉と炎と果実を、賤民と共にしたくなかったからだ。

そして荒野にのがれていった多くの者は、野獣とともに渇きになやんだ。汚い駱駝つかいと一緒に水桶を囲みたくはなかったからだ。

そして破壊者として、すべての実りの畑を打つ雹《ひょう》のようにあらわれた者はすくなくないが、ただその足を賤民の口に突き入れて、喉をふさごうとしただけだった。

そしてわたしが今までもっとも飲み下すのにくるしんだ食物は、生きることそのものがその敵を、死と苦悩を必要とするということを知ったことではなかった——。

そうではなく、かつてわたしは問いかけて、その問いによって喉が詰まり窒息しそうになったことがある。その問いはこうだ。何、生はこの賤民をも必要とするのか。

毒に汚された泉が必要なのか。悪臭はなつ火が。きたない夢が。生のパンのなかの蛆が。

憎しみではなく嘔気《はきけ》だ、わたしの生を食いあらしたのは。ああ、賤民にも才気あふれる精神《ガイストライヒ》を持った者がいると知った時には、精神そのものにうんざりしたものだった。

そして支配者たちにも背を向けた。彼らが何を支配と呼んでいるか知ったから。それは権力をめあてにしたがめつい商売にすぎない——賤民を相手にした。

民衆のあいだで、言葉も通じない者として、耳を閉ざして暮らした。権力商売の言葉は、いつまでも異国の言葉であってほしかった。その取引きとは縁を絶っていたかった。

わたしは鼻をつまみ、苛立ちながら、すべての昨日と今日をくぐりぬけて行った。そうだ、もの書く賤民たちの、不快なにおいがする。すべての昨日と今日から。

目癈《し》い耳癈《し》い、唖《おし》となった不具の人のように、長く生きてきた。権力欲にまみれた賤民、もの書く賤民、快楽だけを求める賤民を避けて生きてきた。

くるしみながら、慎重に、わたしの精神は階段を昇った。わずかに施される悦びをなぐさめにして、杖にすがってよろぼい歩く盲者の生だった。

いったい何が起こったのか。どうしてこの嘔吐から救われたのか。わたしの目を若返らせたのは何か。賤民がひとりも居座っていない泉湧くこの高みに、どのようにしてわたしは飛んで来たのか。

わたしの嘔気自体が、この翼を、そして泉に向かう力を創りだしたのか。そうだ、わたしは高みに飛ばなくてはならなかった、この悦びの泉に再びまみえるために。

おお、わたしは見つけた、わが兄弟たちよ。ここ、この至高の場所に、悦びの泉は湧いている。ここにはある、賤民が口をつけることのない生が。

激しすぎるくらいに湧き出している、この悦びの泉は。わが杯を満たそうとして勢いがすぎ、それを空にしてしまうこともあるくらいに。

だが、さらにわたしが学ばねばならないことがある。それはもっと控えめにお前に近づくことだ。わがこころは、あまりに激しく、お前にむかって流れ出している――。

このこころの上で、わが夏が燃えている。みじかい、暑い、憂鬱な、至福の夏が。わたしの夏のこころは、どんなにお前のつめたさを求めることだろう。

去るをためらうわが春の悲しみも過ぎゆく。わが時ならぬ六月の、雪のひとひらを降らせた悪意も去る。わたしは完全な夏となった。夏の正午に。

つめたい泉と、至福の静けさがある、この至高の場所の一夏。おお、来い。わが友よ。この静けさが至福を増すために。

これこそ、われらの高み、われらのふるさとではないか。われわれが棲む此処《ここ》は、すべての不純な者とその渇きには、あまりに高くあまりに険しい。

友よ、諸君の清い眼差しをこの悦びの泉になげてくれ。それゆえに泉が濁るなどということがあろうか。泉はその清らかさをもって、笑みを返してくれるだろう。

未来という木の上にわれらは巣をつくる。われわれ孤独な者のために、鷲がくちばしで食物を運んでくるだろう。

そうだ、その食物は不潔な者たちと分かち合えない。彼らは火を食べたかと思い、口を焼かれるだろう。

そうだ、われわれがここに居るのは、不潔な者たちの住処を用意するためではない。われらの幸福は、彼らの心身にとって氷の洞窟にひとしいだろう。

そしてわれわれは強風のように彼らを超えて生きたい。鷲の隣人、雪の隣人、太陽の隣人として。強風はそのように生きる。

そしてわれわれは一陣の風のように彼らのさなかに吹き入り、われらの精神で彼らの精神の息を吹きさらう。わが未来がそれを欲する。

まさに、ツァラトゥストラはあらゆる低地への一陣の強風だ。彼は敵と唾を吐く者たちすべてにこう忠告する。「風にむかって唾を吐くな」と——。

ツァラトゥストラはこう語った。

毒ぐもについて

見よ、これが毒ぐもの穴だ。自分の目でそれが見たいか。ここに蜘蛛の巣がかかっている。触れれば、ふるえる。

さあ、蜘蛛がみずから出て来た。よく来た、毒ぐもよ。お前の背中には、黒ぐろと三角の紋章がついている。お前の魂のなかにいついているものも、わたしは知っている。

お前の魂のなかにあるのは、復讐だ。お前が嚙めば、そこに黒いかさぶたができる。お前の毒は復讐心をそそぎこみ、人びとの魂をもの狂いにして踊らせる。

わたしはいま比喩をもって諸君に語っているのだ。君たちも人びとの魂を狂わせて踊らせるではないか、平等を説く者たちよ。わたしにとって諸君はこの毒ぐもであり、復讐心を隠しもっている。

だがいま、君たちが隠しているものを明るみにさらしてやろう。だからこそ、その顔に高みからの哄笑をあびせる。

だからこそ、その網を裂いてやる。諸君を激怒させて、嘘でまみれたその穴から誘《おび》き出すためだ。諸君の言う「正義」とやらの背後から、復讐心をおどり出させるためだ。

人間が復讐心から解放されること。これがわたしにとって、最高の希望への橋であり、ながい風雨のあとの虹だからだ。

無論、毒ぐもが願うことは別だ。「世界がわれわれの復讐心の風雨でみちること、これこそわれらは正義と呼ぶ」――彼らはそう語り合っている。「われわれと同等ではない者どもすべてに、復讐と誹謗をあたえよう」――そう毒ぐもたちは、心をあわせて誓い合う。「そして『平等への意志』――今から、これが徳の名となるべきだ。力を持つすべての者に逆らって、われわれは叫ぼうではないか！」。

諸君、平等を説く者たちよ。力を持てぬ暴君の狂気が、君たちのなかから「平等」を求めて叫んでいる。秘められた暴君の情欲が、徳という言葉にくるまれている。

傷つけられたうぬぼれ、抑圧された妬み、おそらく父祖伝来のうぬぼれと妬みが、君たちのなかから、復讐の炎と狂気となって吹き出している。

父が口に出さずにいたことを、息子が語り出す。息子が、父のあらいざらい曝露された秘密であることを、わたしはよく目にした。

彼らは感激屋に見える。が、彼らを感動させているのは心情の高まりではない――復讐の念だ。そして彼らが緻密で冷静になるときも、それは精神のはたらきではない。嫉妬が緻密で冷静にさせるのだ。

彼らはその妬心のせいで、思想家への道を歩みもする。妬心ゆえであることのしるしは――彼らがあまりに行きすぎることだ。そして疲れ果てて雪の上に行き倒れる羽目になる。

彼らの悲嘆の声すべてから、復讐のひびきがする。彼らの賞賛すべてには、人を傷つけようとする意図がある。ひとを裁く者であるということが、彼らには至上の幸福に思える。

だが、わが友よ。わたしは諸君に忠告する。ひとを罰したいという衝動がつよい者は、誰であっても信用するな。

彼らは質も素性も劣った種族なのだ。その顔だちは、死刑執行人と密偵の目つきをしている。

みずからの正義を力説してばかりいる者は、誰であっても信頼するな。そうだ、彼らの魂に欠けているのは、蜜だけではない。

彼らがみずからを「善く正しい者」と呼んでいるとしても、諸君は忘れてはいけない。彼らがパリサイ人になるために欠けているものは、――権力《マハト》しかないのだ。

わが友らよ。わたしはあらぬ者と混同され、とり違えられたくはない。

生についてわたしと同じ教えを説きながら、平等を説く毒ぐもがいる。

この毒ぐもたちが穴のなかに居座って生に背きながら、それでも生の意志のために語るのは、ひとに害を与えるためだ。

彼らが害を与えようとしているのは、いま現に権力を握っている者たちだ。権力者のあいだでは、なお死の説教が幅を利かせているから。

他の説教が幅を利かせていたら、この毒ぐもたちは他の教えを説いたろう。まさに彼らこそ、かつてもっとも巧みに世界を誹謗し、異端を火あぶりにしていた。

この平等を説く者たちと、わたしは混同されとり違えられたくはない。なぜなら正義はわたしにはこう語るからだ。「人間は平等ではない」。

そしてまた、人間は平等になるべきでもないのだ。そう言わぬとすれば、わたしの超人への愛は一体どうなる。

人間は幾千の大橋小橋を押し渡って、未来へと突き進まねばならぬ。そしてもっと多くの戦いと不平等が、人間のあいだに起こらねばならない。わたしの大いなる愛こそが、こう語らせるのだ。

人間はたがいに敵対しつつ、像《イメージ》や幻影を発明していかねばならない。その像《イメージ》や幻影をたずさえて、よりはげしく対立しあい、最高の戦いをたたかわねばならない。

善悪、貧富、貴賤、そして他のあらゆる価値の名称、これは武器でなくてはならない。そして生がたえずみずからを克服して行かねばならないことを示す、その旗印でなくてはならない。

生そのものが、柱を立て階段を作り、高みにむかっておのれを打ち建てていこうとする。はるか遠くに至福の美を見ようとする。——そのためにこそ生は高みを必要とするのだ。

そして高みを必要とするがゆえに、生は階段を、そして階段とそれを昇っていく者の相克を必要とする。生は昇ろうとし、昇ることによってみずからを克服しようとする。

見よ、わが友らよ。ここ、毒ぐもの洞穴のある場所に、古い寺院の廃墟がそびえている。——目を見開いて、よく見るがいい。

そうだ、かつてここにみずからの思想の石を積み高くそびえさせた者は、最高の賢者とひとしく、生のすべての秘密を知っていた。

美のなかにも闘争と不平等があり、力《マハト》と優越をもとめる戦いがあるということ、彼はこのことを、ここで、これ以上なく明瞭な比喩としてわれわれに教えてくれている。

ここにある穹窿《ドーム》と迫持《アーチ》が、いかに神々しく格闘し、たがいを組み伏せていることか。光と影をみせて拮抗していることか。この神々しく上へと向かうものたちが——。

わが友よ。われわれもまた、このように悠然と、みごとに、敵対しよう。われらも神々しく対抗して向上しようではないか。

痛い！　毒ぐもがいまわたしを噛んだ。この旧敵が。神々しく、悠然と、みごとにわたしの指を噛んだ。

「罰と正義が行われねばならぬ」——毒ぐもはそう考える。「この男が敵意をたたえて歌ったことが、無益にされてはならない」。

そうだ、毒ぐもは復讐をした。そして、ああ。いま毒ぐもはこの復讐によって、わたしの魂を狂わせ踊らせるだろう。

だが、友よ。わたしが狂い踊り出さないように、この柱にかたく縛りつけてくれ。復讐心の竜巻になるよりは、円柱上にある苦行者でありたい。

そうだ、ツァラトゥストラはつむじ風でも竜巻でもない。舞踏者ではあるが、毒ぐもの毒によって踊らされる者では決してない――。

ツァラトゥストラはこう語った。

有名な賢者たちについて

諸君すべての有名な賢者たちよ。君たちは民衆とその迷信に仕えた。――真理にではない。だからこそ、人びとは諸君に畏敬の念を持った。

だからこそ、ひとは君たちの不信仰にも耐えた。それは諸君が民衆に達するための機知であり、迂回路であったから。このようにして主人は、奴隷が好き勝手するにまかせ、大はしゃぎをしても、かえって愉快がるものだ。

だが、犬が狼を憎むように民衆が憎むものがある。自由な精神だ。束縛の敵となる者、崇拝を拒む者、森に棲む者だ。

彼らをその隠れ家から狩り出すことが、――民衆が言う「正義感」だ。彼らに対して、民衆はいまだもっとも牙の鋭い犬をけしかけている。

「民衆がいるところには、真理はあるではないか。探求する者にわざわいあれ！」。このような声が昔から鳴り響いていた。

有名な賢者たちよ。諸君は民衆を崇拝し、その正義をみとめようとした。そして君たちはそれを「真理への意志」と呼ぶ。

君たちはつねに内心みずからに言い聞かせた。「民衆からわたしは来た。神の声もまた民衆をつうじて届いた」。

諸君はつねに民衆の代弁者として、驢馬のように強情で賢明だった。だから権力者たちの多くは、民衆とぶつからず道を行くために、馬車につなぐ馬たちの前にさらに、――一匹の驢馬をつないだ。有名な賢者ひとりを。

さあ、諸君有名な賢者たちよ。その獅子の毛皮を、いまこそすっぱりと脱ぎ去ってしまうがいい。

色あざやかな斑紋がちりばめられた猛獣の毛皮、研究し、探求し、征服する者を装うそのたてがみを脱ぐがいい。

ああ、わたしが諸君の「誠実」を信じうるようになるためには、まず君たちのその崇拝する意志を粉々に打ち砕いてもらわねばならない。

誠実――わたしがそう呼ぶのは、神々のいない砂漠に行き、みずからの崇拝する心を打ち砕いた人のことだ。

黄砂のただなかで、日に灼かれ、渇きのあまりに、彼は濃い木蔭で生き物たちがやすらう、あの泉ゆたかに湧く島を盗み見るだろう。

だがこの渇きも、彼を説き伏せて、あの安楽な者たちのようにさせることはできない。オアシスのあるところには、また偶像があるから。

餓えていて、猛々しく、孤独で、神がない。獅子の意志はみずからそれを欲する。

奴隷の幸福から自由であり、神々と崇拝から解放され、恐れを知らず、恐れられ、偉大で孤独たらんとする。これが誠実な者の意志だ。

むかしから、砂漠には誠実な者たち、自由な精神を持つ者たちが棲んでいた。砂漠の主として。だが都会には、よく餌付けされた、有名な賢者たちが棲んでいる——荷車を引く動物たちが。

つまり彼らはつねに、驢馬として引いている——民衆の荷車を。

だからといって、わたしは怒っているわけではない。ただ、わたしからすれば彼らは従者であり、馬具をつけられたものにすぎない。その馬具が黄金《きん》にひかっていようとも。

すくなからず彼らはよき、賞賛にあたいする従者だった。というのは、徳の教えるところにいわく、「従者になるならば、自分の奉仕がもっとも効果をあげるような主人を探し出せ。

君の主人の精神と徳が、君が従者であることによって成長しなくてはならない。ならば、君も主人の精神と徳とともに成長する」。

本当だ、有名な賢者たち、民衆の従者たちよ。君たち自身、民衆の精神と徳とともに成長した。——そして民衆も君を通じて成長したのだ。諸君の名誉のために、これを言おう。

だが、わたしから見れば、諸君はいまだその徳において、民衆と何ら変わるところがない。にぶい眼をした民衆——何が精神かを知らない民衆だ。

精神とは、自らの生に切り入る生だ。自らの痛みによってその知を増す。——諸君はこのことを、すでに知っていたか。

そして精神の幸福とはこうだ。聖油をそそがれ、涙できよめられ、犠牲の獣になること。――諸君はこのことを、すでに知っていたか。

目がみえなくなって、手さぐりしながらおぼつかなく歩むことになったとしても、それがかつて見つめた日輪の力を証明することでなくてはならない。――諸君はこのことを、すでに知っていたか。

そして認識する者は、山々を使って打ち建てることを学ばねばならぬ。精神は山をも動かすというだけでは、足りない。――諸君はこのことを、すでに知っていたか。

諸君は精神が散らす火花しか知らない。精神そのものである鉄床を見ない。そして精神の鉄槌《ハンマー》の残酷さも見ないではないか。

そうだ、君たちは精神の誇りを知らない。だが、精神の謙虚さが、遂にみずからを語り出したなら、諸君はその謙虚さにも耐えられはしないだろう。

そして君たちはいまだかつて一度も、みずからの精神を雪穴に投げ込まなかった。それができるほどに熱くなかったからだ。だから諸君は雪のつめたさの、あの恍惚も知らない。

何事においても、君たちは精神と馴れ合いすぎる。そして知恵を、下手な詩人たちを助ける救貧院や病院としてしまった。

諸君は鷲ではない。だから精神が驚愕する時の幸福を知らない。鳥でもない者が、深淵の上に巣をかけてはならない。

君たちはなまぬるい。だが、すべての深い認識は、つめたく流れる。精神の奥にある泉は、氷のようにつめたい。だから熱い手と、熱く行動する者を、爽やかに冷やす。有名な賢者たちよ。君たちは謹厳に、身をこわばらせて、背をまっすぐにして立っている。――どんな強い風も強い意志も、諸君を駆り立て、動かすことがない。

君たちは見たことがないのか、帆が海をわたっていくのを。荒々しい風に、まるく膨らんで顫《ふる》えながら。

その帆のように荒々しい精神に顫えながら、わが知恵は海をわたっていく。――わたしの、野生の知恵は。

だが、君たち、民衆の従者たちよ、有名な賢者たちよ。――どうして諸君にでき、、るというのか、わたしと共に行くことが――。

ツァラトゥストラはこう語った。

夜の歌

夜だ。すべて迸《ほとばし》る泉は、いま声をたかめて語る。そしてわが魂も、迸る泉だ。

夜だ。すべて愛する者の歌は、ついに目を覚ます。そしてわが魂も、愛する者の歌だ。

とどめることができない、止めることもできぬものが、わたしのなかにある。声をあげようとする。愛を求める渇望が、わたしのなかにある。みずから愛の言葉を語ろうとする。

わたしは光だ。ああ、夜になりたい。光につつまれていることが、わたしの孤独だ。

ああ、昏く、夜でありたい。ならばどんなに光の乳房から飲むだろう。

そして君たちをさえ祝福しよう、天上にまたたく星屑よ、蛍よ。その光を贈られて、わたしはさいわいである。

だが、わたしは自分の光のなかで生きている。おのれから吹き出した炎を、ふたたび飲み下す。

わたしは受けとる者の幸福を知らない。そしてよく夢見たものだ、盗むことは、受けとるよりもさらに仕合わせなのではないかと。

わたしの手は贈り続けて休むことを知らぬ。それがわたしの貧しさだ。わたしが見るのは、わたしを期待する目だ、その憧れの光がともった夜だ。それがわたしの妬みだ。

おお、すべての与える者の不幸よ。おお、太陽の翳りよ。おお、求めることへの渇望よ。おお、満ち足りているさなかの飢えよ。

彼らはわたしから受けとる。だが、わたしは彼らの魂に触れているか。与えることと受けとることのあいだには、一つの裂け目がある。そしてもっとも小さな裂け目が、もっとも橋渡ししにくい裂け目だ。

わたしの美しさから飢えが生まれる。わたしの光を浴びている者に、痛みを与えたい。わたしが贈った者たちから、奪いたい。――こうして悪意に飢えている。

受ける者の手がさしのべられたら、わたしは手を引き込めてしまいたい。落ちてなおためらう滝のように。――こうして悪意に飢えている。

このような復讐を思いつくのは、わが充溢ゆえである。このような企みは、わが孤独から湧き出る。

贈ることにあるわたしの幸福は、贈ることで死んだ。わたしの徳は、充溢ゆえにみずからに飽いた。

いつも与えている者の危険、それは恥をなくしてしまうことだ。わかち与えてばかりいる者の手と心には、それがゆえに胼胝《たこ》ができる。

わたしの目はもはや、乞う者の羞恥を見ても涙しない。施しもので一杯の手の顫《ふる》えを感じるには、わたしの手はもう硬すぎる。

どこへ行った、わたしの目の涙は、わたしの心の柔毛《にこげ》は。おお、すべての与える者の孤独。すべての光照らす者の沈黙。

荒涼とした空間をおおくの太陽がめぐる。その光で、すべての暗いものに語りかける。

——わたしには語りかけない。

これが光る者に対する光の敵意だ。光は冷酷にみずからの軌道をすすむ。光るものに対してふかい、理不尽な反感をいだき、他の太陽には冷ややかにあたる。

——このようにしてすべての太陽はすすむ。嵐のように太陽たちはみずからの軌道を飛ぶ。それが彼らの歩みだ。みずからの仮借ない意志にしたがう。これが太陽のつめたさだ。

おお、諸君、昏いもの、夜のなかにあるものたちよ。君たちこそが光るものから温みをつくりだす。おお、君たちこそ光の乳房から乳と活力を飲むのだ。

ああ、わたしを氷が取り囲む。そのつめたさがわが手を灼く。わたしのなかの渇きが、君たちの渇きにこがれている。

夜だ。ああ、わたしが光のままでいなくてはならないとは。そして夜になりたいというこの渇望。この孤独。

夜だ。わが願いは泉のようにわたしから迸《ほとばし》る。——語りたいという願いが。

夜だ。すべて迸る泉は、いま声をたかめて語る。そしてわが魂も、迸る泉だ。

夜だ。すべて愛する者の歌は、ついに目を覚ます。そしてわが魂も、愛する者の歌だ——。

ツァラトゥストラはこう歌った。

舞踏の歌

ある暮れ方、ツァラトゥストラは弟子とともに森を通って行った。彼らが泉をもとめているると、ふとみどりの草地に出た。それは木々と茂みに静かにとりかこまれた場所だった。そこには少女たちが組をつくって踊っていた。ツァラトゥストラに気づくと、すぐ少女たちは踊りをやめた。しかしツァラトゥストラは親しげな様子で彼女たちに歩みよると、このように言った。

「かわいらしい少女たちよ、踊りをつづけるがいい。わたしは意地のわるい目をした、遊戯を妨害しようとする者ではない。少女たちの敵ではない。

わたしは悪魔に対しては神に味方する。だが、その悪魔とは重さの霊だ。諸君、かろやかなる者たちよ。どうしてわたしが神々しい舞踏に敵意を持つだろう。うつくしい踝《くるぶし》をもった少女の足に敵意を。

たしかにわたしは森だ、木下闇《このしたやみ》だ。だがわが闇を恐れぬ者は、わたしの糸杉の木立のもとに、薔薇がむらがり咲くのを見るだろう。

そこにはまた、少女たちにもっとも人気がある小さな神《キューピッド》もいる。泉のほとりに、静かに目をとじて横たわっている。

ほんとうに、昼ひなかだというのに、この小さな神は寝入ってしまった。のんびりしたものだ。蝶を追いかけすぎたのだろうか。

美しい踊り子たちよ。この小さな神にすこしだけ無理強いをしても、わたしを責めないでくれ。彼は大声で泣き出すだろう。——しかしその泣くすがたも、ひとを笑顔にさせるだろう。

そして涙を目にためながら、僕と一緒に踊っておくれと言うだろう。そのときはこのわたしが、彼の踊りにあわせて歌をうたおう。

この歌は、舞踏の歌だ。そして重さの霊をあざける歌だ。わたしにとって最高最強の悪魔、人びとが『世界の主』と呼ぶ悪魔だ」——。

こうしてキューピッドが少女たちと一緒に踊ったとき、ツァラトゥストラはこう歌った。


おお、生よ。君の目に見入ったばかりだ。底知れぬ深みに沈む思いがしたものだ。

しかし君は金の釣り針でわたしをつりあげた。君を底知れぬものと呼んだとき、君はあざけり笑った。

「それは魚たちが言うこと」と君は言った。「みずからには底がはかり知れないものを、魚たちは、底知れぬものと言う。

でも、わたしは変わりやすいというだけのこと。そして激しい。つまり一人の女、しかも決して徳の高い女ではないわ。

あなたたち男は、わたしを『深いもの』『貞節なもの』『永遠なもの』『神秘なもの』と言う。

でも、それは男たちが、いつも自分自身の徳をわたしたちに贈っているだけ。――ああ、あなたたち徳の高い方々」。

そう言って、彼女は笑った。この信用のおけない女は。わたしは、彼女がみずからのことをあしざまに言うときは、その言葉も笑いも決して信じない。

わたしが自分の荒々しい知恵と二人きりで話していたとき、知恵は怒り、こう言った。「あなたは生を欲し、渇望し、愛している。だから生をほめるの」。

あやうく、わたしは彼女に底意地のわるい返事をするところだった。怒っている相手に、真実を言いそうになった。自分の知恵にむかって真実を言うときほど、意地悪な返事になることはない。

つまるところ、われら三人の関係はこうだ。わたしが、こころの底から愛しているのは生だけだ。――そうだ、愛している。生をもっとも憎むときこそ。

だがわたしが知恵に好意を寄せ、ときにそれが過ぎるようになるのは、知恵があまりに強く生を思い出させるからだ。

知恵は目も笑いも金の釣り竿も持っている。生と知恵、この二人がそっくりだからといって、それがわたしのせいだろうか。

そしてあるとき生がわたしに尋ねた。「いったい『知恵』って誰」。――わたしは熱をこめてこう答えた。「ああ、あの『知恵』。

あの女にこがれて、満ち足りることはない。ヴェールを通してかいま見、網でとらえようとしても。

彼女は美しいか。わたしにはわからない。だがどんな老いた鯉でも、彼女を餌にすれば釣り上げられる。

彼女はかわりやすく、強情だ。わたしはよく見た、彼女がくちびるを嚙み、髪の流れにさからってくしけずっているのを。

彼女は意地がわるくて、不実なのだろう。つまるところ、ひとりの女人だ。だが、彼女が自分のことをあしざまに言うときほど、ひとを誘惑するときはない」。

生にこう語ったとき、彼女は意地わるくわらって、目をとじた。「誰について話しているの」と言った。「それはわたしのことじゃないの。

あなたが言ってることが正しいとしても――それを面と向かって言うなんて。じゃあ、今度は、あなたの『知恵』について話して」。

ああ、君はふたたび目を開けた。おお、愛する生よ。そして、わたしはまた自分が底知れぬ深みに沈むような思いがした――。

ツァラトゥストラはこう歌った。舞踏が終わり少女たちが去ると、彼は悲しみにおそわれた。

「太陽はとうに沈んだ」。ようやく彼は言った。「草原は露にぬれ、森からは冷気がわたってくる。

見知らぬものがわたしを取り囲み、考え深げに見つめてくる。何と、お前はまだ生きていくのか。ツァラトゥストラよ。

なぜ。何のために。何によって。どこへ。どこで。どのようにして。なおも生きていくのは、愚かなことではないか。

ああ、わたしの友よ。わたしのなかから、黄昏《たそがれ》がこのように語りかける。わたしの悲しみをゆるしてくれ。

黄昏れた。黄昏になったことを、ゆるしてくれ」。

ツァラトゥストラはこう語った。

墓の歌

「あそこに墓の島がある。沈黙の島が。そこには、わたしの青春を葬った墓がある。生という、常緑の小枝を編んだ輪をささげに行こう」。

そう心に決めて、わたしは海へ船出した。

おお、お前たち、青春の夢とまぼろしよ。おお、お前たち、すべての愛のまなざしよ。神的な瞬間よ。どうしてそのように生き急いで、果敢なくなっていったのか。今日、亡き人びとであるかのようにお前たちを偲ぶ。

わが最愛の死者たちよ。お前たちからここへ、あまい香りがただよって来る。こころをほどき、涙をさそう香りだ。そうだ、ひとり船旅をする者の心をゆらし心をほどく。

わたしはいまだ、もっとも富み、もっとも羨望される者だ――誰よりも孤独なのに。わたしはお前たちを持っていたのだから、そしてお前たちは今なおわたしを持っているのだから。言うがいい。わたし以外の誰のところに、あれだけのばら色の林檎が木から降ってきたろう。

今なお、わたしはお前たちの愛の相続人であり、愛の国土だ。そこでは、お前たちを思い出させる、多彩な野生の徳が咲いている。おお、お前たち最愛のものよ。

ああ、今は疎遠になってしまった、いとしい奇跡たちよ。われらはおたがいに睦み合うように作られていた。そしてお前たちは、臆病な小鳥のようにわたしのもとに、わが欲望のもとに、やって来たのではなかった。――信じる者として、信じられる者のところに来たのだ。

　そうだ。わたしと同じくお前たちも、変わらぬ忠実と永遠の情愛をそなえるように作られた。それなのに、今わたしはお前たちを不実と呼ばねばならぬ。お前たち、神的なまなざしよ、瞬間たちよ。不実、他の呼び方をわたしは知らない。

　本当に、生き急いで死んでいった。お前たち、逃亡者は。だがわたしから逃げたのではない。わたしが逃げたのでもない。われらは互いに不実となった。しかしどちらに罪があるわけでもないのだ。

　わたしを殺すために、人びとはお前たちを絞め殺した。わが希望の歌鳥たちよ。お前たち、最愛のものたちよ。いつもお前たちをめがけて悪意の矢は放たれた――わたしの心臓を射貫くために。

　そして命中した。お前たちこそ、わたしが情愛をそそいだもの、わたしが持っていたもの、そしてわたしに取り憑いていたものだった。だからこそ、若くして死ななくてはならなかった。あまりに早く。

　わたしが持つもっとも傷つきやすいものに、人びとは矢を射かけた。つまりお前たちに。お前たちの肌は柔毛《にこげ》に、それ以上に微笑に似ていた。たった一度投げられた視線だけで死ぬ、微笑に。

だが、わたしは敵にこう言いたい。諸君がわたしにしたことに比べれば、どんな殺人も取るに足りない、と。

君たちはどんな殺人よりも悪しきことをわたしにした。かけがえのないものを奪ったのだ。――わが敵たちよ、わたしは諸君にそう言う。

まさしく君たちはわが青春の夢と最愛の奇蹟を殺した。ともに遊んだ仲間、至福の精霊たちを奪った。その追憶のために、この常緑の葉かざりを捧げよう。そして呪いを。

諸君たちへの呪いだ、わが敵たちよ。諸君はわが永遠をみじかくした。まるでひとつの音色が夜のさむさに砕けたように。神の目がわたしに向かってきらめいた束の間、――まさに瞬間だった。

しあわせだったころ、わたしの純潔がこう語った。「すべての存在は、わたしにとって神的なものでなくてはならない」。

そのときに諸君はきたない幽霊をつれてわたしを襲った。ああ、あのしあわせだったころは、どこへ行ってしまったのか。

「すべての日々は、わたしにとって神聖でなくてはならない」。――かつてわが青春の知恵はそう語った。ほんとうに、それは悦ばしき知恵のことばだった。

だがそのとき諸君敵たちは、わたしの夜々を奪って売り払い、あとに眠れぬ夜の苦しみを残した。ああ、あの悦ばしい知恵は、どこへ行ってしまったのか。

かつて鳥占いの吉兆をつよく求めたものだった。そのとき君たちは、まがまがしい梟《ふくろう》を、わたしの行く手につれてきた。ああ、そのときわたしが切々と求めたあの心は、どこへ行ってしまったのか。

かつてすべての嘔気を捨てようと誓った。だが諸君はわたしが知る人たち、もっとも親しい人たちを、膿がたまった腫瘍にしてしまった。ああ、そのとき、わたしのもっとも尊い誓いは、どこへ行ってしまったのか。

かつてわたしは盲人としてしあわせな道を歩んでいた。君たちはそのとき、その盲人の道に汚物を撒いた。いまはかつて歩んだ道に虫酸が走る。

わたしがもっとも困難な仕事をなしとげて、打ち克ったことを祝ったのに、諸君はわたしを愛してくれている人びとに叫ばせた。わたしが彼らに極度の苦痛を与えたと。

まさに、これがお前たちのいつものやり口だった。わたしの最高の蜜、わたしの最高の蜜蜂たちの勤勉を台無しにした。

わたしが慈悲のこころを見せれば、諸君はいつも、もっともずうずうしい物乞いを送って来た。わたしが同情のこころを見せれば、諸君はいつも、すくいがたい恥知らずをつきまとわせた。こうして、わたしは自分の徳に自信を失った。

そしてわたしのもっとも神聖なものを祭壇に捧げると、その「信心」から、君たちはさっそく脂ぎった供物を横に置いた。その脂から立つ湯気で、わたしの最も神聖なものは窒息した。

また、わたしはそれまで踊ったことがない舞踏をしようとした。すべての空を超えて踊って行こうとした。そのとき、お前たちはわたしのもっとも愛する歌い手を説き伏せた。

その歌い手は、身ぶるいがするような暗い旋律を歌い出した。ああ、陰鬱な角笛の音のように、彼の歌はわたしの耳をくるしめた。

ひと殺しの歌い手よ、みずからの罪も知らずして、悪意の道具に成り下がっている君よ。すでにわたしは最高の舞踏をする準備ができていたのに。君はその声音《こわね》でわたしの恍惚を殺した。

舞い踊ることによってのみ、わたしは最高のことがらを比喩によって語ることができる。——いまわが最高の比喩は、語られぬままこの四肢に残っているではないか。語られもせず、解き放たれもしないままだ、わたしの最高の希望が。わが青春の夢想と慰めは、すべて死んだ。

いったい、どのようにして耐えることができたのか。どのようにしてわたしは、これほどの傷に耐え、打ち勝つことができたのか。どのようにしてわが魂は、この墓のなかから蘇《よみがえ》ったのか。

そうだ、傷つけることができないもの、葬り去ることができないものがわたしのなかにある。岩をも砕くものが。それはわたしの意志だ。それは黙々として歩み続け、幾歳月も変わることがない。

相も変わらぬわたしの意志は、わたしの足によって、みずからの道をゆく。その思いはかたく、不死身だ。

わたしの場合は、踵だけが不死身だ。もっとも忍耐強いわが意志よ。お前はまだいまも生き続けていて、変わることがない。いつもあらゆる墓を破って抜け出てきた。

お前のなかには、わたしの青春の解き放たれなかったものが、まだ生きている。生そのものとして、青春として、きいろい墓の欠片の上に、望みを捨てずに立っている。

そうだ。わたしにとってお前は、あらゆる墓をくだく者なのだ。健やかなれ、わたしの意志よ。墓のあるところにしか、復活はないのだ——。

ツァラトゥストラはこう歌った——。

克己について

最高の賢者たちよ。君たちはおのれを駆り立て、熱狂させているものを、「真理への意志」と呼ぶのか。

いっさいの存在するものを思考可能なものにしようとする意志、わたしは諸君の意志をそう呼ぶ。

君たちはまず、すべての存在するものを思考可能なものにしようとする。それは、諸君が真摯な不信の念をいだいて、すべての存在するものがはたして思考可能なものであるかどうかを、疑っているということだ。

だが、君たちの意志が欲しているのは、すべての存在するものが君たちに順応し、服従するということだ。それはなめらかになって、精神の鏡として、精神の反映として、精神の意のままにならなくてはならない。

最高の賢者たちよ。これが君たちの意志の全貌だ。それは、力への意志の一種である。諸君が善悪について、またさまざまな価値の評価について語るときも同じだ。

君たちはその前にひざまずくに足る世界をみずから創造しようとしている。これが諸君の最後の希望であり、陶酔だ。

むろん賢明ならぬ民衆は川の流れのようなものだ。一艘の小舟がその流れのなかを進む。小舟のなかには、覆面で正体を隠した価値評価がおごそかに座っている。君たちはおのが意志と価値を、生成の流れに浮かべた。そして民衆が善と悪だと信じているもののなかから、古来からの力《マハト》への意志が透けて見える。

諸君なのだ、最高の賢者たちよ。みずからの価値評価という客人たちを、この小舟に乗せ、それに華美な装飾と誇るべき名を与えたのは。——君たちと、君たちの支配せんとする意志がだ。

いま川の流れにのって、諸君の小舟は先へと進みゆく。川は舟を運ばざるをえない。ささいなことだ。波がくだけて泡立とうと、怒って竜骨にさからおうと。

最高の賢者たちよ。君たちの危険は、この川の流れにあるのでもなければ、諸君の善と悪に終わりが来ることにあるのでもない。むしろあの意志そのもの、力への意志にあるのだ。——尽きることなく生みだしつづける生の意志に。

しかし、君たちが善と悪についてのわたしの言葉を理解できるようになるために、わたしはまず生について、そしてすべての生あるものの本性について、わたしの言葉を語ろう。

わたしは生あるものを追求した。もっとも広い道ももっとも狭い道もたどって、生あるものの本性を理解しようとした。

生あるものが口をつぐんでいれば、わたしは百の鏡で照らし、そのまなざしをとらえて目に語らせようとした。するとその目はこう語った。

およそ生あるものがいるところでは、語られているのは服従だった。すべての生きるものは服従するものだった。

第二にわたしが理解したのは、自己に服従できないものは他に命令されるということだ。それが生あるものの本性だ。

わたしが見聞きした第三のことは、命令することは服従することより困難だということだ。それは命令する者が、服従する者の重荷を背負って押しつぶされやすい、ということばかりではない――。

どんな命令のなかにも、ひとつの試みと冒険があると思われた。生あるものが命令するときには、いつもみずからをそれに賭けている。

それだけではない。自分自身に命令するときですら、その命令の償《つぐな》いをしなければならぬ。みずから掟となり、裁き手となり、処刑人となり、そして犠牲とならなくてはならない。

どうしてこういうことになるのか。わたしは自問した。何に説き伏せられて、生あるものは服従し、命令し、命令しつつ服従しているのか。

わたしの言葉を聞くがいい。最高の賢者たちよ。わたしが生そのものの心臓まで、心臓の底の底まで極め尽くしているかどうかを、真剣に吟味したまえ。

生あるものがいるところには、かならず力への意志があった。そして服従し仕えるものの意志にさえ、支配者となろうとする意志があった。

弱者が強者に仕えるのは、もっと弱い者の支配者たらんとする意志があるからだ。この快楽だけは捨てられない。

小さなものは、もっと小さなものに対する支配の快楽と力を感じるために、大きなものに身を捧げる。そしてもっとも大いなるものも、さらに身を捧げる。力のために——生を賭けて。

もっとも大いなるものが身を捧げること、それは冒険であり、危険であり、死を賭けた賭博だ。

犠牲が、奉仕が、愛のまなざしがあるところにも、やはり支配者たらんとする意志がある。弱者は、抜け道を忍んでいって、強者の城内にそして心中に入り込み——力を盗む。

そして、生自身がわたしに語ってくれた秘密がある。生は言った。「見よ、わたしはつねに自己を克服せざるを得ないものである。

なるほど諸君はそれを、生殖への意志、目的への衝動、より高いもの、より遠いもの、より多様なものへの衝動などと呼んでいる。だが、それはすべて一つのものであり、同じ一つの秘密だ。

わたしはこの一つのものを諦めるくらいなら、むしろ没落を選ぶ。そうだ、没落し、しげる葉が散るとき、見よ、そこには生がみずからを犠牲にしている——力のために。

わたしは闘争でなければならず、生成、目的、そして目的同士の葛藤でなければならない。ああ、このわたしの意志を察する者は、それがどんなに屈曲した道のりを行かなくてはならないかをも、察するだろう。

わたしが何を創ろうと、それをどんなに愛そうと、——わたしが創ったものの敵に、わたしの愛の敵にならねばならない。わが意志がそれを欲する。

そして君よ、認識する者よ。君はわが意志のひとつの小路、足跡にすぎない。わたしの力への意志は、君の真理への意志をも足にして歩く。

『生存への意志』という語を矢にして真理を射当てようとした者は、もちろん命中しなかった。そのような意志は——存在しないのだから。

なぜか。存在しないものは、意志することができない。またすでに生存しているものが、どうしてなお生存を意志するなどということがありうるか。

生があるところにだけ、意志もある。しかしそれは生への意志ではなくて——君に教えよう——力への意志だ。

生きている者は、多くのものを生そのものより高く評価する。だが、その評価自体のなかから、語る声が聞こえるのだ、——力への意志の」——。

このように、生はかつてわたしに教えた。君たち最高の賢者たちよ、わたしはここから諸君の心の謎を解く。

そうだ、君たちに言おう。不滅の善と悪は、——存在しないのだ。善と悪は、いつも自分自身でみずからを乗り超えつづけなくてはならない。

君たち、価値を評価する者たちよ。その善悪についての価値と言葉によって、諸君は暴力をふるっている。それは君たちの隠された愛であり、君たちの魂の輝き、おののき、そして沸き立ちである。

だが、君たちが打ち立てたさまざまな価値から育ってくるのは、いっそう強い暴力と新しい克服だ。それが卵とその殻を砕く。

そして、善と悪において創造する者にならねばならない者は、まさに、まず破壊する者となってさまざまな価値を砕かざるを得ない。

だから最高の悪は最高の善の一部だ。そして最高の善とは、創造的であることだ——。

最高の賢者たちよ。われわれはこのことだけを語ろうではないか。語ることはよくないことだ、だが黙っていることはもっとよくない。すべて語られぬ真理は毒になる。

われらの真理に触れて砕けるものは、みな砕けよ。——まだ建てるべき多くの家があるのだ。

ツァラトゥストラはこう語った。

崇高な者たちについて

わたしの海の底はしずかだ。誰が知ろう、そこに戯《おど》け者の怪物がひそんでいることを。わたしの深みはゆるがない。だが泳ぐ謎と笑いできらめいている。

昨日わたしは一人の崇高な者を見た。もったいぶっている、精神の苦行者だ。おお、わが魂は、彼の醜さをどんなに笑ったことか。

胸を張り息をこらして、この崇高な者は立っていた。口をきかずに。

狩り獲ったみにくい真理をつりさげて、裂けた着物を重ね着している。茨《いばら》もたくさんつけている――だが、薔薇《ばら》の花はひとつもない。

彼はまだ笑いを学んでいない。美をも。この狩人は陰鬱な顔をして、認識の森から戻ってきた。

彼は野獣との戦いから帰って来た。しかし彼の深刻な様子から、まだ一匹の野獣が目を光らせている。――克服できなかった野獣が。

彼はまだ、飛びかかろうとする虎のように身構えている。しかしわたしはこのような緊張した魂を好まない。このように内に引きこもったものは、すべてわたしの趣味に合わない。

わが友よ。君たちは言うだろう、趣味と嗜好については争うべきではないと。だが、生のいっさいは、趣味と嗜好をめぐる争いだ。

趣味。それは同時に錘《おもり》であり、秤皿《はかりざら》であり、秤り手だ。錘や秤皿や秤り手やについて争うことなしに生きようとするものに、わざわいあれ。

この崇高な者がみずからの崇高さに飽きたときこそ、彼の美ははじまるだろう。――そのときわたしはようやく彼を味わい、美味であることを知るだろう。

そして彼が自分自身に没頭することをやめるなら、そのときはじめて彼はおのれの影を飛び越えて――そうだ、自分の太陽のなかに飛び込んでいけるだろう。

あまりにも彼は長くその影のなかに座っていた。精神の苦行者の頰はあおざめた。期待をうらぎられて、ほとんど飢え死にしかかっていた。

彼の目にはまだ侮蔑があり、彼の口には嘔気がひそむ。なるほど彼は休息中だ、だがその憩いのなかでも、いまだ陽光のなかで寝そべることを知らぬ。

雄牛のようにふるまうべきだった。彼の幸福は大地のにおいがすればよかった。大地へのさげすみのにおいではなく。

わたしは見たい。彼が白い雄牛のように、鼻息あらく、うなり声をあげ、犂をひいていくのを。そのうなりが、この地上のものすべてへの賛歌であってほしい。

彼の顔色はまだくらい。手の影がその面《おもて》を行き来する。目もかげって、まだよく見えぬ。

彼の行いそのものが、いまだ彼に落ちる影だ。その手が行い手を暗くする。まだ、みずからの行為を超えられないでいる。

わたしは彼の雄牛の様な頸《くび》すじが好きだ。だが、わたしは見たい、彼が天使の目をしているのを。

おのれの、英雄的な意志も、わすれてしまわなくてはならない。ただ崇高であるばかりではなくて、高みにあるものになってほしい。――天空《エーテル》そのものが高めるのではなくてはならない、この意志を捨て去った者を。

怪物を打ち倒した。謎を解いた。だが、彼はみずからの怪物と謎をも救わねばならない。それを、天上の子どもたちに変えなくては。

まだ彼の認識は微笑みをしらない。敵愾心をすてられない。彼のほとばしる情熱は、まだ美のなかで静かにやすらうことがない。

そうだ。彼の欲望が満ち足りて、黙りこみ、静まるべきだと言っているのではない。美のなかでそうなるべきだと言っている。大きな勇気と気力を持つ者は、軽やかに優美でなくてはならない。

英雄は、休むときでさえ、頭上に腕を伸ばすべきだろう。そのようにして、休息をも乗り超えなくてはならない。

だが、英雄にとって、あらゆる物のなかでもっとも困難なものは美だ。美は激しい意志ではとらえられない。

ほんの少し多いか、すくないか。美においては、それこそが肝心なのだ。何よりも肝心なのだ。

筋肉をゆるめて、意志の馬具をはずしていること。これが君たちにとっては至難のわざなのだ、崇高な者たちよ。

力が慈しみを知り、見える世界に降りてくる。そのとき、この降りてくることをわたしは美と呼ぶ。

力づよい者よ。他の誰にもまして、君に美をもとめたい。優しくなることが、君の最後の自己克服となるように。

君は、あらゆる悪をなすことができると思う。だから、君にこそ善をなしてほしい。

そうだ。わたしはよくあの弱虫どもを嗤《わら》った。彼らは手足がよわよわしく萎えているから、自分は善良なのだと思っている。

円柱のごとくになるべきだ。ますます華奢になればなるほど、美しくなる。しかも内部はいよいよ強く、支える力を増していく。

そうだ、崇高な者よ。いつか君も美しくならねばならない。そしてみずからの美しさを、鏡に映して見なくてはならぬ。

その時、君の魂は、神的な欲望をおぼえて戦《おのの》くだろう。そしてみずからの美しさに自惚れつつも、さらに高く崇拝すべきものがあらわれてくるだろう。

これが、つまり魂の秘密だ。魂が英雄から見捨てられたとき、その魂の夢のなかで、近づいてくる。——英雄を超えた者が。

ツァラトゥストラはこう語った。

教養の国について

わたしはあまりにも遠く未来へと飛んで行った。戦慄が襲った。

あたりを見回した。見よ、わたしと時を同じくする道連れは、時だけだった。

引き返し、ふるさとへ向かった——いよいよ急いで。そして君たちのもとにやって来たのだ、現代の者たちよ。教養の国へと。

はじめてわたしは、君たちをみる目と、心から諸君をもとめる心をたずさえて来た。まさに、わたしは憧れにみちてやって来た。

だが、いったいどうしたことか。愕然とすると同時に、——笑わずにはいられなかった。このように色とりどり、まだらに塗られたものを見たことがない。

脚も心も慄《ふる》えているのに、笑いに笑った。「ここはまったく、すべての染料壺が帰るふるさとだ」、とわたしは言った。

現代の者たちよ。顔にも四肢にも五十もの染みをつけて、君たちはそこに座っていた。わたしは驚愕した。

諸君のまわりには五十の鏡が置かれていて、君たちの色彩のたわむれに媚び、それを真似ていた。

現代の者たちよ。まさに、君たちの顔こそが、何よりまさる仮面だ。誰にできるというのか、諸君を――見分けることが。

　過去にうまれた記号を身体いちめんに書きつけ、さらにその上に新たな記号を上書きしている。こうして、記号を読み解く者の誰もが読めぬほどに、諸君はみずからを隠した。

　腎臓の診察を専門とする者があっても、諸君に腎臓があるなどとは思うまい。君たちは絵の具を塗られて、張り合わされた紙でできている。

　諸君のヴェールから、さまざまな時代さまざまな民族が、色とりどりに垣間見えている。諸君の所作ひとつひとつから、あらゆる風習と信仰が、さまざまに入り交じって語っている。

　君たちからヴェールとマントを、そして色彩と所作を取り去って後に残るものといえば、あの鳥おどしの案山子のようなものにすぎない。

　まさに、わたし自身、かつて君たちの色をつけぬ裸身を見て、驚いた鳥だ。その骸骨が色目をつかってきたときには、飛んで逃げた。

　そんなことになるくらいなら、冥界で、過去の亡霊たちにまじって、日傭い人夫をしたほうがましだ。君たちよりも冥界に住む者たちのほうが、肉付きもよく中身もあろうではないか。

　そうだ、わたしの肺腑にこたえる苦しみは、諸君が裸でいようと着衣でいようと、我慢ならないということだ。君たち現代人よ。

未来にある一切の不気味なもの、そして過去に鳥たちをおののかせ飛び去らせたものも、諸君の「現実」に比べれば、まだしも親しみやすく感じがよい。

つまり君たちはこう言うのだ。「僕たちはまったく現実的だ。どんな信仰や迷信にもとらわれない」。そう言って胸を張る。――だが、あいにくその胸がない。

そうだ。どうしてお前たちに信じることができようか。雑然と塗りたくられた者たちよ。――かつて信じられたこと一切の、写し絵にすぎないお前たちに。

君たちはそうしてこの世に生きているだけで、信仰の否定そのものだ。思想の脱臼だ。信じることすらできない者、わたしは諸君をそう呼ぶ、現実的な者たちよ。

ありとあらゆる時代が、君たちの頭のなかで、たがいに矛盾したことを喋りちらしている。しかも、どんな時代の夢も饒舌も、諸君が目を覚ましているときより、まだ現実性を持っている。

お前たちは産むことができない。だから何も信じていない。だが、創造せざるを得ない者は、かならず予知夢と星の兆しをみていた――そして信仰の力を信じていた――。

お前たちは半ばひらいた門だ。そのそばで墓掘り人が待っている。そしてお前たちの現実というのはこうだ。「一切は滅びるに値する」。

ああ、君ら産む力のない者たちよ、なんて様《ざま》だ。そのあばらが浮いた痩せ方はどうだ。だが、君たちのなかには、みずからの姿に気づいたものもいた。

彼らは言った。「わたしが寝ているあいだ、ひとりの神がこっそりと何か盗んでいったらしい。そうだ、一人の女を作りうるくらいのものを。

この肋骨の貧弱さは、実にいぶかしい」。すでにこう言った現代人は、すくなくない。

そうだ、現代人よ。わたしにとって、諸君は笑うべき存在だ。君たちがおのれをいぶかしむ時には、とりわけ。

君たちのいぶかりようを笑うことができなくなり、ありとあらゆる胸が悪くなるものを諸君の鉢から飲まねばならなくなったら、どんなにみじめなことだろう。

だが、わたしは君たちを軽く受けとめておく。わたしは重いものを担わねばならないのだから。この荷に甲虫や羽虫がとまったからといって、何だというのか。

そうだ、そんなことが重荷になろうはずもない。現代人たちよ、君たちからわたしに深い疲れがつたわってくるはずがない――。

ああ、わたしはこの憧れを背負って、さらにどこへ登るべきか。わたしはすべての山から、父なる国、母なる国をもとめて眺めた。

しかし、ふるさとはどこにも無かった。どんな街でも落ち着かず、あらゆる門から出て行った。

現代の人びとに、ひとときは心惹かれた時もあった。が、今はわたしにとってあかの他人であり、物笑いの種だ。わたしは、父の国からも母の国からも追われた身になった。

今もなお愛するのは、わたしの子どもたちの国だけだ。まだ発見されず、海の果てにある。わたしはみずからの帆に命じる、この国を探せと。なお探せと。

父祖の子として生まれて来たことを、わが子どもたちによって取り返したい。すべての未来によって、――この現在を取り返したいのだ。

ツァラトゥストラはこう語った。

汚れなき認識について

昨夜、月がのぼると、月が太陽を産もうとしていると思えた。それほどに月はおおきく孕んだ姿で、地平の上にあった。

だがその懐妊はいつわりだった。だから、月は女ではなくて男だと、わたしは信じよう。

とはいえ、この臆病な夜遊び好きは、あまり男らしくはない。彼は屋根の上をうろつきながら、こころ疚《やま》しく思っている。

つまりこの月は僧侶であって、好色で嫉妬ぶかい。大地に対して、そして恋人たちのあらゆる歓びに対して、ものほしげに欲情している。

わたしは好まない、この屋根の上の雄猫を。なかば閉ざされた窓をうかがって忍び歩くもの一切が不愉快だ。

つつましく、黙り込んで、星ちりばめた絨毯の上をあるく。――だが、誰であろうとひっそりとしのび歩く男の足は好ましくない。拍車の音をたてていたほうがいい。

正直者の足音は高い。しかし猫は床の上を音もなくわたる。見よ、月が猫のように、狡猾そうにやって来るのを――。

この比喩を、君たち神経質な偽善者に与える。諸君、「純粋に認識する者たち」に。

わたしは君たちを呼ぶ——好色な者と。

君たちも大地を愛し、この地上のものたちを愛している。わかっている。だが諸君の愛には、羞恥があり良心の疚しさがある。——君たちは月と同じだ。

地上のものを蔑むべし。そう諸君の精神は教え込まれた。だが臓腑までは染み通っていない。そしてその臓腑こそが、君たちのもっとも強い部分ではないか。

そして、君たちはおのれの精神が臓腑の意のままになっていることを恥じている。そしてそのみずから自身への恥ゆえに、いつわりの道をしのび歩むことになる。

「わたしにとって最高のことは」——諸君のいつわりの精神はそうみずからに語りかける——「生を、情欲ぬきで、犬のように舌をたらさずに、観照することだ。

観照にこそ幸福がある。意志をころして、利己心がのさばり欲念に駆られるのをおさえて——身体はもろともに冷えて灰いろになり、目のみ月のように見ることに酔い痴れて。

これがわたしにとってもっとも好ましいことだ」——と、この道を誤った者はますます迷い込んでいく——「月が大地を愛するような仕方で、大地を愛そう。ただ目でのみ、その美しさの一切を愛撫しよう。

何ものからも何も欲しないということ、これをわたしはすべての物に対する汚れなき認識と呼ぶ。わたしは百の眼を持つ鏡のように、すべての物の前に横たわっていさえすればよいのだ」——。

おお、君たち神経質な偽善者よ。好色な者たちよ。諸君の欲望には無邪気さがない。だから欲望そのものをあしざまに言うのだ。

そうだ、君たちが大地を愛するのは、創造する者、生殖する者、生成を歓ぶ者としてではない。

無邪気さはどこにあるのか。生殖への意志があるところに。みずからを超えて創造しようとする者こそ、もっとも純粋な意志を持つ者だと、わたしは思う。

美はどこにあるのか。わたしがすべての意志をあげて意志せざるをえなくなったところに。像《イメージ》が像のままで終わらぬようにと、わたしが愛し没落しようとしたところに。

愛すること、没落することは、永遠に響き合う。愛そうと意志することは、よろこんで死のうとすることでもある。君たち臆病者に、そう語ろう。

だが、諸君はおのれの去勢された流し目を「観照」と呼ぼうというのだ。その臆病な眼でなで回したものを「美」と呼ぼうというのだ。おお、高貴な名を冒瀆する者たちよ。

しかし君たち汚れなき者たちよ、純粋に認識する者たちよ。諸君は呪いを受けている。決して産むことがないという呪いを。おおきく孕んだ姿で、地平の上にあったとしても。

たしかに、諸君は高貴な言葉を口いっぱいにふくんでいる。それはわれらの心があふれんばかりに満たされているからだ、と、そう信じさせようというのか。君たち、嘘をつく者たちよ。

対して、わたしの言葉は、いやしい、蔑まれた、あやしげな言葉だ。君たちの食卓からこぼれおちた物を、わたしはよろこんで拾う。だが、わたしはこれを使って——偽善者たちに真理を語りうるのだ。拾った魚の小骨、貝の殻、棘ある葉で、偽善者の鼻をくすぐる。

諸君と諸君の食卓には、濁った空気がいつもただよっている。君たちの好色な思想や嘘、そして隠しごとが、その空気のなかにこもっている。

勇気を出して、自分自身を信じてみるがいい。——諸君と、諸君の臓腑を。おのれを信じない者は、つねに嘘をつく。

君たち「純粋な者」たちよ、諸君はひとつの神の仮面をかぶっている。その仮面のなかに、みみずのようなおぞましい虫が入り込んでいる。

君たち「観照する者たち」は、まさに人をあざむいている。ツァラトゥストラも、かつてはその神々しい見た目に、愚かにもあざむかれた。そのなかにつまったとぐろを巻く蛇を見抜けなかった。

君たち、純粋に認識する者たちよ。かつてわたしは、諸君の遊戯を見て、神の魂が遊び戯れていると思い込んだ。かつては諸君の芸術以上の芸術がありうるとも思えなかった。

それが蛇のように汚れ、悪臭を放っていることに気がつかなかったのは、ただ遠くから眺めていたからだった。そこに悪知恵のはたらく蜥蜴《とかげ》が物欲しげにのたうっていたことに。

だが諸君に近づくと、朝が来た。——その朝は君たちにも来る——月の情事は終わった。

見るがいい。月はとり押さえられて、青ざめている——朝やける光がくる前に。

もう来ている。灼熱の太陽が。——太陽がささげる大地への愛が。無垢と創造への欲望、それが太陽の愛だ。

見るがいい。どんなにもどかしげに、太陽は海の上へ昇ってくることか。君たちは感じないか、太陽の愛の、その渇きと熱い吐息を。

太陽は海を吸う、その深みをおのれの高みまで吸い込んで飲む。そのとき海の欲望は、千の乳房をみなぎらせて高まる。

海は太陽の渇きに接吻され、吸われようとする。大気となり、高みとなり、光があゆむ道となり、そして、光そのものになろうとする。

そうだ。わたしは太陽のように愛する、生とすべての深い海を。

あらゆる深みは高められなければならぬ。——わが高みにまで。わたしはこれを認識と呼ぶ。

ツァラトゥストラはこう語った。

学者について

身を横たえてねむっていると、一匹の羊がわたしが頭にいただいている木蔦《きづた》の冠を食べた。——たべて、そして言った。「ツァラトゥストラはもう学者ではない」。

そう言って、尊大で誇らしげに去って行った。一人の子どもがこのことを話してくれた。

子どもたちが遊ぶこの場所で、横たわるのが好きだ。くずれた城壁のそば、あざみやあかい罌粟《けし》の花のあいだで。

子どもたちにとって、そしてあざみや罌粟の花にとっては、わたしはまだ学者だ。彼らは無邪気だ、悪意においてさえ。

だが羊たちにとっては学者ではない。これがわたしの運命だ——さいわいなことに。

真実はこうだ。わたしは学者たちの家を出た。しかも背後に、そのドアをつよく閉じて。

あまりに長く彼らとおなじ食卓について、わたしの魂は飢えた。くるみ割りをするために、認識の訓練を受けたわけではない。

わたしは愛する、自由と、みずみずしい大地の上にある大気を。学者の名誉と威厳の上より、牛の皮の上に寝たほうがいい。

みずからの思考の熱でわたしは灼かれる。息をつくのもあやうくなる。そのときには外気をもとめて、埃まみれの部屋から出なくてはならない。

だが、学者たちはすずしい木陰にひややかに座っている。何においても傍観者であろうとする。そして太陽が照りつける階段を避けて座る。

街路に突っ立って道ゆく人びとをぽかんと口をあけて眺めている者と同じく、学者たちもじっとしたまま、他人が考えた思想を口をあけて眺めている。

学者たちをつかめば、小麦粉袋のように、しかたなく埃をたてる。だが、その埃が、あの夏の畑のよろこびである麦の粒だったということを、誰が見抜けようか。

彼らが賢者のようにふるまうとき、そのみすぼらしい箴言や真理に寒気がする。彼らの知恵からは、沼から立ちのぼるような臭気がこもっていることが多い。そうだ、蛙の鳴き声すらもそこから聞こえてきた。

学者たちは熟練している。器用な指さばきだ。その複雑さにくらべたら、わたしの単純さに何ができるだろうか。糸の通し方、結び方、編み方、すべてその指が心得ている。そして精神で出来た靴下を編み上げる。

学者はうまく出来た時計仕掛けだ。しっかりとねじを巻いてやることだ。それさえすれば、正確に時を告げ、つつましい音もたてる。

学者ははたらく、製粉機のように、そして杵のように。ただ穀物の粒を投げ込んでやりさえすればいい。――穀物をこまかに砕き、白い粉にすることならお手のものだ。

学者は監視しあっている。おたがいをあまり信頼していない。小さな策略を仕掛けるのがうまくて、足萎えの知識の持ち主を待ち受けている——蜘蛛のように。

学者たちが細心の注意を払って毒を調合しているのを見た。いつもガラス製の手袋を指に通していた。

彼らはいかさまの骰子《さい》で賭博をすることもたしなんでいる。汗みずくになって勝負に熱中するさまを見た。

わたしは彼らと縁がない。学者の徳は、その虚偽やいかさまの骰子よりも、わたしの趣味に反する。

彼らとともに住んでいたとき、わたしは彼らの階上にいた。そのことを、彼らは恨んでいる。

彼らは、自分の頭上でひとが歩き回る音がすることを好まない。だから、わたしと自分たちの頭のあいだに、薪と泥と塵芥《ごみ》を置いた。

彼らはわたしの足音を遠ざけた。それから、もっともすぐれた学者たちからも、耳を傾けられることがまったくなくなった。

自分たちとわたしのあいだに、人間のすべての過ちと弱さを置いて——それを自分の家の「遮音壁」と呼んだ。

それでも、わたしは自らの思想をいだいて、彼らの頭上を歩いている。たとえ、わたしが自らの過ちを履いて歩くとしても、彼らの上にいて、その頭上にいることにはかわりがない。

なぜなら、人間は平等ではないからだ。公正はそう語る。わたしが欲することを、彼らが欲することは許されていない。

ツァラトゥストラはこう語った。

詩人について

「肉体をよく知るようになってから」——と、ツァラトゥストラは弟子のひとりに語った——「精神はいわゆる精神にすぎないのだとわかるようになった。そして『うつろい行くことのないもの』は、ただの比喩にすぎないことも」。

「あなたは前もそう言っていました」と弟子は答えた。「しかしそのとき、こう付け加えておられた。『しかし詩人は嘘をつきすぎる』と。詩人は嘘をつきすぎるなどと、なぜ言われたのですか」。

「なぜ、と」ツァラトゥストラは言った。「君はなぜと尋ねるのか。わたしはなぜと尋ねられると、困る人間だ。

わたしの経験は昨日今日身につけたものだろうか。この意見が生まれた根拠を経験したのは、ずいぶん昔のことだ。

そのような数々の根拠を覚えておこうとしたら、わたしは記憶の樽にならざるをえないではないか。

意見そのものを覚えておこうとするだけで、すでに煩わしい。飛び去ってしまった鳥もすくなくない。

ときにわたしの鳩舎に、どこからか飛びこんできた見慣れぬ鳥をみつけることがある。

わたしが手で撫でると、そのような鳥は身をふるわせる。

だが、ツァラトゥストラがかつて君になんと言ったか。詩人は嘘をつきすぎると。――しかし、ツァラトゥストラも詩人のひとりだ。

君は、そのとき彼は真実を語ったと思うか。なぜそう思うのか」。

弟子は答えた。「わたしはツァラトゥストラを信じています」。すると、ツァラトゥストラは頭をふって、微笑んだ。

信じることは、わたしには歓びではない。彼はそう言った。とりわけ、わたしを信じるなどということは。

だが、誰かが真剣に「詩人は嘘をつきすぎる」と言ったなら、それは正しい。――われわれは嘘をつきすぎる。

われわれはものを知らないし、学ぶことも下手だ。だから嘘をつかなければならなくなる。

われわれ詩人のなかで、みずからの葡萄酒にまぜものをしなかった者がいるか。この酒蔵では、幾度となく酒に毒がまぜ入れられたし、多くの名状しがたいことが行われた。

われわれはものを知らない、だから精神の貧しい者は大歓迎だ。ことに若い女性なら、なおさらである。

また、老女たちが夜な夜な語り合うようなことも、われわれはものにしたくてたまらない。われわれのあいだでは、それは永遠に女性的なものと呼ばれている。

そして、何ごとか学ぼうとする者に対しては閉ざされている、知に達する特別に隠された通路があるとしよう。われわれ詩人は、民衆とその「知恵」を、その通路だと信じている。

すべての詩人が信じていることがある。草原やひとけのない山腹に横たわって耳を澄ますだけで、天地のあいだにある事物について何かを知ることができる、と。

そして心がこもった感動がやってくる。すると、自然がこの自分に惚れ込んでいるのだ、と詩人たちは思い込む。

自然はこの耳もとにしのび寄り、内緒のことや恋人同士の嬉しがらせをささやいてくれると思い込む。そしてそれを凡人たちに誇り、いばり散らす。

ああ、天地のあいだには、詩人だけが夢みることが出来ることがあまたあるものだ。

とりわけ天上に多い。一切の神は詩人の比喩であり、詩人の盗品だからだ。

まことにそれはわれらを高みへと引き上げる——つまり雲の国へ。そこに色とりどりの自分の抜け殻を置いて、神々だとか超人だとか呼んでいる——。

つまり、雲の上に載せられるほど軽いのだ——すべての神々は、そして超人は。

こんな不十分なことにはうんざりだ。しかもこんな不十分なことが実現されなくてはならないとは。ああ、わたしはすべての詩人にうんざりしている。

ツァラトゥストラがこう言ったとき、弟子は怒りを覚えたが、黙っていた。ツァラトゥストラも黙った。遙か彼方を眺めやるかのように、みずからの内に目を向けていた。やがて息を吐き、そして深く吸った。

そして語った。わたしは今日にいる。そして過去に。だがわたしのなかには、明日と、明後日と、未来のいつの日かに属する何かがある。

わたしは詩人たちに飽きた。古い詩人にも、新しい詩人にも。わたしには、彼らはうわべだけのもの、浅い海にすぎない。

彼らは深く考えない。だからその感情は奥底に達しない。

多少の快楽と多少の退屈。せいぜいこれくらいだった、彼らが思い巡らしたことは。

彼らが奏でる竪琴の音は、わたしには幽霊が吐く息の音、あるいは通り過ぎる音にしか聞こえない。いままで詩人たちが、音色の情熱について何を知っていたというのか――。

そしてまた、わたしから見れば詩人たちは清潔さがたりない。彼らは自分の池を濁らせるのだ、深くみせようとして。

そして彼らは、自分をすべてを調停する者として任じたがる。が、彼らは仲を取り持っているだけだ、混ぜ合わせているだけだ、そして中途半端で薄汚れている――。

ああ、わたしは彼らの海のなかに網を投げて、よい魚を獲ろうとした。しかし、そこからとれるのはいつも、古い神の頭だった。

だから海は、飢えた者に石くれしか与えなかった。そして、詩人たち自身、おそらくは海で生まれたのだろう。

たしかに、詩人のなかに真珠をみつけることもあろう。だからこそ彼らは堅い殻を持った生き物に似ている。そしてわたしはよく彼らのなかに、魂ではなく塩辛い粘液を見出した。

彼らはその虚栄心を海から学んだ。海とは孔雀のなかの孔雀ではないのか。

海はもっとも醜い水牛にすら、その尾をひろげてみせる。海は、その銀と絹を透かし編みにした扇に、飽きることがない。

水牛は傲然とこれを見る。その魂は砂に近い。さらに草むらに近い。いや沼地にもっとも近い。

水牛にとって、美や海や孔雀の装いが何だろう。この比喩を詩人に与えよう。

まさに、詩人の精神自体が孔雀のなかの孔雀であり、虚栄の海だ。

詩人の精神は、観客をほしがる。それが水牛であろうとも——。

このような精神に、わたしはうんざりしている。そして、この精神自身が、みずからに飽きてくるのを見る。

わたしは見ている、詩人たちが変わりはじめ、自ら自身に眼差しを向けはじめているのを。

精神を悔い改めた者たちが来るのを見る。それは詩人たちのなかから成長したのだ——。

ツァラトゥストラはこう語った。

大いなる事件について

海のなかに島がある――ツァラトゥストラの至福の島々から遠くないところだ――そこに火山があって、たえず煙を噴いている。民衆、とくに老婆たちは、この島についてこう言っている。これは、冥界の門をふさぐ岩塊だと。そして、火山の内部に、下へと通じている細い通路があって、そこを抜けて行くと冥界の門に着くのだと。

さて、ツァラトゥストラが至福の島に滞在していたときのことである。一艘の船が、その火山がある島に錨を下ろした。船員たちは上陸し、兎狩りに出かけた。が、正午ちかくになって、船長と船員がふたたび集まったとき、突然ひとりの男が空中を飛んでむかってくるのを見た。そして男がはっきりとこう叫ぶのを聞いた。「時が来た。まさにその時だ！」と。だがその姿は、彼らの間近に来ると――影のようにすばやく通り過ぎて、火山のある方へ飛び去った。――その男がツァラトゥストラであるということがわかって、人びとは驚愕した。船長を除いて、船員たちはみな彼のことを知っていた。そして彼を敬愛していた、民衆がツァラトゥストラを敬愛するように。つまり、愛と畏れが相半ばするような仕方で。

「見ろ」と老いた舵手が言った。「ツァラトゥストラが地獄へ向かっていく！」。

船員たちが火の島にとどまっていたときに、ツァラトゥストラが消息を絶ったという噂が広まった。人びとはツァラトゥストラの友人にたずねた。すると、彼は夜中、どこに行くかも告げず、船で旅に出たという。

こうして不安が生まれた。三日後には、船員たちの話が加わって、不安はさらに高まった。――民衆は、悪魔がツァラトゥストラをさらって行ったと言った。弟子たちはこの噂を笑い、その一人は「ツァラトゥストラが悪魔をさらって行ったというのなら、わからなくはないが」とさえ言った。だが、心の底ではみな、心配して帰りを待ちわびていた。だから、五日目にツァラトゥストラが姿を現したときの、その歓びは大きかった。

ツァラトゥストラは、火の犬たちと交わした会話について語った。それは、次の通りである。

大地には皮膚がある。そして皮膚はさまざまな病におかされている。例えば、そのひとつが「人間」だ。

その病のひとつに、「火の犬」がある。その火の犬について、人間たちは多く事実無根のことを語り、あざむき、あざむかれてきた。

この秘密を解き明かそうとして、わたしは海を渡った。そして赤裸の真実を見た。そうだ、頭からつま先まで赤裸の。

火の犬がどういうものか、わかった。同じく、あの爆発と転覆の悪魔たちがどういうものかも。この悪魔をこわがっているのは老婆たちだけではない。

火の犬よ、その深みから出てくるがいい、とわたしは叫んだ。そしてその深みがどれほど深いかを告げるがいい、と。お前が噴きあげているものはどこからくるのか、と。お前たちは海水をしたたか飲んでいる。だからその雄弁はそんなにも塩からい。そうだ、深みに住む犬なのに、お前は糧を表面からとりすぎる。

お前たちはたかだか大地の腹話術師だ。そうわたしは思う。そして転覆と噴出の悪魔たちが語るのを聞くたびに、お前たちが彼らにそっくりなことに気づいた。塩からく、嘘つきで、浅はかだ。

お前たちは、吠えわめき、灰を撒き散らしてあたりを暗くすることに長けている。またとないほら吹きで、泥を沸騰させるすべを心得ている。

お前たちがいるそばにはかならず泥がある。また多くの海綿状のもの、穴だらけのもの、詰め込みをうけたものがある。それが自由をもとめている。

「自由」と、何よりも諸君は吠えたてる。だが、わたしはその「大いなる事件」とやらをまともに受けとる気がしなくなってしまう。そのまわりに、多くの吠える声と煙があがるのを見ると。

信じるがいい、わが友、大騒ぎを好む者たちよ。もっとも大いなる事件とは――われらがもっとも騒々しい時ではない。もっとも静かな時だ。

新しい喧噪を発明した者ではなく、新しい価値を発明した者のまわりを、世界はめぐる。世界はめぐる、音もなく、しずかに。

いさぎよく認めるがいい。お前の喧噪と煙がおさまれば、ほとんど何も起こってはいないではないか。ひとつの都市が廃墟となり、ひとつの柱像が泥のなかに転がったからといって、それが何だ。

さらに柱像を倒した者たちに言おう。海のなかに塩を投げ入れ、柱像を泥のなかに倒すことほど、愚かなことがあるかと。

その柱像はたおれ、君たちの侮蔑という泥にまみれた。だが、その侮蔑のなかから、ふたたび生と生気にみちた美が蘇るのは、まさに柱像の法則だ。

いま、柱像はいやまして神々しい表情で立ち上がり、その苦悩がまた魅力となっている。そうだ、倒した君たちに向かって、倒してくれたことに感謝のことばをのべるだろう。

王や教会、そして老い徳おとろえたすべてのものに忠告したい。――打倒されるがいい。ならば命はよみがえり――徳も回復するだろう――。

このように火の犬たちに語った。すると犬は不機嫌にさえぎって尋ねた。「教会だと。教会とは一体なにか」。

教会か。わたしは答えた。それは国家の一種だ。しかも、もっとも偽りに満ちている。だが黙るがいい、偽善の犬よ。自分の同類のことはよく知っているはずだ。

お前と同じように、国家も偽善の犬である。同じように、煙と咆吼で語りたがる。――そして同じように、自分は物事の根底から語っているのだと、ひとに信じさせようとする。

国家は、地上でもっとも重要な生き物であろうとするのだから。そして人びとも、そう信じている――。

そう言ったとき、火の犬は嫉妬のあまり、物狂おしく身もだえた。「何?」と叫んだ。「地上でもっとも重要な生き物だと。人びともそう信じているだと」。その喉からおびただしい湯気とすさまじい声が湧き出てきたので、火の犬が怒りと嫉妬で窒息するのではないかと思った。

やがて少しは静かになると、その喘ぎはおさまった。それを待って、わたしは笑って言った。

「怒っているな、火の犬よ。とすると、わたしがお前について言ったことはあたっているということだ。

あたっていることをもっとよくわからせるために、他の犬の話を聞くがいい。まさに大地の本心《ヘルツ》を語る犬のことだ。

その息は黄金を吐き、黄金の雨をふらせる。本心からそうする。彼にとって灰だの煙だの溶岩だのが、いまさら何だというのか。

笑いが、五彩の雲のようにその口からただよう。おまえの喉のうなり、吐く唾《つばき》、激怒のあまりの腹痛などは好まない。

黄金と笑いこそを――彼は大地の心臓《ヘルツ》からとりだす。よく知るがいい、――大地の心臓は黄金で出来ているのだから」。

火の犬はそれを聞くと、もはやわたしの言うことに耳を傾けていられなくなった。恥のあまりに尾を巻き、低い声でひと声ふた声吠えると、みずからの洞穴にもぐり込んでいった。

ツァラトゥストラはこう物語った。が、弟子たちはほとんど聞いていなかった。それほどまでに、船員たち、兎狩り、そしてあの空飛ぶ人間について話したいという気持ちがつよかった。

「それをどう考えればいいのか」とツァラトゥストラは言った。「ではここにいるわたしは幽霊なのか。

いや、それはわが影だったのだろう。君たちは、漂泊者とその影についてなにごとか聞いたことがあろう。

だが、これだけは確かだ。わたしはその影をしっかりと摑《とら》えておかねばならぬ。——さもなければ、わが名声をなお傷つけるかもしれない」。

そしてまたツァラトゥストラは頭をふり、あやしんだ。「それをどう考えたらいいのか」と、ふたたび言った。

「なぜその幽霊は叫んだのか。『時が来た。まさにその時だ』などと。

いったい、何のための——時が来たというのか」——。

ツァラトゥストラはこう語った。

預言者

「――そして、ひとつの巨《おお》きな悲しみが人類を襲うのをみた。もっともすぐれた人びとも、おのれの仕事に倦《う》み疲れた。

ひとつの教えが宣《の》べられた。ひとつの信仰がならんで広まった。『すべてはむなしい。すべては同じことだ。すべてはかつてあったことだ』。

あらゆる丘が谺《こだま》した。『すべてはむなしい。すべては同じことだ。すべてはかつてあったことだ』。

たしかにわれらは収穫した。だが、なぜすべての果実は腐り、黒ずんでしまったのか。悪しき月から、昨夜何が降ってきたのか。

すべての仕事は無駄だった。われわれの酒は毒になった。悪しき月のまなざしが、われらの畑と心を黄色に焦がした。

われわれは一人残らず乾涸《ひか》らびた。そして火が落ちてきても、われらは灰のようにこまかに散るのみだった。――そうだ、われわれは火さえ倦み弱らせた。

泉はみな涸れた。海は退《ひ》いた。あらゆる場所で大地が砕けた。だが、その地底は何かを飲み込むことすらない。

『ああ、われらが溺れ死ぬことができるような海は、どこに残っているのか』。そう嘆きの声はひびく。――あさい沼を前にして。そうだ、われわれは疲れ果てて、もう死ぬことすらできない。目覚めたまま生き続けている――墓穴のなかで」――。

一人の預言者がこう語るのを、ツァラトゥストラは聞いた。その預言に胸打たれて、彼は変わってしまった。悲しみ、疲れ果てて歩き回った。預言のなかで語られた人びとのようだった。

本当だ、と彼は弟子たちに語った。しばらくすれば、このながい黄昏《たそがれ》は来る。ああ、おのれの光を、どのようにそこから救いだせばよいのか。

この悲しみのなかでわたしの光が窒息してしまわなければいいが。それはもっと遠くの世界を、もっと遠くの夜を、照らさなければならないのに。

これほどまでにこころ憂いて、ツァラトゥストラは歩きまわった。三日のあいだ、食わず、飲まず、ねむらず、そしてものを言わなかった。ついに彼は深い眠りに落ちた。弟子たちは彼のまわりで、長い夜のあいだ不寝《ねず》の番をして、師が目ざめてふたたび語りだし、そのときには深い悲しみから癒えているだろうかと、こころ痛めて待っていた。

ツァラトゥストラが目ざめて語ったことは、以下の通りである。だが、弟子たちには、その声は遙か彼方から響いてくるかのようだった。

わたしがみた夢の話をきいてくれ、友よ。その意味を説き明かすために、力を貸してくれ。

まだわたしにとって謎だ、この夢は。その意味は夢のなかに隠されていて、捕らえられ、夢を乗りこえて自由に羽ばたくことができない。

わたしは夢見た、あらゆる生を断念することを。そして夜と墓の番人となっていた、あの彼方にある、人里離れた山上の死の城で。

あの山の上で、わたしは死の持ち物である、棺桶の番をしていた。陰鬱な丸天井《ドーム》がある部屋は、死の勝利の印《しるし》がおびただしかった。硝子《ガラス》で出来た棺桶からは、打ち倒された生がこちらを見つめていた。

永遠たちは埃にまみれて、そのほこりっぽい匂いを吸った。わが魂も、蒸し暑さにくるしめられ、埃まみれで横たわっていた。あそこで誰が、みずからの魂に風を通すことができようか。

あたりには夜中の明るさが絶えなかった。そばには孤独がうずくまっていた。そしてもうひとつ、死の静寂が喉を喘々《ぜいぜい》させていた。このわが最悪の女友だちが。

わたしは鍵を持っていた。すべての鍵のなかでもっとも錆びている鍵を。これを使って、すべての扉のなかでもっとも軋む扉を開けるすべを心得ていた。

その扉が動き出すと、怒り狂った鳥が叫ぶような響きが長い廊下をはしった。鳥は憎しみをこめて鳴く。起こされるのを嫌うから。

響きがきえてあたりが静まりかえり、油断ならぬ静けさのなかにひとり座っていると、いっそう恐ろしくなり、胸が締めつけられる思いだった。

こうして時は忍んで行った。なおそこに時というものがあったとすればだが。どうしてそれを知ることができよう。だが、ついにわたしを目覚めさせることが起こった。

三たび強く門が叩かれる音がした。雷鳴のようだった。丸天井《ドーム》は三たび谺《こだま》を返してとどろいた。わたしは門に近づいた。

アルパ！　とわたしは叫んだ。自分の灰を山に運んできたのは誰だ。アルパ！　アルパ！　自分の灰を山に運んできたのは誰だ。

そして鍵を差し込み、懸命に門を開けようとした。だが指一本分の幅すら開かなかった。

そのとき一陣の強烈な風が両扉を押し開けた。風は、高い鳴りを響かせ身を切るように吹きすさんで、黒い棺桶をわたしに投げつけた。

轟々と、また耳をつんざくような音を立てて、棺桶は粉々になった。そして千種の笑い声を吐き出した。

子ども、天使、梟《ふくろう》、道化、子どもくらい大きな蝶など、千種のおどけ顔から、笑いと嘲りと響《どよ》めきが、わたしに殺到した。

あまりの恐ろしさに肝をつぶした。倒れ込んだ。恐怖のあまり、いままであげたことのない叫びをあげた。

だが、おのれ自身の叫びによって目覚めた——わたしはわれに返った——。

このようにツァラトゥストラはみずからの夢をもの語り、そして黙り込んだ。まだその夢の意味を解き明かしかねていた。しかし彼がもっとも愛する弟子は、すみやかに立ち上がると、ツァラトゥストラの手をとって言った。

「あなたの生き方そのものが、この夢を解き明かしてくれます。おお、ツァラトゥストラよ。

耳をつんざく音を立てて死の城の門を押し開けた風、それはあなた自身ではないでしょうか。

生のさまざまな悪意と天使のおどけ顔で満ちた棺桶、それはあなた自身ではないでしょうか。

そうだ、千種の子どもの笑い声のように、ツァラトゥストラはあらゆる死の墓穴に入り込む。あの夜と墓の番人たちを、そして陰鬱な鍵をがちゃつかせる他の者たちを笑いのめしながら。

あなたはその笑いで彼らを驚かし、打ち倒してしまうでしょう。失神させてまた目覚めさせたということは、彼らよりあなたの力が優っているということを証し立てることになりましょう。

そして、もし長い黄昏《たそがれ》と死に至る倦怠がやってくるとしても、決してあなたはわれらの天空から没することはないでしょう。あなたは生を弁護する者なのだから。

新しい星を、新しい夜の壮麗を、あなたはわれらに見せてくれた。そうだ、あなたは五色の天幕のように、笑いそのものをわれらの頭上に張りめぐらせてくれた。

これからはいつも子どもの笑いが、棺桶から湧き出でるでしょう。これからはいつも激しい風があらゆる死の倦怠に吹きすさんで、勝利をおさめるでしょう。あなた自身が、このことの証人となり、預言者となってくれたではありませんか。

そうです。あなたは彼らそのものを夢に見たのです。つまりあなたの敵を。それはあなたの最も苦しい夢だった。

しかし、あなたが彼らから目を覚ましてみずから自身に帰ったように、彼ら自身もおのれから目を覚まして――あなた自身に帰らなくてはならないのです」。

弟子はそう語った。他の弟子たちも、ツァラトゥストラのまわりをわれ先にと取り囲んでその手をとり、病床と悲しみを捨てて、自分たちのところに戻ってくるようにとすすめた。だがツァラトゥストラは床に座ったまま身を起こし、しっくりこない眼をしていた。長く異郷にいて、いま帰ってきたかのように、弟子をながめ、その顔をしげしげ見詰めた。まだ彼は目の前にいる者たちが弟子だとわかっていなかった。だが、弟子たちが彼をたすけて立たせたとき、見よ、彼の眼は突如かわった。いままで起こったことすべてを理解した。髭を撫でると、力強い声で言った。

「さあ、今やこのことは終わった。わが弟子たちよ、すばらしい宴をもよおそうではないか、すぐに。夢見のわるさの埋め合わせをしたい。

だが、あの預言者も呼んでわたしの隣にすわらせ、飲食を供するがいい。そうだ、わたしは彼に教えてやろう。まだ溺れ死ぬことができる海があることを」。

ツァラトゥストラはこう語った。そして夢を解き明かす役を果たしたあの弟子の顔をながく見つめると、頭をふった――。

救済について

ある日、ツァラトゥストラが大きな橋を渡って行くと、不具の乞食たちに取り囲まれた。そしてひとりのせむし男が、彼にむかってこう言った。

「見るがいい、ツァラトゥストラ。民衆もお前から学び、その教えを信じるようになっている。だが民衆が完全にお前を信じるためには、もうひとつ必要なことがある――それはこの五体満足ではないわれらを改宗させることだ。今ここには選り抜きの者たちが集まっている。まことに絶好の機会、前髪しかないどころではないぞ。盲者を癒すことも、足萎えを歩かせることもできる。背中に余分なものを負っている者には、そのこぶを小さくしてやることもできるだろう。――不具な者たちにツァラトゥストラを信じさせるには、この方法がもっともよいだろうさ」。

だが、ツァラトゥストラは、そう語った者にこう返事をした。「もし、せむしからそのこぶを取り去るならば、その精神を取り去ることになる――これは民衆が教えてくれることだ。盲者の目が見えるようにすれば、この世にあるあまりに多くの不快なことごとを見ることになって、自分を癒してくれた者を呪うだろう。足萎えを歩けるようにすることは、彼にとってこの上ない痛手になる。歩き出せば、彼の悪習もついてくるのだから。――これが不具者について、民衆が教えてくれることだ。民衆がツァラトゥストラから学んでいる以上、ツァラトゥストラが民衆から学んでいけないことがあろうか。だが、『この者には目がひとつない、あの者には耳が、そしてもう一人の者には足がない。舌や鼻や頭をなくした者もいる』などということは、わたしが人間のあいだにやってきて見たもののなかで、ごく些細なことにすぎない。

もっと醜悪なもの、もっと嫌悪すべきものを、わたしは見てきたし、いまでも見ている。あまりに酷《ひど》いので、いちいちそれについて語りたくない。だが、あまりに酷いので、それらのものの幾つかについては黙っていることさえできない。つまり、ある種の人間はひとつのものだけ過剰にそなえていて、ほかのすべてを欠いている。──つまり、ひとつの巨大な眼であり、ひとつの巨大な口であり、ひとつの巨大な腹であり、あるいはとにかく巨大な何かであって、そのもの以外の何者でもないような人間だ。──わたしはこういう者たちを、逆さになった不具者と呼ぶ。

わたしがみずからの孤独をはなれこの橋をはじめて渡ったとき、この眼を疑った。何度も見直して、ついにこう言った。『これは耳だ。人間大の耳だ』と。さらに眼をこらすと、実際には耳の下で何かが動いていた。それは可哀想なくらいに小さく、みすぼらしく、痩せていた。間違いなく、その巨大な耳は一本の小さくか細い柄に乗っていた──そしてその柄が人間だった。眼鏡をかけて見ればさらに、小さいねたみ深そうな顔すら見えた。また小さなむくんだ魂がその柄にぶらさがってもいた。だが民衆はわたしに言った。この大きな耳は単なる人間ではない、偉大な人間、天才なのだと。しかしわたしは、民衆が偉大な人間について何かを語ったときに、彼らを信じたことは一度もない。——それは逆さになった不具者だという信念を手放さなかった。つまり、すべてのものをあまりに少なく、一つのものをあまりに多く持つ者だ」。

ツァラトゥストラはせむしの男と、彼をして代弁させている者たちにむかってこう言うと、実に不機嫌そうに弟子に対して、こう言った。

「そうだ、わが友よ。わたしは人間たちのあいだを行く。するとまるで人間の破片のなかを、寸断された四肢のなかを行くかのようだ。

わたしの眼には恐ろしくうつる。人間が八つ裂きにされまき散らされて、戦場か屠殺場にいるかのようなのだから。

わが眼が現在から過去へとのがれても、見出すのはつねに同じ光景だ。寸断された四肢と、残酷な偶然のたまもの——だが、人間はどこにもいない。

この地上の現在と過去——ああ、わが友よ——それはわたしにとって、もっとも耐え難いことだ。わたしが来るべきことを見通す者でなかったら、生きることはできなかっただろう。

予見者であり、意志する者であり、創造する者であり、未来そのものであり、未来への橋でもある。——そして、ああ、この橋のたもとにいる不具者でもある。このすべてがツァラトゥストラだ。

君たちも幾度となくみずからに問いたずねた。『ツァラトゥストラとは何者だろうか。

彼を何と呼べばよいのか』と。そしてわたし自身とおなじように、この問いに答えるために、さらに問いたずねた。

彼は約束する者か。それとも約束を果たした者か。征服者か。それとも継承者か。実りの秋か。それとも畑を打つ犂《すき》か。医師か。それとも病から癒えた者か。

詩人か。それとも真実を語る者か。解放者か。それとも人を束縛する者か。善人か。それとも悪人なのか。

わたしは、未来の断片としての人間のあいだを行く。わたしは人間一人ひとりを、未来の断片として見ている。

そして断片であり、謎であり、残酷な偶然のたまものであるものを、ひとつに取りまとめて総合すること。これがわたしの創作と努力のすべてである。

人間は詩人であり、謎を解明する者であり、偶然を救済する者である。そうでなければ、どうして人間であることに耐えられようか。

過ぎ去った者たちを救済し、すべての『かつてそうであった』を『わたしはそれを欲した』に作り変えること。――これこそ救済の名に値しよう。

意志――これが解放する者、歓びをもたらす者の名だ。そう諸君に教えた、わが友らよ。だが、さらにこのことも学ぶがいい。意志自体はなお一個の囚人であると。

意志は解放する。だが、この解放する意志をも鎖につなぐものがある。何か。

『かつてそうであった』。これが意志が切歯扼腕するものだ、孤独に苦しむものだ。意志はすでに起こったことに対しては無力であり——過ぎ去ったもの一切に、怒りつつ傍観するしかない。

意志は過去にさかのぼって意欲することができない。時と時の望みを打ち破ることはできない。——これが意志の、これ以上なく孤独な苦しみだ。

意志は解放する。意志はその苦しみを脱し牢獄をあざけるために、みずから何を考えだすだろうか。

ああ、すべての囚人はおろかになる。囚われた意志も、おろかしい仕方でみずからを救おうとする。

時は後戻りしない。意志はこれに憤懣やる方ない。『かつてそうだったもの』——これが、意志が転がすことができぬ巨石の名だ。

こうして意志は怒りと不満のあまり、ほかの石を転がして、復讐を遂げようとする。自分のようには憤らず、不満も感じていないものに対して。

こうして解放する者だった意志は、害を与える者になる。そして、自分が後戻りできないということの憂さ晴らしに、痛みを感じる能力があるすべてのものに復讐しようとする。

これが、いやこれこそが、復讐そのものだ。時とその『かつてそうであった』に対して、意志がいだく反感こそが。

まさに、巨大なおろかしさが、われらの意志のなかにある。そしてこのおろかしさが、精神の営みを身につけたということが、人間の世界すべてにとって災いとなった。

　復讐の精神。わが友よ、いままで人間がもっとも考え抜いたのは、このことだ。こうして苦痛があるならば、それはつねに何らかの罰であるということになった。

『罰』とは、つまるところ復讐がみずからに与えた名である。この偽りのことばによって、良心のやましさが装いかくされた。

　そして、意欲する者自身のなかに、後戻りすることができないという苦痛があるから――意志することと自体が、そして生きることすべてが――罰だということになった。

　こうして精神の上に雲また雲がわいてきて、遂に狂気がこのように宣《の》べはじめた。

『一切は過ぎ去る。だから一切は過ぎ去るに値するのだ』。

『だから時の神はみずからの子どもたちを喰らうしかない。この時の法則は、それ自体が正義だ』。狂気はこうも宣べた。

『この世のすべては法と罰によって、道徳的に秩序づけられている。おお、万物は流転し、そこから救われることはない。生きるということは罰であり、そこから救われることはない』。狂気はこうも宣べた。

『不滅の正義があるならば、救済などありえようか。ああ、「かつてそうであった」という巨石は、転がすことができない。だから、あらゆる罰も、永遠に存在せねばならない』。狂気はこうも宣べた。

『どんな行いも、なかったことにはできない。罰を受けたとしても、その行いがなかったことになろうか。人が生きて在るということは罰であって、そこには永遠に続くものがある。行いと罪とを永遠に繰り返さなくてはならないのだから。

これを断ち切ろうとするなら、意志はみずからを救済し、『意志する』が『意志しない』にならなくてはならない——わが兄弟たちよ。このような狂気の夢物語はよくよく承知していよう。

『意志は一個の創造者だ』。このことをわたしが諸君に教えたとき、君たちはこの夢物語から抜け出していた。

すべての『かつてそうであった』は一つの断片、一つの謎、一つの残酷な偶然だ、——創造する意志がそれに対してこう言うまでは。『だが、わたしはそうであったことを欲したのだ』。

——創造する意志がそれに対してこう言うまでは。『だが、わたしはそうであったことを欲する、今も、これからも』。

しかし、意志はそう語ったろうか。それはいつ起こるのか。意志はおのれの愚かしさから抜け出したか。

意志はすでにみずからを救済し、みずからに歓びをもたらしたか。復讐する精神とあの歯ぎしりのすべてを忘れ去ったか。

時との和解を、そしてあらゆる和解よりもさらに高いものを、誰が意志に教えたというのか。

意志はすべての和解よりも高いものを欲さねばならない、意志は力への意志なのだから。――しかし、どのようにしてそのように意志できよう。過去にさかのぼって意志することすら教えるのは、誰か」。

――そこまで話したとき、ツァラトゥストラは急に話をやめて、ひどい恐怖におそわれたように見えた。恐怖にかられたまなざしで、弟子たちを見た。その眼はまるで矢のように彼らの考えと考えの底にあるものを射通した。だが、ほどなく彼はまた笑い出し、おだやかにこう言った。

「人間たちと一緒に生きるのは、むつかしい。黙っていることがとてもむつかしいから。ことに話好きな者にとっては」――。

ツァラトゥストラはそう語った。せむしの男は話に聞き入っていたが、そのあいだずっと顔を覆っていた。しかし、ツァラトゥストラの笑い声を聞くと、好奇の眼をあげて、ゆっくりと話し始めた。

「それにしても、なぜツァラトゥストラはわれわれには、弟子たちに話すときとは違った話し方をするのか」。

ツァラトゥストラは答えた。「何の不思議もないことだ。せむしの者に対しては、せむしのように話せばよいのだから」。

「そうか」と、せむしの男は言った。「ならば、自分の教え子たちに対しては、教え子たちがそうするように軽口をたたけばよいではないか。

ならば、なぜツァラトゥストラは、自分の教え子に話すときとは違った話し方をするのか——自分自身に話しかける時には」——。

処世術について

恐ろしいのは頂上ではなく斜面だ。

斜面では眼は下に向かい、手は上につかみかかる。意志が二つにわかれるから、心はめまいをおこす。

ああ、友よ。諸君はわたしの心の意志が二つにわかれていることをも、見抜いているだろうか。

わたしの斜面、わたしの危機はこうだ。眼は高みにはげしく向かっているのに、手は支えを求めようとするのだ――深みに。

わたしの意志は人の世にしがみつく。鎖でそこに自分を縛りつける。上へと、超人へとはげしく引かれているから。それがわたしのもう一つの意志だ。

そのために、人の世で盲いて生きている。世間しらずであるかのようにして。それはわが手に、この人の世が確固としたものであるという信仰を、まったく失わせたくはないからだ。

わたしは君たち人間を知らぬ。この無知の闇がなぐさめとなって、よくわたしをつつんでくれる。

あらゆる悪漢が行き来する門のそばに座ってたずねる。「誰がわたしを騙してくれるのか」と。

これがわたしの処世術の第一歩だ。人が自分を騙すならばそうさせておく。詐欺師たちに頓着しない。

ああ、もし人間というものを警戒するならば、どうして人間がわが気球をつなぎとめる錨でありえようか。あっという間にわたしは飛び去ってしまうだろう。

警戒するなかれ。これがわたしの運命をみちびく天の摂理だ。

人の世のあいだで渇きのあまり死にたくはないなら、どんな杯からでも飲むことをおぼえなくてはならない。人の世のあいだで身体を清潔にしておこうとするのなら、きたない水で身を洗うことができなくてはならない。

そして、みずからを慰めるためによくこう言った。「よし、よし、なじみ深いわが心よ。不運な目に遭ったものだが——それをみずからの幸運として味わうがいい」。

わたしの第二の処世術はこうだ。誇り高い人よりも、虚栄心がつよい人のほうを大事にする。

傷つけられた虚栄心はあらゆる悲劇の母ではなかろうか。だが誇りが傷つけられるならば、そこに誇りよりも良い何かが生まれいずるだろう。

生がたのしい見ものであるためには、その劇がうまく演じられなくてはならない。だがそのためにはよい俳優が必要だ。

すべての虚栄心がつよい人間が、よい俳優であることに気づかされた。彼らは演じ、そして見物人がよろこんでくれることを望む——彼らの精神は余すところなくこの意志の下にある。

彼らは舞台にあがってかりそめの自分を演ずる。わたしは彼らのそばにいて、その人生を見物することを好む。——憂鬱が癒されるから。

だから虚栄心がつよい人々を大事にする。彼らはわが憂鬱を治す医者であり、わたしが一つの演劇に引きつけられるように、わたしを人の世にかたくつなぎとめてくれる。そしてまた、誰が虚栄心がつよい人間の謙遜のふかさを計り知ることができようか。その謙遜ゆえに、わたしは彼らに好意を寄せ、同情する。

彼は自信を諸君から得たいと思っている。君たちの視線を食べて生きている。君たちの手から賞賛をもらってむさぼり食う。

その耳にこころよい嘘をつけば、でたらめでも諸君を信じる。こころの奥深くでこうため息をついているから。「このわたしが何だろう」。みずからについて何も知らぬことが真の徳だという。ならば、まさに虚栄心がつよい人間は、みずからの謙遜について何も知らないのだから——。

さて、わたしの第三の処世術はこうだ。諸君は小心ゆえに悪人を見ることを嫌がるが、わたしはそうではない。

わたしには、燃え上がる太陽が孵化させた奇蹟を見るのがうれしい。虎や椰子や、響尾蛇《がらがら》を。

そして人間のなかにも、燃え上がる太陽が孵《かえ》した美しい雛《ひな》がいる。悪人のなかには驚嘆すべき者がたくさんいる。

とはいえ、人間の邪悪さというものは、言われるほどのものではない。それは、君たちが知る最高の賢者が、わたしにはたいして賢くも見えなかったことと同じだ。

頭をふりながら、よくたずねたものだ。響尾蛇よ、どうして相も変わらずがらがらと鳴っているのか。

確かに、悪にもなお未来がある。灼熱の南国は、いまだ人間には発見されていない。たかだか身の幅十二フィート、生後三か月しかたっていないものが、きわめつきの悪と呼ばれていることが昨今は少なくない。だがいつの日か、もっと巨大な龍がこの世にあらわれるだろう。

超人が生まれでるためには、敵たるにふさわしい龍、超龍もあらわれねばならない。そのために、なおこれから燃え上がる太陽が湿潤の原生林を照りつけなくてはならない。まず諸君の山猫が虎に、諸君の毒蛙が鰐にならなくてはならない。そうなってこそ、よい狩人がよい猟をすることができる。

そうだ、君たち善く正しい者たちよ。諸君には多くの笑うべき点があるが、とりわけ今まで「悪魔」と呼ばれてきた者への諸君の恐れこそは、笑うべきものだ。

君たちの魂は偉大なものをあまりに知らない。だから超人がやさしさを見せても、彼を恐ろしいものと思うだろう。

そして諸君、賢者と知者たちよ。君たちは知恵の陽の灼熱から逃げ出すだろう。そこで超人は裸身になって日光浴を楽しんでいるというのに。

わたしの目がふれた諸君、最高の人間たちよ。わたしは君たちを疑い、ひそかに笑う。予想しよう、諸君は超人を呼ぶだろう——悪魔と。

ああ、わたしはこうした最高の人間たち、最善の人間たちにうんざりしていた。彼らの「高み」のさらに上に、広々とした外に、その彼方にむかって、超人へと向かおうとした。

この最善の者たちの裸体を見たときに、戦慄におそわれた。そのとき、わたしは遙か未来へ飛び立つ翼を得た。

いままでどんな造形作家が夢見たよりも遙かな未来へ。もっと南へ。神々がどんな衣をも恥ずかしくてまとえないところへ。

だが隣人たちよ。同胞たちよ。君たちはむしろ扮装をしていればいい。着飾り、見栄を張って、「善く正しい者」らしく上品に構えていればいい——。

そしてわたしも扮装をして、諸君のあいだに座っていたい。——そしてお互いの真の姿を見ないで済まそう。これがわたしの最後の処世術だ——。

ツァラトゥストラはこう語った。

最も静かな時

わたしに何が起こったのか。わが友よ。ご覧の通りだ、わたしはこころ乱れ、追い立てられ、意に染まぬまま致し方もなく、ここを去ろうとしている——ああ、君たちを捨てて去ろうとしている。

そうだ。ツァラトゥストラはいま一度、みずからの孤独に帰らなくてはならない。だが、今度はこの熊は、嫌々ながら自分の洞穴に帰って行く。

わたしに何が起こったのか。誰がわたしに命令するか。——ああ、わが女主人こそが、怒りのあまりそれを命じた。彼女がわたしに言ったのだ。彼女の名を諸君に告げたことがあったろうか。

昨日の暮れ方、わが最も静かな時が語りかけてきた。これがわたしの、恐ろしい女主人の名だ。

こういうことが起こった。——わたしは諸君に一切を話さねばならない。不意に去って行く者に対して、君たちの心がかたく、冷たくならないように。

眠りに落ちようとするときに襲ってくるあの驚愕を、諸君は知っているか——。

足の指先にいたるまで、全身で彼は驚愕する。足下の大地が沈み、夢が始まるのだから。

これは比喩として言うのだ。昨日、最も静かな時に、わたしの足下の大地が沈み、夢が始まった。

針が時を刻んだ、わたしの生の時計が息を呑んだ。――このような静寂がこの身に迫ってきたことはなかった。わが心臓は顫《ふる》えた。

そのとき声もなくわたしに語りかけるものがあった。「お前はそれを知っているではないか。ツァラトゥストラよ」――。

この囁きを聞いて、驚愕のあまり叫んだ。顔から血の気がひいていった。だが言葉を発しなかった。

そこでふたたび、声もなくわたしに語りかけた。「お前はそれを知っているではないか。ツァラトゥストラよ。だが語ろうとはしない」。

遂にわたしは、反抗する者のように口答えした。「そうだ。わたしは知っている。だが、それを語ることを意志しないのだ」。と、ふたたびそれは声もなくわたしに語りかけた。「意志しないと言うか。ツァラトゥストラよ。それは本当なのか。反抗のなかに身を隠してはならない」――。

わたしは子どものように泣き、慄《ふる》えて言った。「ああ、確かにそれを言いたかった。でも、どうしてそれができるだろう。それだけは許してくれ。わたしの力を超えたことなのだから！」。

さらに声なく語られることばがあった。「お前の一身が何だというのか、ツァラトゥストラよ。お前の言葉を語れ、そして砕けよ」――。

わたしは答えた。「ああ、それはわたしの言葉だろうか。このわたしが何者だろう。わたしはもっと然るべき偉大な者を待っている。わたしなど、その者の前に出て砕け散る価値すらない」。

そしてまた声もなくわたしに語りかけるものがあった。「お前の一身が何だというのだ。見るところお前は十分に謙遜ではない。謙遜はもっと堅い皮を持つものだ」――。

わたしは答えた。「わが謙遜の皮はすでにあらゆるものに耐えてきたではないか。わたしは高い山の麓に住んでいる。その山がどれだけ高いか、教えてくれた者はない。だが、おのれの谷がどれだけ低いかはよく知っている」。

するとまた、声もなくわたしに語りかけた。「おお、ツァラトゥストラよ。山を移す者は、谷も低地をも移すのだ」。

またわたしは答えた。「まだわたしの言葉は山を移したことがない。そしてわたしが語ったことは、人々には届かなかった。わたしは人々に近寄って行った。しかし人間たちのところに行き着いてもいない」。

と、また声なく語るものがあった。「どうしてお前がそれを知ることができようか。露が草に降りるのは、夜がもっとも静かになったときではないか」――。

そこでわたしは答えた。「わたしが自分自身の道を見出して進んだときに、人間たちはあざけり笑った。そのとき、本当に、わたしの足は顫《ふる》えていた。

すさかず人々はわたしに言った。お前はみずからの道を失った、そして歩むことすら忘れようとしていると」。

するとふたたび声なくして語るものがあった。「彼らの嘲笑が何だというのか。お前は服従を忘れた者の一人ではないか。いまお前は命令しなければならない。

知らないのか。万人がもっとも必要としているのは、どんな者であるかを。それは、偉大なことを命令する者だ。

偉大なことをなしとげるのは困難だ。だが、もっと困難なのは、偉大なことを命令することだ。

お前のもっとも許しがたい所はここだ。お前は力を持っている、だが支配しようとしない」。

わたしは答えた。「わたしには命令するための、獅子の声がない」。

するとふたたび囁きのように語りかけた。「嵐を起こすのは、もっとも静かな言葉だ。鳩の歩みでやって来る思想こそが、世界を左右する。

おお、ツァラトゥストラよ。お前は来るべき者の影として行かねばならない。だから命令しなければならない。命令し、先駆けとならねばならない」。

答えた。「わたしは、恥ずかしい」。

すると声なき声がまた語りかけた。「お前は幼子《おさなご》にならなくてはならない。そして恥をすてなくては。

まだお前には青年の誇りがある。青年になるのが遅かったから。だが幼子になろうとする者は、みずからの青春も乗り越えなくてはならない」——。

ながくもの思いに沈んだ、そして慄《ふる》えた。遂に語った。最初のあの言葉を。「わたしは、意志しない」。

するとわたしの周りで笑い声が起こった。ああ、なんとその笑い声はわが内臓《はらわた》を掻きむしり、この心臓をずたずたにしたことか。

するとあの声は最後にこう語った。「おお、ツァラトゥストラよ。お前の果実は熟した。熟していないのはお前だ、その果実にふさわしいほどには。

お前はおのれの孤独に帰っていかねばならない。そしてもっと熟さねばならない」——。

ふたたび笑い声が起こって、遠ざかって行った。その前の倍の静けさがわたしを包んだ。地に倒れた。五体から汗が噴き出した。

——わが友よ。いま君たちは一切を聞いた。なぜわたしが孤独に帰らねばならないかも。隠しごとはない。

だが、諸君はまた、このことも聞いたはずだ。すべての人間のなかで誰がもっとも沈黙する者かを。——そして沈黙を欲する者かを。

ああ、わが友よ。まだ諸君にいいたいことがある。まだ諸君に与えるものがある。だがなぜ与えないのか。わたしは吝嗇《りんしょく》なのか——。

ツァラトゥストラがこの言葉を語り終えると、はげしい苦痛が彼を襲った。そして友に別れを告げる時が迫ったことにたえられなくて、彼は声をあげて泣いた。誰ひとり慰めるすべがなかった。その夜、友をのこして、彼は一人去って行った。

第三部

「諸君は高められたいと願うときに、上を見る。わたしはすでに高められているから、下を見おろす。

諸君のうちで誰が、哄笑することができ、そして高められていることができるか。

もっとも高い山頂に立つ者は、すべての悲劇と悲劇の厳粛さを笑う」。

『ツァラトゥストラ』、第一部「読むことと書くことについて」

漂泊者

真夜中だった。ツァラトゥストラは島の尾根を越える道をえらび、歩いていた。あくる朝早く、その向こうの海岸に出て、そこで船に乗るためだ。そこにはよい港があって、異国の船もよく錨を降ろしていた。この至福の島々から海をわたって出ようとする人々をこの船が運んでいく。さて、ツァラトゥストラは山を登りながら、若き日から重ねてきた孤独な漂泊の旅路を思い出し、自分がいかに多くの山を、尾根を、峰を登ってきたかに思いを馳せた。

わたしは漂泊の旅人だ。登山する者だ。と自らの心に語った。わたしは平地を好まない。長く凝然《じっ》と座っていることができぬらしい。

これからもさまざまな運命や体験がこの身に訪れよう。——だが、それもまた漂泊となり、登山となるだろう。われわれが経験するのは遂になお、おのれ自身だけだ。

偶然の出来事に出会う時期は過ぎた。いまからわたしが出会いうるのは、すでに自ら持っていたものではないか。

ただ帰ってくるだけだ。遂に住処に戻るだけだ。——この身にしかない「自分」が、長く異郷にあってあらゆる物事と偶然にさらされ、散りぢりになっていた「自分」が。

わたしはもう一つ知っている。わたしがいま、自分の最後の山頂を目前にして立っているということを。これはもっとも長いあいだ与えられることなく取って置かれたものだ。ああ、これからもっとも苛酷な道を登っていかねばならないとは。ああ、わたしのもっとも孤独な漂泊がはじまるのだ。

だが、わたしと同種の者は、この時をのがれることは出来ない。その時はこう語りかける。「今こそ、君は偉大なるものへと向かう道を行く。山頂と、深淵——それが今、ひとつのものになった。

君は、偉大なるものへと向かう君の道を行く。今まで君の最後の危険と呼ばれていたものが、君の最後の隠れ家になった。

君は、偉大なるものへと向かう君の道を行く。君のうしろにもう道はないということが、君の最高の勇気の源とならねばならない。

君は、偉大なるものへと向かう君の道を行く。そこに君を追う者がいてはならない。君がその足で道を消して進むから。そしてその上には『不可能』という文字が掲げられている。

もう使える梯子《はしご》がひとつもなくなってしまったら、君は自分の頭を踏み台にしてでも登らねばならない。他にどうして登ることができるというのか。

おのれの頭を、そしてみずからの心をも踏んで。今は君のなかにあるもっとも穏やかなものも、もっとも苛酷なものにならねばならない。

いつも自分の身をいたわり過ぎる者は、そのために病気になる。苛酷たらしめるものよ、讃えられてあれ。牛酪《バター》と蜜の流れる土地を、わたしは讃えない。

多くを見るためには、みずからを度外視することが必要だ――この苛酷さが、すべての山を登る者に必須である。

認識する者として、しつこく目を凝らしてばかりいる者が、どうして万物の前景以上のものを見ることができようか。

しかし、ツァラトゥストラよ。君は万物の根底と背景を見通そうとする者だ。ならばみずからを超えて登らねばならない――上へ、さらに彼方へ、君が君の星々を下に見ることができるようになるまで。

そうだ。みずから自身を、そしてみずからの星々をすら、下に。そうであってはじめて、おのれの頂上と呼ぶにあたいする。これこそわが最後の頂上としてなお残されていたものだ」――。

ツァラトゥストラは、山を登りながらみずからにこう語った。厳しい寸言でその心を慰めたのだ。彼の心は、かつてないほどに傷ついていたから。そして彼が尾根の頂にたどりつくと、見よ、彼の目前に山向こうの海がひろがっていた。彼は立ち尽くして、ずっと無言でいた。山頂の夜は冷え、満天は澄み渡って星が明るかった。

これがわたしの運命だ。遂に彼は嘆きのことばを発した。よかろう。覚悟はできている。今こそわが最後の孤独がはじまる。

ああ、この見下ろす、かぐろい悲しみの海よ。ああ、この夜の苦渋は孕んでいる。ああ、運命と海よ。君たちのもとへ、今わたしは降りていかなくてはならない。

わたしは自分のもっとも高い山の前に立っている。そしてもっとも長い漂泊の前に。だから今までよりもなお深く、下って行かねばならない。

――今までよりもなお深く、苦痛のなかへ。苦痛のもっとも黒い潮のなかへ。わが運命はそれを欲する。よろしい。覚悟はできている。

もっとも高い山々はどこから来たか。かつてわたしはそう問うた。そして学んだ、それが海から来たということを。

証拠はその岩石に書かれている。山頂の岩壁に書かれている。もっとも高いものは、もっとも深いものからその高みに達さねばならない――。

ツァラトゥストラは冷え込む山頂でこう語った。しかし海のそばまで来て、岩礁のもとにひとり立ったとき、道中のつかれのために、かつてないほどの憧れを胸に抱いた。いまは万物が眠っている。彼は言った。海も。海は寝ぼけまなこで、よそよそしげにわたしを見ている。

しかし海の息はあたたかい。わたしは感じる。感じている、海が夢を見ていることも。海はその堅い布団の上で身もだえている。

聞け、聞け。どんなに海が呻いているか、その悪い思い出のために。あるいは悪い予感のためにか。

ああ、暗い怪物よ。わたしも悲しい。君が悲しむので、わたしは自分を責める。

ああ、わたしの腕にそれだけの力がないとは。どんなに、わたしは君をその悪夢から救い出したいことだろう――。


だが、ツァラトゥストラはこう語りながら、憂鬱でにがい思いでみずからを嗤《わら》った。

「どうした、ツァラトゥストラよ」。彼は言った。「お前は海にまで慰めの歌をうたおうというのか。

ああ、愛に満ちた愚か者、ツァラトゥストラよ。信じやすくよろこびやすいお人好しめ。お前はいつもそうだった。どんな恐ろしいものにも、打ち解けて近づいて行った。

どんな化け物も撫でようとした。たった一度のあたたかい息、ほんの少しの前足のやわらかな毛、――それだけ愛し、誘いかける気になった。

愛は孤独の極みにある者にとって危険だ。生きてさえいればどんなものにでもそそぐ愛は。そうだ、このわたしの愚かさ、謙虚な愛は笑うべきものだ」――。


ツァラトゥストラはこう言うと、また笑った。だがそのとき、後に残してきた友たちを思った。――そしてその思ったことによって友に罪を犯したかのように、友を思った自分に腹を立てた。いま笑った彼が、たちまち涙を流して泣いた。――怒りと憧れのために、ツァラトゥストラは激しく泣いた。

幻影と謎について

一

　ツァラトゥストラがこの船に乗っている、という噂が船員たちのあいだで囁かれたとき――というのは、至福の島から乗船したものが彼のほかにあったからである――、大きな好奇心と期待がひろがった。だが、ツァラトゥストラは二日のあいだ口を利かず、悲しみのあまり冷淡で、聞く耳を持たなかった。人に見られても人にたずねられても応じなかった。しかし二日目の暮れ方、彼は耳をひらいた。だが口はなお閉ざしたままだった。遠くから来てさらに遠くに行くこの船では、多くのめずらしいこと、冒険譚を聞くことができたから。ツァラトゥストラは、遥かな旅に出て危険とともに生きる人々の友だった。そして見よ。話を聞くうちに、遂に彼の舌はほどけ、こころの氷は割れた。――彼はこう語りだした。

　君たちは大胆に探求し、挑戦する者たちだ。そして巧みに帆をあやつり、恐ろしい海へ乗り出していく者たちだ――。

　君たちは謎に惹かれて酔い痴れ、杳《よう》として知れぬことを愉快に思う者たちだ。笛の音に誘われて、どんな狂気の谷底へも迷い込む魂を持つ者たちだ。

——というのも、諸君は臆病な手つきで一筋の糸を頼りに進もうとはしないから。諸君は推論することを憎み、言い当てることを好む——。

そのような君たちにだけ、わたしが見た謎を語ろう。——もっとも孤独な者が見た幻影を——。

先頃までわたしは屍《しかばね》の色をした黄昏《たそがれ》のなかを、鬱々として歩いていた。——鬱々と、辛苦にみちて、唇をかみしめて。わたしにとって沈んで行ったのは、この一日の太陽だけではなかった。

岩塊のあいだをそれでも強情に登って行く小径、陰険で、孤独で、草も灌木も寄せつけない。その山道が、頑《かたく》なになって踏みつけるわたしの足の下で歯ぎしりしていた。

あざけるように軋む砂利の上を黙々と、足を滑らす石くれを踏みながら、無理をおしてわが足は上へと登って行った。

上へ。——足を下へ、深淵のほうへ引く、わが悪魔であり宿敵である重さの霊に逆らって。

上へ。——なかば小人、なかば土竜《もぐら》で、自分も足萎えなのにひとの足も萎えさせるこの霊は、わたしの耳から脳髄に鉛で出来た思想のしずくを滴らせながら、わたしの上に乗っていた。それにもかかわらず、わたしは上へ向かった。

「おお、ツァラトゥストラよ」と彼はあざけるように一言ひとことを区切って囁いた。

「お前は知恵の石だ。みずからを高く投げ上げた。だが、投げ上げられた石はすべて——落ちてくるものだ。

おお、ツァラトゥストラ。知恵の石、石弓の石、星を粉々に打ち砕く者よ。みずからを実に高く投げ上げた。——だが、投げ上げられた石はすべて——落ちてくるものだ。

お前自身にもどり、自分自身を石もて打つ、それがお前に下された裁きなのだ。おお、ツァラトゥストラよ。お前は実に高く石を投げ上げた、——だが、その石がお前をめがけて、ふたたび落ちてくる」。

そういうと、小人は口を閉ざした。いつまでも黙っていた。その沈黙がわたしを苦しめた。このように二人でいるのは、確かに一人でいるよりも孤独だ。

わたしは登った。登った。そして夢を見た。考えた。——だが一切がわたしを苦しめた。病苦にせめられて疲れ、眠り込もうとすればもっと苦しい悪夢にうなされて起きる病人のようだった——。

だがわたしが勇気と呼ぶ何ものかが、わたしのなかにある。今までこれがわたしの無気力を打ち殺してくれた。この勇気が遂にわたしに命じて、踏みとどまらせ、そしてこう言わせた。「小人よ。お前か、このわたしかだ」。

つまるところ勇気は最高の殺し屋だ、——攻撃する勇気は。攻撃するたびに、われわれは鳴り響く軍楽の音をきく。

しかも人間はもっとも勇気ある動物だ。だからすべての動物を制した。響く軍楽の音はさらに苦痛をも征服した。だが、人間の苦痛より深い苦痛はない。

勇気はまた深淵を覗き込んだときのめまいをも打ち殺す。そして、人間はいたるところで深淵を足下に見ているのではないのか。見るということ自体が――深淵を見るということではないか。

勇気は最高の殺し屋である。勇気は同情をも打ち殺す。苦しみへの同情こそもっとも深い深淵だ。生のなかを深く見れば見るほどに、苦しみのなかをも深く見る。

勇気は最高の殺し屋である、攻撃する勇気は。死をも打ち殺す。勇気はこう語るからだ。「これが生だったのか。よし、もう一度」と。

このような言葉のなかに、軍楽の音が鳴り渡っている。耳ある者は、聞け――。

二

「黙っているといい。小人よ」。わたしは言った。「わたしか、それともお前かだ。だが二人のなかで強者はわたしだ――。わが深淵の思考をお前は知らない。その思考に――お前は耐えられない」。

するとわたしの身が軽くなった。小人が好奇心のあまり、肩から飛び降りたからだ。小人はわたしの目前にある石の上にしゃがみ込んだ。われらが立ち止まったところには門があって、そこからさらに道が通じていた。

「この門を通じて行く道を見るがいい。小人よ」と、わたしは語り続けた。「この門には二つの面がある。二つの道がここで合流している。どちらの道も、誰ひとり踏破したものは居ない。

この長い道をもどれば、それは永遠につらなっている。またあちらの長い道を行けば、また別の永遠に通じている。

この二つの道は相容れない。たがいに角目立《つのめ》っている。——そしてここ、この門がある場処でこそ、この二つの道が出会っている。この門の名前は上に掲げられている。『瞬間』と。

ところが、この二つの道のうち一つをさらに進む者があるとする——もっと先へ、もっと遠くへ。小人よ、お前はこの二つの道が、永遠に相容れず交わらぬと思うか」——。

「真っ直ぐなものはみんな、にせものだ」と、小人は小馬鹿にするようにつぶやいた。「すべての真実は曲線をえがく。時もひとつの円環をなしている」。

「重さの霊よ」とわたしは怒って言った。「手軽に考えるな。さもないと、お前がいまうずくまっている場処に置き去りにするぞ、足萎えめ。——お前をこのように高く運んで来たのは、わたしだ」。

さらに言った。「見よ、この瞬間を。この瞬間という門から、一本の長い永遠の道がうしろにむかって続いている。われらの背後にひとつの永遠がある。

すべて歩くことができる者は、すでに一度はこの道を通ったことがあるのではないか。

すべて起こりうることは、すでに一度は起こったことがあるのではないか。なされたことがあるのでは。この道を通り過ぎたことがあるのではないのか。

そして一切がすでにあったなら、小人よ、お前はこの瞬間をどう思うか。この門もすでに――あったのではないか。

そしてすべてのことは固く結びつけられているのだから、この瞬間はこれから来るべきすべてのことを引き連れているのではないか。ゆえに、――この瞬間自体をも。

まことに、すべて歩くことができるものは、この前へと延びる長い道を――やはり一度は歩まねばならない――。

ここにいる、月のひかりに照らされてゆっくりと這っている蜘蛛も、そしてこの月光そのものも、そしてこの門から連なる路上にあって永遠なるものについてささやき交わしているわたしもお前も、――すべてはすでに存在したことがあるのではないか。

――そしてすべては再来するのではないか。このわたしたちの前へと延びているもう一つの道、この長い恐ろしい道を歩まねばならないのでは――われわれは永遠に再来しなくてはならないのではないか」。

わたしはこう語り、いっそう声を低めた。おのれの考えを、そしてその考えの底にひそむものを恐れたから。と、不意に近くで犬が吠えるのを聞いた。

かつてこのように犬が吠えるのを聞いたことがあったろうか。過去に思いを馳せた。そうだ。子どものころ、遠い昔に。

——このように犬が吠えるのを聞いた。毛を逆立て、頭をおこして、ふるえているその姿を見もした。犬すら幽霊はいると信じるような、静かな真夜中に。

——わたしは憐れんだ。まさにそのとき満月が昇った。死のように沈黙して、家の上に。白く燃えるこの円は、静止していた——平屋根の上に。まるでわが家が他人のもののように見えた。

だからそのとき、犬はおびえていた。犬は盗賊と幽霊がいると思っているから。そして今ふたたび、犬がそのように吠えているのを聞いて、わたしはまた憐れんだ。

それにしても小人はどこに行ってしまったのか。門を抜ける道は。蜘蛛は。あの囁きあいは。わたしは夢を見ているのか。それとも目を覚ましたのか。突如、わたしは荒れ果てた断崖のあいだに立っていた。ただ独り、索漠として、索漠のかぎりの月の光を浴びて。

と、そこに一人の人間が横たわっていた。そしてそこに、あの犬が飛び跳ね、毛を逆立て、あわれに啼《な》いていた。——犬はわたしが近づくのを見た——するとふたたび吠えた。啼き叫んだ。——犬がこのように助けをもとめて啼き叫ぶのを、聞いたことがあったろうか。

そうだ、そこでわたしが見たものは、わたしが見たことがないものだった。一人の若い羊飼いが七転八倒し、息を詰まらせ、痙攣し、顔をゆがめて苦しんでいるのを見た。その口からはずっしりと重たげに、黒い蛇が垂れていた。

これほどの嫌悪と蒼白の怖気《おぞけ》がひとつの顔にあらわれているのを見たことがあったろうか。彼はおそらく眠っていたのだろう。そこに蛇が這って来て、喉にはいりこみ——しっかりとそこに嚙み付いたのだ。

わたしは手でその蛇をつかんで引いた、また引いた——無駄だった。蛇を喉から引きずり出すことはできなかった。知らぬ間に叫んでいた。「嚙め。それを嚙め！頭を嚙み切れ。嚙め！」——知らず叫んでいた、わが恐怖、わが憎しみ、わが嫌悪、わが憐れみ、わたしの善意と悪意の一切が、ひとつの叫びとなってほとばしった。君たち、大胆な者たちよ。探求する者たち、挑戦する者たちよ。巧みに帆を操ってはかり知れない海へと乗り出したことがある者たちよ。諸君、謎を歓ぶ者たちよ。さあ、わたしがそのとき見た謎を解いてくれ。この孤独の極みにある者が見た幻影を読み解いてくれ。

これはひとつの幻影であり、ひとつの予知だった。——わたしがそこで見たものは、何の比喩なのか。そしていつか来るに違いないこの人は、誰なのか。あのように喉に蛇が這入り込んだ羊飼いは何者なのか。あのようにもっとも重いもの、もっとも黒いものの一切が喉に這い入る人間とは、誰なのだろう。

——だが、そのとき羊飼いは嚙んだ、わたしの叫びの通りに。力強く嚙んだ。蛇の頭を遠くへ吐いた。——そしてすっくと立ち上がった。

もはや羊飼いではなかった。もはや人間ではなかった。変容した者、光に照らされた者だった。哄笑した。この地上でいまだかつてどんな人間も笑ったことがないほどに、高らかに笑った。

おお、わが兄弟よ。わたしは聞いた、どんな人間の笑いでもない笑いを。――そしていま、ひとつの渇望とひとつの憧れがわたしを蝕《むしば》む。決して鎮まることがない憧れが。

この哄笑への憧れが、わたしを蝕む。おお、どうしてなお生きていることに耐えられよう。だが、いま死ぬことにも、どうして耐えることができようか――。

ツァラトゥストラはこう語った。

望まない至福について

このような謎と痛みをこころに抱きながら、ツァラトゥストラは海を行った。しかし、あの至福の島々と彼の友人たちから四日分の旅程をへだてた後には、すべての痛みを克服していた。——勝利をおさめ、ふたたび確固とみずからの運命を踏みしめて立っていた。そこでツァラトゥストラは、歓びの声をあげるみずからの良心にむかって、こう語った。

また独りだ。独りでいよう。澄み切った空、ひろびろとした海と、わたしだけがいる。そしてまた午後がわたしを包む。

かつてはじめてわが友人たちと出会ったのは午後だった。再会も午後だった。——すべての光がひときわ静かになる刻だ。

幸福によってさらに空から地へと下って行くものは、その宿としてあかるい魂をもとめる。あまりの幸福に、すべての光はひときわ静かになった。

おお、わたしの生の午後よ。かつてわたしの幸福も谷へと下って、宿をもとめた。そこで、客をよろこんで迎えるあの開かれた魂たちに出会った。

おお、わたしの生の午後よ。わたしは一つのものを得るためにすべてを投げうった。

わが思考が植え付けられる生きた土壌と、わが最高の希望のあの黎明《れいめい》を得るために。

かつて創造する者は、道連れをもとめた。そしてみずからの最高の希望の子どもを。そして見よ、彼は知ったのだ。見つかりはしない、道連れも子どもも、自分で創り出さなければならないと。

だからわたしは、自分の仕事に没頭している。わが子どもたちをもとめて、近づいたり遠ざかったりしながら。ツァラトゥストラは自分の子どもたちのために、おのれ自身を完成させなくてはならない。

ひとが心の底から愛するのは、ただみずからの子どもと仕事だけだから。そして、自分への大きな愛があらわれたなら、それは懐妊のしるしだ。わたしはそれを知った。

わたしの子どもたちは最初の春をむかえ、みどりに芽吹き、寄り添うように立って風に吹かれて、揺れている。わたしの庭、わたしの最高の土壌に生い生える木々たちだ。そうなのだ。このような木々が並び立つところに、至福の島々はある。

だが、わたしはいつかその木々を掘り起こしてひとり立ちさせよう。孤独を、そして反抗と細心を学ばせたいから。

木は節くれだって曲がり、しなやかに強靭になって、海のそばに立たねばならない。不屈の生をともす、生ける灯台として。

嵐が海に叩き付けられるところで、山なみが岬となって鼻のように潮を啜《すす》るところで、いつかその木はそれぞれに昼も夜もねむらず、見張りをせねばならない。みずから自身を試し、見定めるために。

どの木も、わが種族であり血統であることを、見定められ、試されねばならない。――彼が長く持続する意志の持ち主であって、語っても寡黙であり、取るときですら与えつつ取るほどに鷹揚かどうかを――。

――いつか彼がわが道連れとなり、ツァラトゥストラと共に創造し共に祝祭する者になるかどうかを――あらゆる事物のより完全な完成のために、わが意志をわが石版に書き付ける者になるかどうかを。

その木々と、木々の同種のものたちのために、わたし自身を完成せねばならぬ。だから今、自分の幸福をしりぞけて、すべての不幸に身をゆだねようというのだ。――究極的に、わたし自身を試練にかけ、認識するために。

そうだ、立ち去るべき時が来たのだった。漂泊する者たちの影と、もっとも長い暇《いとま》と、もっとも静かな時は、――こぞってわたしに語りかけた。「まさにその時だ」。

風は鍵穴から吹き込んできてわたしに言う、「来い」と。扉はすかさず音たててうち開きわたしに言う、「行け」と。

だがみずからの子どもたちへの愛情に縛られて横たわっていた。愛をつよく求めることが罠となった。わが子どもの囚われ人となって、おのれを失うところだった。

愛を求めること――それは、わたしにとってはみずからを失うことだ。わが子どもたちよ、わたしは君たちを持っている。持つということは、一切が確実であって、求めることなど何もないということだ。

しかしわたしの愛の太陽は、雛をかえすような熱で燃え盛った。ツァラトゥストラはおのれの果汁のなかで煮えた。――そして影とためらいが、離れて飛んで行った。

すでに冷気と冬にこがれていた。「おお、冬の冷気がわたしをぱきっと割り、この身をきりきりと軋ませればいいのに」と嘆息した。――すると凍てつく霧がわたしのなかから立ち上ってきた。

わが過去が墓穴を破って出てきた。生きながら葬られた苦痛がよみがえった。――眠っていただけだったのだ、屍衣を着せられて。

あらゆるものが徴《しるし》となって語りかけてきた。「時は来た」と。――だが、わたしは、――聞かなかった。すると、遂にわたしの深淵は揺れ、わたしの思考はわたしを噛んだ。

ああ、深淵の思考よ。お前こそわが思考だ。いつになったら私は、お前が地を掘る音を聞いてもなお、慄えずにいられるほどに強くなれるのか。

お前の地を掘る音を聞いていると、心臓の鼓動が喉までせり上がってくる。お前の沈黙すらもわが喉を締めあげる。深淵の沈黙をたたえたものよ。

お前に出てこいと呼びかける勇気があったためしがない。精一杯だったのだ、お前を――担っているだけで。獅子のごとき傲岸不遜と自由奔放の極みに達するほど、わたしは強くなかった。

お前の重さだけでわたしは心底おそろしかった。しかし、いつかは強くなって、お前を呼び上げる獅子の声を持たなくてはならない。

おのれを乗り越えたあかつきには、さらに大きな自己克服をなしとげよう。そして勝利こそをわが完成の封印としよう――。

だがまだわたしは寄る辺もない海をただようままだ。よろこばせを囁いて耳をくすぐる偶然がわたしにおもねる。前も見てもふりむいても――終わりは見えない。

まだ、わたしの最後の戦いの時は来ていなかった。――それとも、もう来てしまっているのか。そうだ、海と生とが、油断のならぬ美しさをたたえて、わたしを取り巻いて、見つめている。

おお、わたしの生の午後よ。夕暮れ間近い幸福よ。おお、大海のただなかの港よ。おお、寄る辺なきもののなかの平和よ。どんなに君たちすべてに、不信の念をいだいていることか。

そうだ、わたしはその油断のならない美しさをうたがっている。天鵞絨《びろうど》のような微笑みに疑いをかける、恋する男のように。

嫉妬するこの男は、愛情をつめたい仕打ちにかくして、愛する女を追い返す。――そしてわたしもこの至福の時を追い返そうとする。

去るがいい、至福の時よ。君とともにやって来た至福を、わたしは望まない。わたしのもっとも深い苦痛をのぞんでここに立っている。――君は時ならぬ時に来た。

去るがいい、至福の時よ。むしろ向うの――わたしの子どもたちのところに宿をもとめるがいい。急げ。そして夕暮れぬうちに、わ、た、し、の幸福で子どもたちを祝福してくれ。

暮れ方はちかづいた。陽が沈む。去っていく――わが幸福も。

ツァラトゥストラはこう語った。夜すがら、不幸を待っていた。徒労だった。夜は澄んで、しずかで、幸福はさらに彼を離れようとはしなかった。朝まだき、遂にツァラトゥストラはみずからの心にむかって笑いかけ、自嘲するかのように言った。「幸福がわたしを追いかける。わたしが女を追いかけないから。つまり、幸福もひとりの女だということだ」。

日の出前

おお、わが頭上の空よ。清らなるもの、深いものよ。ひかりの深淵よ。あなたを眺めていると、神の欲望に戦慄する。

あなたの高みに身を投げる――それがわたしの深みだ。あなたの浄さのなかに身を隠す――それがわたしの無垢だ。

神はその美しさを覆い隠す。天空よ、同じくあなたはその星々をかくしている。語らないままに、あなたはその知恵をわたしに告げる。

今日あなたは、鳴りとどろく海の上に音もなくその姿をみせていた。あなたの愛と羞恥は、わたしの鳴りとどろく魂にむかって啓示を語る。

あなたは美しく、その美しさのなかにかくれて、わたしのところにやって来た。あなたは無言のままわたしに語りかけて、知恵をあらわにする。

おお、あなたの魂の羞恥の一切を、どうして察しないことがあろうか。陽の昇る前に、このわたし、もっとも孤独な者を訪れてくれたのだから。

わたしたちは最初から友人だった。われわれは憤怒と、戦慄と、そして大地を同じくしている。そのうえ太陽をも。

互いに多くを知っているから、語り合わない――沈黙している。お互いをよくわかっていることを、微笑みで伝える。

わたしが炎とすればあなたは光ではないか。あなたは魂からしてわたしの姉妹で、わたしの洞察をすべて見通しているのではないか。

すべてを一緒に学んだ。一緒に学んだのだ、われらを超えてわれら自身にのぼることを、そして雲ひとつないところで微笑むことを――。

――雲ひとつないところで、澄んだ目で、はるかな高みから下へと微笑みかけることを。われらの下では強制と目的と罪過が雨のように烟《けぶ》っているのに。

一人さすらいの旅をしていた。夜なか道に迷ったそのとき、わが魂は何に飢えていたか。山に登ったとき、山頂にわたしがもとめたのは、あなた以外の誰であったか。

わたしの彷徨や登攀の一切は、窮余の一策、不器用者の一時しのぎでしかなかった。――飛ぶこと、これがわたしの意志するすべてだった。あなたのなかに飛び入ることが。

そして何よりも憎んだのは、たなびく雲や、あなたに染みをつけるすべてのものではなかったか。さらにおのれ自身の憎しみを憎んだ、それもまたあなたに染みをつけたから。

このたなびく雲を憎む、この忍びあるく泥棒猫を。あなたとわたしから、われらがわかち持つものを奪うからだ。――あの巨きく限りない、「然り」「かくあれかし」という発語を。

われらは怒る、この流れ雲、すなわち妥協し、混ぜようとする者に。この中途半端な者たちは、祝福することも、底の底から呪うことも学びはしなかった。

夜空の下で樽のなかに座っていたほうがましだ、空も見えぬ深淵のなかに沈んでいたほうがましだ、流れる雲が空に染みをつけるのを見るよりは。

よく思ったものだ、鋸の歯のような稲妻の金の針金で、雲を縛り上げたいと。その釜のようにふくらんだ腹を、雷神のように叩いてやりたいと——。

——怒れる鼓手になりたかった。雲は、あなたの「然り」と「かくあれかし」をわたしから奪ってしまうのだから。わが頭上の空よ。清らなるものよ。あかるいものよ。ひかりの深淵よ。——そして雲は、わたしの「然り」と「かくあれかし」をあなたから奪ってしまうのだから。

慎重でうたがい深いこの猫たちの静けさよりも、喧騒と雷鳴と嵐のごとき罵声が好ましい。もっとも憎むのは、忍び足であるく、中途半端な、そしてうたがい深くためらうばかりの流れゆく雲に似た人間たちだ。

そして、「祝福できない者は、呪うことを学ばなくてはならぬ」——この明快な教えがあかるい空からわたしに降ってきた。この星はかぐろい夜にもわが空にかがやいている。

わたしは祝福する者であり、然りを言う者だ。君よ、清らなるものよ、あかるいものよ、ひかりの深淵よ、君がわたしを包んであるかぎり。——どんな深淵にすら、わたしは祝福する「然り」のことばを携えていくだろう。

わたしは祝福する者、「然り」を言う者になった。長いこと戦い、苦闘しつづける者だったのは、いつか祝福するために両の手をあけておくためだった。

だが、わたしの祝福とは、こうだ。どのような事物の上にもそれ自身の空としてかかること、その円屋根、その紺碧の鐘、永遠の保証となることだ。さいわいなるかな、このように祝福する者は。

万物は永遠の泉、善悪の彼岸で、洗礼を受けたものだから。善悪は、はざまのうす影であり、しめった悲しみであり、たなびく雲でしかない。

そうだ、わたしが次のように説くのも祝福であって、何ら冒瀆ではない。「万物の上には偶然という空が、無垢なる空が、運命の気まぐれの空が、放埒の空がかかっている」。

「気まぐれ」――これは世界最古の貴族の称号だ。これを万物に取り戻してやった。わたしは万物を目的への隷属から救い出した。

この自由と快晴の空を、紺碧の鐘をかぶせるように、万物の上にかけた。そしてわたしは教えた、万物の上にあって万物をつらぬく、いかなる「永遠の意志」もないと。

放埒と愚行を、その意志のかわりに立てた。そして教えた。「どうしてもありえないこと――それは合理性だ」と。

一かけらの理性、知恵の種は、星から星へと撒き散らされてはいる――こうした酵母は万物に混入されている。だが、知恵が万物に混入されているのは、愚行のためだ。

わずかな知恵というものはありうる。だがわたしが万物に、至福のよろこびとともに見出した確実な事実はこうである。むしろ万物がのぞむのは、偶然の脚で——踊ることだ。

おお、わが頭上の空よ。清らなるもの、深いものよ。わたしにとってその清らかさは、そこに永遠なる理性という蜘蛛とその巣がないということだ——。

——そしてあなたが神的な偶然が踊る場であるということ、神的な骰子を投げて遊ぶ神々の卓であるということだ——。

だが、あなたは顔を赤らめるのか。わたしは言ってはいけないことを言ってしまったか。祝福しようとして、かえって冒瀆してしまったか。

それとも赤面したのは、わたしと二人きりでいることが恥ずかしいからか。あなたは黙って立ち去れというのか。もう——昼になるから。

世界は深い。——昼が考えるよりも、なお。昼に一切が言葉になるわけではない。だが昼が来る。われわれは別れよう。

おお、わが頭上の空よ。あなた、恥じらう者よ。顔をほてらす者よ。おお、あなたは日の出前のわたしの幸福だ。昼が来る。ではわれらは別れよう。

ツァラトゥストラはこう言った。

小さくする徳

一

ツァラトゥストラはふたたび陸《おか》を踏んだ。すぐに彼の山と洞窟をめざさなかった。さまざまな道を歩み行き、さまざまな問いをかけて、いろいろなことを調べていた。そしてみずからを戯れにからかってこう言った。「見よ、この川は幾重にも曲がりくねりながら、水源に逆流していく」と。自分がいないあいだに、人間がどうなったかを知ろうとしたのだ。大きくなったか、小さくなったかを。あるとき、新しい家がひとつらなり並んでいるのを見た。彼はいぶかしみ、語った。

「これらの家は何を意味するか。そうだ、みずからの比喩としてこの家々を建てた者は、大きな魂をもたない。

おそらく愚かな子どもが、玩具《おもちゃ》箱から取り出したのだろうか。ならば別の子どもが、また箱にしまってくれればいい。

このような子どものための小部屋に、大人が出入りできるだろうか。それは絹地でできた人形のための、あるいはつまみ食いをし合う雌猫のためのものであるかのようだ」。

ツァラトゥストラは立ち尽くして物思いに耽っていた。ついに悲しげに言い出した。

「すべては小さくなった。どの門を見ても、以前より低くなった。わたしのようなものもまだどうにか通れる、だが――身をかがめなくてはならない。おお、わたしが故郷に帰っても、もう身をかがめずにすむようになるのは――小さな人間たちの前に身を屈せずにすむようになるのは、いつのことか」。そうツァラトゥストラは嘆息して、遠い目になった。

その日、彼は人間を小さくする徳について次のように語った。

二

わたしはこの群衆のあいだを行く。目を見ひらいたまま。わたしは彼らの持つさまざまな徳を羨ましくは思わない。それが、彼らには許せない。

彼らはわたしに嚙みつく。わたしが彼らに、小さな人間に必要なのは小さな徳だと言うからだ。――そして小さな人間が必要だということを、わたしがなかなか飲み込もうとはしないからだ。

わたしは余所の農家に入り込んだ雄鶏のようだ。雌鶏にさえも嚙みつかれる。だがこの雌鳥たちを悪くは思わない。

わたしは彼女たちに礼儀正しく振る舞う、すべての小さな不快なことに対してそうするように。小さなことに刺々しく振る舞うのは、はりねずみにふさわしい知恵だと思われる。

日暮れて火を囲んですわると、人々はわたしのことを話題にする。――彼らはわたしについて話す。しかし誰ひとり考えなどしていない――わたしのことなど。

これはわたしが知った新しい静けさだ。彼らがわたしをめぐって騒ぎ立てるその喧騒は、わたしの思考を覆うマントだ。

彼らはたがいにわめき立てる。「この黒雲はわれらに何をしようというのだろうか。流行り病を運んでくるかもしれない、気をつけなくては！」。

たった今、自分の子どもがわたしに寄ってくるのを、一人の女が抱きとめた。「子どもたちを隠して！」と彼女は叫んだ。「あの眼差しは、子どもたちの魂に焦げ跡を残す」と。

わたしが語り始めると彼らは咳をする。咳が強風への抗議になると思っているのだ。――このとどろきが、わたしから吹きしだく幸福の風だということがわからない。

「わたしたちには、まだツァラトゥストラを相手にしている時間がない」。――これが彼らの言い草だ。しかし、ツァラトゥストラに割けない時間など、時間の名に値するか。

よしんば彼らがわたしを賞賛したとしても、どうして彼らの賞賛の上で眠ることができよう。その賛辞はわたしにとって刺つきの帯だ。はずしたあとでも、傷跡はうずく。

また、このことも彼らのもとで学んだ。人を褒める者は、返礼をしているかのようにふるまう。だが実は彼のほうがもっと贈物をしてもらいたがっている。

わたしの脚に訊いてみるがいい、彼らの賞賛の、そして誘惑の旋律が気に入ったかどうかを。そうだ。このような拍子、チクタクと鳴るような音では、踊ることもできなければ、静止していることもできない。

彼らはわたしを賞賛して、小さな徳に誘い込もうとしている。わたしの脚を説き伏せて、小さな幸福のチクタクと鳴る音に合わせて踊らせようとしている。

わたしはこの群衆のあいだを行く。目をみひらいたまま。彼らは小さくなった、そしてますます小さくなる。――そうなったのは、彼らの幸福と徳についての見解のためだ。

彼らは徳についても控えめだ。――安逸を好むから。控えめな徳でなければ、安逸のままではいられない。

たしかに彼らもその流儀で歩み、前進する。だがそれは跛行にすぎないと言おう――だから急ぐ者の邪魔になる。

そのなかには前へ歩みながら、首をこわばらせて後ろを振り返る者がすくなくない。わたしはためらいなく体当たりする。

脚と目のあいだに嘘があってはならないし、嘘をついたと罰することもあってはならない。だが小さな人々は嘘をついてばかりだ。

そのなかにも意志を持った者はいる。だが大多数はひとの意志に動かされている。そのなかにもまともな役者はいる、だが大多数は下手な役者にすぎない。

そのなかには、知らず役者になっている者と、その意志に反して役者になっている者がいる。——まともなものはいつも少ない、ことにまともな役者は。

ここには真の男がいない。だから女が男性化する。十全に男である者だけが、女のなかにある女性を——救い出すことができる。

群衆のなかで見た最悪の欺瞞は、命令する者すら、服従する徳をよそおうことだ。

「わたしは仕える。お前も仕える。われらは仕えるのだ」——ここでは支配者もいつわってこのように祈りの声をあげる。——第一の主が第一の下僕であるにすぎないとは、なんと悲痛なことか。

ああ、彼らの欺瞞のなかにも、わが好奇の眼差しは入り込んでいった。そして、日当たりの良い窓ガラスちかくに飛ぶ、その蠅の幸福と羽音をよく理解した。

善意があるだけ、そこには弱さがあった。正義と同情があるだけ、そこには弱さがあった。

たがいに角目《つのめ》だつことなく、分際をわきまえ、あたりがいい。砂粒同士が角目だつことなく、分際をわきまえ、あたりがいいように。

つましく小さなひとつの幸福を抱きしめる——それを「帰依」と呼ぶ。だがそうしながら早くも、新しい小さな幸福を流し目で盗み見ている。

彼らが心底ひたすらに望んでいることはたったひとつである。誰からも虐《いじ》められないことだ。だから先回りして誰にでも親切にする。

だがそれは臆病ということだ。それが「徳」と呼ばれていようと。

そして時に、この小さな人々が、荒々しく語ることもある。が、わたしがそこに聞くのはただうわずったしわがれ声であって、――大声を出そうとすればいつでも、その声は嗄《か》れてしまう。

彼らは利口だ。その徳は抜け目ない指をもっている。だが拳がない。その指は握りしめられて拳になることができない。

彼らにとって徳とは、控えめに、従順にさせるものだ。この徳によって彼らは、狼を犬にし、人間そのものを人間の最高の家畜にした。

「わたしたちは、中ほどに椅子を置いた」――彼らのほくそ笑む顔は、わたしに語る、――「それは死を賭けた剣士からも、満足した豚からも、同じくらいに離れている」。

だが、それこそ凡庸というものだ。中庸などと呼んだところで――。

三

わたしはこの群衆のあいだを行き、多くの言葉を撒《ま》いた。だが彼らは拾い集めることも、大切に手元においておくことも知らない。

わたしは快楽や悪癖を非難するために来たのではない、このことを彼らはいぶかしんでいる。掏摸《すり》にご用心などと言いに来たのではないのだから。

わたしは利口な彼らをいっそう抜け目なく鋭くしようとはしない、このことを彼らはいぶかしんでいる。まるで石筆が軋るような声をだす小利口な者が、まだ足りないかのように。

わたしは叫ぶ。「卑屈に懇願し、手を合わせ、拝むばかりの、諸君のなかにいる臆病な悪魔にわざわいあれ」と。彼らは叫ぶ。「ツァラトゥストラは神を蔑《なみ》する者だ」と。

とりわけ帰依を説く君たちの教師がそう叫ぶ。――彼らに向かってその耳元で叫んでやりたい。そうだ、われは神を蔑するツァラトゥストラだと。

帰依を説く教師たちよ。諸君は虱のように、ちいさく病んでいて瘡蓋《かさぶた》だらけのところならどこにでも潜り込む。わたしが叩きつぶしてしまわないのは、ただ虫酸が走るからだ。

さあ、彼らの耳に聞かせるわたしの説教はこうだ。わたしは神を蔑するツァラトゥストラ、あえて言う、「わたし以上に神を蔑する者があろうか。あるなら歓んでその教えを受けよう」。

わたしは神を蔑するツァラトゥストラだ。わたしの仲間はどこにいる。みずから意志を決定し、他に帰依することをやめる者たちは、みなわが仲間だ。

わたしは神を蔑するツァラトゥストラだ。あらゆる偶然を、わたしの鍋で煮る。よく煮えた時に、よろこんでわが糧とする。

まったく、さまざまな偶然が不遜な態度でやって来たものだ。だがわたしの意志はそれ以上に不遜な態度でこれに応じた。——たちまち偶然は跪《ひざまず》いて哀願した——。

——哀願して、つまりわたしの情けを受けて宿をもとめたいと言うのだ。そして媚びへつらってかき口説いてきた。「おお、ご覧なさいツァラトゥストラよ。友人だけが友人のもとに来るのではないでしょうか」——。

だがわたしは何を語っているのだろうか。わたしのような耳を持っている者は誰一人いないというのに。むしろすべての吹く風にむかって叫ぶほうがいい。

君たちはますます小さくなる、小さな人びとよ。君たちは砕け散っていく、安逸に浸る人びとよ。諸君は滅びつつあるのだ——。

——君たちの多くの小さな徳によって、君たちの多くの小さな怠惰によって、君たちの多くの小さな帰依によって。

君たちが持つ土壌は、あまりにも甘やかされ、ゆるみ切っている。だが、木が巨樹になるときには、堅い岩をかいくぐって堅い根を張ろうとする。

諸君の怠惰も人間の未来の織物に織り込まれていく。諸君の無為も未来の血を吸う一匹の蜘蛛でありその巣だ。

取るときも盗むように取る、君たち小さな徳を持つ者たちよ。しかし悪党たちは誇り高く言う、「奪うことができないときだけ、盗むべきだ」と。

「いつか与えられる」——これもまた帰依の教えだ。だが安逸に流れる者たちよ、諸君に告げる。いつか奪われる。そして君たちはますます奪われるだろう。

ああ、諸君が半端な意欲を捨て、行動だろうと無為だろうと、断固として決心すればいい。

ああ、諸君がわたしの言葉を理解することができればいい。「意志のままに何でもするがいい、――しかしまず、意志することができる者になれ」。

「おのれの隣人をみずからのごとく愛せよ、――しかしまず、自分自身を愛する者となれ――。

――大いなる愛をもって、大いなる蔑《さげす》みをもって愛する者に」。ツァラトゥストラはこう語った、この神を蔑《なみ》する者は――。

だがわたしは何を語っているのだろうか。わたしのような耳を持っている者は誰一人いないというのに。まだここでわたしが語る時ではない。

この群衆のあいだでは、わたしはおのれ自身の前触れだ。おのれ自身の、くらい小路にひびいて暁を告げる鶏鳴《けいめい》だ。

しかし彼らの時が来る。そしてまたわたしの時は来る。刻々彼らは小さく、貧しく、不毛になる。――あわれな雑草、あわれな土壌よ。

そしてまもなく彼らは枯草、枯野のようになるだろう。そうだ、みずからに倦みつかれて、――水をもとめるよりは火をもとめるだろう。

おお、祝福された稲妻の時よ。おお、正午の前の秘儀よ。――いつかこれらも、野や疾駆する火に、燃える舌持つ告知者にしてやろう——。

——彼らもいつかは燃えあがる舌でこう告知するだろう。来る。近い。大いなる正午は。

ツァラトゥストラはこう語った。

橄欖《かんらん》山の上で

冬という好ましくない客がわが家に居座っていた。彼の友情の握手のため、わたしの手は青くなった。

この好ましくない客に敬意は払う。だがこの者を一人きりにしておきたい。彼から逃げ出したい。よく走れば振りきれる。

走れば脚も思考もあたたまる。そしてかけていくのだ、あの風荒《すさ》ぶことのない場所、橄欖山の陽だまりへと。

そこであの厳しい客を笑う。が、感謝もする。彼はわが家で蠅を追い払い、多くのちいさな喧騒をしずめるのだから。

彼は一匹の蚊の鳴くにも容赦はしない、ましてや二匹など。さらに街路からひと気を失くす、夜の月光すら恐れるほどに。

彼は苛酷な客だ。——だが敬意を払う。柔弱な者たちのように、あの太鼓腹をした火の偶像などに祈りはしない。

偶像に祈るよりは、すこしく歯の根を打ち鳴らしていたほうがいい。——それがわたしの流儀だ。さかりがついたように湯気を立てて朦朧としている偶像はすべて不快だ。

夏よりも冬に、わたしは愛するものを愛する。冬がわが家に居ついてからというもの、

わたしは敵をいっそうよく、いっそう容赦なく嘲笑する。寝床にもぐりこんだわが幸福すらも、
ほんとうに、容赦なく嘲笑する。寝床に這っていても。――寝床にもぐりこんだわが幸福すらも、調子に乗って笑い出す。わがとりとめもない夢すら笑い出す。

わたしは――這っているか。生涯、権勢ある者の前で這いつくばったことはない。嘘をついたことがあるにしても、それは愛ゆえだった。だから冬の寝床も愉しい。

貧しい寝床は豪華な寝床よりわたしをあたためる。自分の貧しさが誰かにさらわれはしないかと、わたしは嫉妬するから。そして冬、貧しさはもっともわたしに貞淑だ。

悪意をもって一日をはじめる。冷水浴をして冬をあざける。いかめしいわが客人は、それを見てぼやくばかりだ。

そして彼を一本の蠟燭でくすぐって楽しむ。すると冬はたまらず、灰いろの夜明けから空を見せる。

つまり、とりわけても朝、わたしは意地が悪くなる。朝まだき、井戸の釣瓶がきしみ、夜が明ける小路に馬たちがあたたかい息をはいて嘶《いなな》くとき――。

――待ちかねている、ついに空があかるむのを。雪のようにしろい髭、白髪の冬空を――。

ものしずかで、その太陽すらよく隠しておく、あの冬空を。

この長い、あかるい沈黙を、わたしは彼から学んだろうか。それとも彼がわたしから。それとも、それぞれ案出したか。

すべて良きものの起源は、千と別様だ。――すべて良き、気まぐれなものは、よろこびのあまり飛び込んできて、存在するようになる。どうしてそれがたった――一度きりだけということがあろうか。

長い沈黙もまた良い、気まぐれなものの一つだ。そして冬空のように、あかるい、まるい目をひらいた顔で、見ていること、――

――冬空のようにみずからの太陽を、太陽のような不屈の意志を隠している。そうだ、この技芸とこの冬の気まぐれとを、わたしはよく学んだ。

わたしは沈黙を学んだが、その沈黙で何かを悟らせたりはしない。これがわたしの愛する悪意と技芸だ。

言葉と骰子を打ち鳴らす、もったいぶった監視員たちをあざむく。わが意志と目的が、すべてのこのような密偵たちに見透かされることがないように。

さらに誰ひとりわたしの奥底と究極の意志を知ることがないように――この長くあかるい沈黙を案出した。

利口な者を多く見た。自分の顔を隠し、自分の水を濁して、誰にも見透かされまいとする。

しかしそういう者のところへこそ、もっと利口で疑いぶかい、胡桃を割る者がやってきた。そしてもっとも深くに隠れた魚を釣り上げた。

それよりも、あかるい人、正直な人、わかりやすい人――わたしから見ると、これが最も利口に沈黙する者だ。彼らの底はとても深いから、このうえなく澄んだ水をたたえていても——見透かせない。

君よ、雪のように白い髭をはやして沈黙する冬空よ。わが頭上の、まるい目をした白髪の翁よ。おお、わが魂とその気まぐれをうつした、天上の比喩よ。

わたしは黄金を呑んだ者のようにみずからを隠さねばならないのか。——人にわが魂を切り開かれないために。

わたしは竹馬に乗っていなくてはならないのか——周囲にいる、妬みぶかく危害を加えてくる者たちに、この長い足がみつからないように。

煤《すす》けて、引きこもってなまぬるい、使いふるしの、緑青にさびた、こころ傷ついた魂たち、——このような連中が、どうしてわが幸福に嫉妬せずにいられようか。

だから彼らには、わが山頂の氷と冬のみ見せる——わが山が、あらゆる太陽の帯をまとっていることは見せない。

彼らはわが冬の嵐が鳴りどよもすのを聞くだけだ。そして憧れに満ちた、重い、熱い南風のように、あたたかい海をわたっていく音は聞かない。

彼らはわたしが出遭う災厄と偶然をあわれみさえする。——だがわが言葉はこうだ。「偶然が来るならば来るがいい。偶然は無垢だ、幼子のように」。

どうして彼らがわたしの幸福に耐えることができよう、もし災厄や冬の辛苦や白熊の帽子、そして雪空のマントをこの幸福にまとわせなかったら。

——もしわたしが、彼らの同情をあわれんでやらなかったら——この妬み深く危害を加えてくる者たちの。

——もしわたしがすすんで彼らの目前で、ため息をつき、寒さにふるえてみせ、彼らの同情がわたしを包むのに耐えてやらなかったら。

わたしの魂が、冬と厳寒の嵐を隠さずにいること、これがわたしの賢明な気まぐれと好意なのだ。わたしはこの凍傷も隠さない。

病を得てひとからのがれ、孤独となる者もいる。だが病を得た者から、のがれて孤独となる者もある。

この、わたしを取り巻き、妬ましげな斜視でみているあわれな輩はみな、冬のさむさゆえに、わたしが慄えてあえぐのを聞くがいい。このようにふるえ、あえぎながら、しかし彼らの暖房がきいた部屋からは逃げ出す。

わたしの凍傷を目にして同情し、ため息をつくがいい。「認識の氷で、彼はわたしたちも凍死させる」——彼らはそう悲鳴をあげる。

だがそのあいだ、わたしはあたたかくなってきた脚で、わが橄欖山を縦横無尽にかけめぐる。橄欖山の陽だまりで歌い、一切の同情をあざわらう——。

ツァラトゥストラはこう語った。

通り過ぎることについて

こうして多くの群衆とさまざまな都市のなかをゆっくりと歩み、回り道をしながら、ツァラトゥストラはみずからの山と洞窟に帰ることにした。すると見よ、思いがけずその途中で、大都市の城門の前に出た。するとひとりの阿呆《あほう》が口から泡を吹き、両手をひろげて、彼にむかって走ってくると、その前に立ちはだかった。これは群衆が「ツァラトゥストラの猿」と呼んでいた変人だった。彼はツァラトゥストラが語る口吻のいくらかを真似しおおせ、その知恵の宝庫から借用することを好んでいたから。さて、この阿呆はツァラトゥストラにこう語った。

「おおツァラトゥストラよ。ここは大都市である。得るものは何もありはしない、失うものばかりだ。

なぜこのぬかるみを渡ろうとするのだろうか。あなたの足をあわれむがいい。むしろこの城門に唾して、――引き返すといい。

ここは隠者の思考にとっては地獄である。大いなる思想は生きながら煮られ、切り刻まれるのだ。

ここでは大いなる感情はすべて腐ってしまう。ここでは干からびた小さな感情がかさついた音を立てるだけである。

精神の屠殺場の、精神の安料理屋のにおいがしないだろうか。

この街は屠殺された精神の臭気がたちこめているではないか。見えないか、魂がぼろきれのようにだらりと吊るされているのが。――しかも彼らはこのぼろきれから新聞をつくっているのだ。聞こえないか、精神がただの語呂合わせになっているのが。不快にも、精神は汚水のような言葉を吐いている。――しかも彼らはこの言葉の汚水から新聞をつくっているのだ。

彼らは互いに駆り立てあっている、だがどこに行くかを知らないのだ。彼らは互いに興奮させ合っている、だがなぜなのか知らないのだ。ブリキの贋金をちゃらちゃら鳴らし、金貨を鳴らしたことにしているわけだ。

冷えてくると火酒で暖まろうとする。火照ってくると冷えた精神たちに涼を求める。彼らはみな世論中毒になっているのだ。

ここはすべての快楽と悪徳の本場なのである。だが有能な者もいるのだ。雇われものの小器用な有能さではあるが――。

書き慣れた指を持っていて、待ちくたびれるということもなく漫然と座っている、小器用な能力が多くある。胸にちいさな星形の勲章を、尻がない剝製の娘たちを授かっているのだ。

またここには万軍の主たる神への崇拝がおびただしくあって、信心深く、涎《よだれ》さえ舐めるおべっか使いがおびただしくいるのだ。

じっさい、星と涎は『お上から』したたってくるのである。星形勲章を授かっていない胸は、みんなお上にあこがれるわけだ。

月には月暈という宮廷があって、そこには奇形の生き物たちがいる。そして乞食じみた民衆と乞食の小器用な能力を持つ者たちは、その宮廷から来るものならばなんでも祈りを捧げるのだ。

『わたしは仕える、お前も仕える、われらは仕える』——小器用な能力があるものはみんな、王侯貴族を仰いでこのように祈りをささげるのだ。自分の功績が認められて、それに相応しく、星形勲章がその瘦せた胸をかざることを望んで！

しかしその月もすべての世俗のもののまわりを回っているのだ。王侯貴族もまたもっとも世俗のもののまわりを回っているのだ。——つまり商人どもの黄金のまわりを回っているのである。

万軍の主であるお上も金の延べ棒だけはどうにもならないのだ。王侯貴族は考える。だが商人どもが——指導するのだ！

おおツァラトゥストラよ、あなたのなかのすべての明るいもの、強いもの、良いものにかけて忠告したい！　この小商人の街に唾を吐きかけて、とって返せ！

ここでは、すべての血は腐りかけて、なまぬるくて、泡だって、すべての血管を流れていくのだ。すべての汚水が集まって泡立っている、この巨大な廃棄場である、この都会に唾を吐きかけろ！

押しつぶされた魂、痩せた胸、つりあがった目、べとべとする指があつまるこの街に、唾を吐きかけろ――

――押し付けがましい者ども、厚かましい者ども、書きまくる者、よくわめく者、のぼせ上がった野心家どもがあつまるこの街、――

――そこでは、すべての腐りかけたもの、いかがわしいもの、みだらなもの、やる気のないもの、膿みただれたもの、策謀のたぐいのものが、みな集まって化膿しているのだ――。

――この大都会に唾を吐きかけろ、そしてとって返すがいい！」――

だが、ここでツァラトゥストラは口から泡を吹いているこの阿呆をさえぎり、その口をふさいだ。

「いい加減にやめよ」とツァラトゥストラは叫んだ。「お前の話すことにも話し方にも、ずっと虫酸が走っていた。

なぜお前はその沼地にいつまでも住んでいたのか。お前自身が、蛙か蝦蟇《がま》になってしまうほどに。

今や、お前自身の血管のなかに腐って泡立つ沼の血が流れているのではないか。だからそのように蛙のような声をあげて悪態をつくのではないか。

なぜお前は森に入らなかった。大地を耕さなかった。海はみどりの島々で満ちているというのに。

お前の軽蔑を軽蔑する。お前はわたしに警告する――ならば、なぜお前自身に警告しないのか。

わが軽蔑と警告する鳥は、ただ愛からのみ飛び立たねばならない。泥沼からなどではない――

口から泡を吹く阿呆よ。ひとはお前をわが猿と呼ぶ。だがお前を呼ぼう、わたしのよく鳴く豚と。――豚のように不平をうなることによって、お前は台無しにしているのだ、わたしの愚行への礼賛を。

一体どうして不平を言う豚になったのか。誰も思うように媚びてくれなかったからだ。――だから汚物のなかに座り込んだ。豚のように不平を言う理由に事欠かないために。――絶えず復讐する理由に事欠かないために。虚栄心の強い阿呆よ。つまり、お前の吹いている泡はすべて、復讐でしかない。見え透いている。

お前の愚かしい言葉はわたしの害になる、たとえ正しいときでも。ツァラトゥストラの言葉が限りなく正しくとも、お前がわたしの言葉を使えば――正しくないことになる」。

ツァラトゥストラはこう語った。そして大都市を眺め、嘆息して、いつまでも黙っていた。ついにこう語った。

この大都市にも虫酸が走る。この阿呆だけではない。どこを見ても、良くできるものはない。悪くできるものもない。

この大都市にわざわいあれ。——もはや、この街を焼き尽くす火柱を見たい。

大いなる正午の前には、このような火柱が立たねばならない。だが、大いなる正午が訪《おとな》うためには、ふさわしい時があり、それ自身の運命がある。

だが阿呆よ。別れの時だ、この教えを与えよう。もはや愛せないなら、——通り過ぎなくてはならない——。

ツァラトゥストラはこう語った。そして阿呆と大都会のかたわらを通り過ぎて行った。

変節漢について

一

ああ、今しがたまで、この草原はみどり、そして花やかな色に染められていたのに、はやくもすべては枯れ萎《しぼ》んでしまったのか。あれほど多くの希望という蜜を、ここからわたしの巣箱に運んだというのに。

あの若い心の持ち主たちは、もうみな老いてしまった——いや、老いたのではない。ただ疲れ、卑しくなり、楽に流れたのだ——それを「われらはふたたび敬虔になった」と称している。

つい先ほど、朝まだき、彼らが勇敢な足取りで走り出ていくのを見た。だがその認識の足は疲れた。すると彼らはみずからの朝の勇敢さまで、悪しざまに言う。

本当だ、かつては彼らのなかの多くが、舞踏者のように足をあげた。わが知恵は笑い、その哄笑を合図にして彼らに応えた。——途端に彼らは考えこんだ。まさにそのとき見た、彼らが背をかがめて——十字架に這い寄るのを。

かつて彼らは舞い飛んだ、蚊や若い詩人たちのように、光と自由のまわりを。すこし老い、すこし冷えてくると、はやくも彼らは陰鬱になり、うわさ話をし、暖炉のそばにたむろするようになった。

彼らが意気阻喪したのは、わたしが鯨のごとき孤独に呑まれたからだろうか。彼らの耳が、わたしと、わたしの喇叭《ラッパ》の音や命令をくだす叫びをながく待ちわびていて、その期待がむなしく終わったからだろうか。

——ああ。彼らのなかでもいつも少ない、勇気と不遜をいつまでも持ち続ける者は。その少数の者たちの精神は辛抱強くもある。だが、その他はみな臆病者だ。

その他の者。彼らはいつも最大多数であり、月並みであり、余計であり、あまりにもおびただしい——そしてみな臆病なのだ——。

わたしと性質を同じくする者は、同じ体験をすることになる。歩みゆく途上で、まず遺骸と道化を道連れにせざるをえない。

だがその次の道連れたちは、——みずからを信者と称するだろう。生きていて、群れている。多くの愛、多くの愚劣、多くの子どもじみた崇拝。

人びととのあいだにあってわたしと性質を同じくする者は、このような信者に心を結び合わせてはならない。このような春を、色とりどりの花さく野原を信じてはならない、逃げ腰で臆病な人間たちの性質を知っている者は。

この者たちは、別の仕方が可能であったら、その別の仕方を意志したろう。中途半端な者は、すべての完全なものを腐らせる。木葉が枯れ落ちたからといって、——嘆くことがあろうか。

おおツァラトゥストラよ。落葉させておけ、そして嘆かぬがいい。むしろ木葉にはげしい風を吹かせるがいい。

——この葉に風となって吹け、おおツァラトゥストラよ。すべて枯れたものを即座に、その身から吹き飛ばすために。

二

「われらはふたたび敬虔になった」——変節漢たちは認める。彼らのなかにはそう認めることすらできない臆病者が少なくない。

そう言う者たちの目を見る——顔を真っ向から見すえる、頬を赤らめるまで。君たちは、また祈りだしたのか。

祈りは恥辱だ。万人にとって、ではない。だが君とわたしにとっては恥辱だ。そして頭に良心を宿している者にとっては。君にとって、祈りは恥辱だ。

わかっているはずだ。君のなかは臆病な悪魔がいる。このんで手を合わせ、手をこまねいて何もせず、そして易きに流されようとする——この臆病な悪魔が君に語る。「神はある！」と。

だが耳を貸すことによって、君は光があると休らうことができない、光を恐れる者たちの一人になる。君は頭を夜と靄のなかへと、日毎にふかく突き入れていくしかなくなる。

そうだ、君は絶好の時を選んだ。たった今、夜鳥たちがまた飛び立ったから。光を恐れる全種族の時が来た、夕暮れる、祝祭と休暇の刻限が。だが、そこには――「祝い」も「休み」もない。

聞こえる。におう。彼らが列をなして狩りをする刻限が来た。だが荒々しい狩りではない。飼いならされた、足萎えの小心者が小声で祈りをつぶやきながらひっそり嗅ぎまわっておこなう狩りだ。

――情にもろくて、陰鬱にへつらう鼠たちを狩る。すべての心をねらう鼠捕りが、今ふたたび仕掛けられた。帷《カーテン》をあげると、かならず一匹の蛾が飛び出してくる。

それは他の蛾と一緒にうずくまっていたのだろうか。いたるところに隠れた小教団のにおいがするのだから。そこに部屋があれば、かならずそこには新たな祈りの集会があり、その集会の悪臭がする。

彼らは身を寄せ合って長い夜々をすごして言う。われらはふたたび幼子のようになり、「愛する神さま」と唱えましょう、と。――その口も胃も信心深い菓子屋のお手製のためにすっかり腐っている。

あるいは、彼らは長い夜々のあいだ、狡猾に獲物を待ち伏せる十字蜘蛛を見ている。この蜘蛛は他の蜘蛛にその抜け目ないやり方を教え諭している。「十字架の下は網を張るのによい」と。

あるいは、彼らは日がな一日、沼に釣り竿を垂れ、ゆえにみずからを深いと信じている。だが魚一匹いない場所で釣りをする者を、わたしは浅薄とすら呼び得ない。

あるいは、彼らはみずから歌う詩人のもとでつつましく楽しく竪琴をひくことを学ぶ。だがその詩人は竪琴で若い女たちの心をとらえたい――老いた女たちとその賞賛には飽き飽きしているから。

あるいは、彼らは戦慄しつつ学識ある半狂人に学ぼうとする。その半狂人は暗い部屋のなかで、霊《ガイスト》の到来を待っている――だが精神《ガイスト》がそっくり逃げ去ってしまう。

あるいは、彼らは年老いてさすらう笛吹きの音に耳を傾ける。――この笛吹きは陰鬱な風からその悲しみの音色を学び取って、今や風が吹くまま笛を吹き、その陰鬱な音色で悲しみを教えている。

そのなかには夜警になった者さえいる。いまは角笛の吹き方をおぼえ、夜ごとに巡回しては、長いあいだ眠り込んでいた古い話題を呼び覚ましている。

昨夜、庭園の石塀のそばで、古い話題をめぐって五たび交わされる言葉をきいた。それはこのような老いて悲しげでひからびた夜警たちの口から出たものだ。

「彼は父親として、子どもたちへの気遣いが足りない。人間の父親のほうがまだましだ」――

「歳を取り過ぎたんだ。もう子どもたちをまるっきり構いつけない」――もう一人の夜警が応えた。

「彼は子どもたちの父なのかね。誰もあかし立てることなどできない、彼自身がするのでなくては。彼が一度でもそれを念入りに証明してくれたらと、長いあいだ思っている」。

「あかし立てるだって。彼がかつて何かを証明したことがあるとでもいうのか！　彼は証明はにがてで、信じてもらうことが重要なのだ」。

「そうだ、そうだ。信じれば幸福になるが、信じてもらっても幸福になる。老人とはそういうものさ！　われわれだってそうだ！」。

——二人の老いた夜警、光からのがれる者たちはこのように語り合った。そして悲しげに角笛を吹いた。これが庭園の石塀のそばで起こったことだ。

だがわたしの心臓は笑いのためによじれ、裂けんばかりになって、置き場もわからなくなり、さがって腹の皮をよじらせる羽目になった。

驢馬が酔いしれるのを見、夜警があのように神を疑うのを聞けば、笑いのために窒息しそうになる。本当に、これがわたしの死因になるかもしれない。

このような疑いはみな、とうに過ぎ去ったものではないのか。このような古びて、眠りこけて、光からのがれた事柄を、いまさら誰が目覚めさせようというのか。

古い神々はとうの昔に終末を迎えた。——そうだ。彼らはよい、快活な、神々にふさわしい最期を遂げたのだ。

「たそがれ」て死んだのではない、——それは嘘だ。そうではなく、神々は大笑いをして、そのために死んだのである。

それが起こったのは、ある一人の神がまったく神らしくない言葉を吐いた時だ。――こうだ。「神はただ一人だ！　お前はわたし以外、いかなるものも神としてはならない！」。

――年老いて怒れる髭の濃い神、嫉妬深い神が、逆上してそう言った。

それを聞いて、すべての神々は哄笑し、椅子を揺らして叫んだ。「神々はいる。だが唯一の神などいない。それこそが神的なことではないか」。

耳ある者は、聞け――。

ツァラトゥストラは、彼が愛する「まだら牛」と呼ばれている街でこう語った。ここからたった二日も行けば、彼の洞窟と動物たちのところに帰ることができる。帰郷がちかいため、彼の魂はたえず歓びいさんでいた――。

帰郷

おお孤独よ。孤独、わが故郷よ。あまりにながく、わたしは荒涼とした異郷のなかで荒涼とした生を生きていた。わたしはあなたのもとに帰ってきて、涙をこらえることができない。

さあ、母親がするように人さし指をあげて注意してくれ。母親がするように微笑みかけてくれ。ただこう語りかけてくれ。「いつの日か、まるで嵐のようにわたしから離れて行ったのは、誰だったろう――。

――別れるときにこう叫んだのは。あまりにながく、わたしは孤独のそばにいた。だから沈黙していることができなくなった、と。その沈黙することを――いまお前は学んできたのだろう。

おおツァラトゥストラよ。すべてわかっている。お前、孤高の人間よ。多くの人びとのなかにいて、わたしのそばにいるときよりも見捨てられた者となった。

見捨てられていることと、孤独であることとは別だ。そのことを――今やお前は学んだのだ。そして人間たちがいるところでは、お前はつねに手に負えぬ余所者であろうということを。

――手に負えぬ余所者なのだ、人間たちがお前を愛しているときですら。彼らは何よりもまずいたわってもらいたいのだから。

しかしここでお前はふるさとの家にいる。何を語ってもよい、心の奥底にあることを何でも吐き出してよい。隠し通してきた、抑えられた感情でも、恥に思うことはない。

ここでは万物がお前の言葉を慕ってきてお前に甘える。一切のものがお前の背に乗って走りたがる。お前はあらゆる比喩の背に乗ってあらゆる真理へと走り着く。

ここでお前は万物に対して忌憚なく正直に語ってよい。そう、それらの耳には称賛として響く。ある一人の者が一切のものに対して——率直に語るということは。だが見捨てられているということは、別だ。ツァラトゥストラよ、まだ覚えているか。自分の鷲が頭上でさけび、森のなかに立ち尽くして、どこに行けばいいのか判らず決めかねたまま、お前は遺骸《なきがら》のそばにいた——。

——あのときお前はこう言った。『わが動物たちよ、わたしを導いてくれ。動物のもとにいるより、人間のもとにいるほうが危険だと知った』と——それこそが見捨てられているということだ。

まだ覚えているか、おおツァラトゥストラよ。おのれの島で、空の桶に取り囲まれた葡萄酒の泉であるかのように、渇いた者たちに惜しみなく与え贈っていたことを。

——そして遂にお前は、酔いしれた者たちのなかで独り渇いたまま、夜にこう言って嘆いたのだった。『受けとることは与えることより仕合わせなのではないか。そして盗むことは、受けとるよりもさらに仕合わせなのではないか』と。——それこそが見捨てられているということだ。

そしてお前は覚えているか、おおツァラトゥストラよ。お前のもっとも静かな時が来て、お前をおのれ自身から追い立てたときのことを。その静かな時は、意地のわるいささやき声でこう言った。『語れ、そして砕けよ』と――。

――あの静かな時は、お前が待ちそして沈黙していることを咎めて、お前の謙虚な勇気を挫いてしまったのだ。これこそが見捨てられているということだ」――。

おお、孤独よ。孤独、わが故郷よ。あなたの声はなんとしあわせにやさしく語りかけてくることだろう。

われらは訊ね合ったりはしない。愚痴を言い合いもしない。たがいに扉を開け放して行き来する。

あなたのところはすべてが開かれていてあかるい。時さえもそこでは軽やかな足取りで歩む。闇のなかにいるときは、光のなかにいるときよりも、時という荷物は重くなる。

ここでは一切の存在の言葉とその言葉が詰まった箱がわたしにむかって開かれる。すべての存在は言葉となり、すべての生成はここでわたしに語るということを学ぼうとする。

だがあの下界では――何を言っても無駄だ。そこでは忘れることと通り過ぎることが、もっともすぐれた知恵である。そのことを――わたしはいま学んだ。

人間たちのなかにいて、すべてを判りたいと思うのなら、すべてのものに手を触れなくてはならない。だが、そうするには、わたしの手は清らかすぎる。彼らの息すら吸いたくない。ああ、あんなに長く、彼らの喧騒とよごれた息のなかで生きていたとは。

おお、わたしをつつむ至福の静けさよ。わたしをつつむ清らかな香りよ。おお、この静けさは、なんと胸の深いところから清い息をしていることか。おお、なんと凝然《じつ》と耳を澄ましていることか、この至福の静けさは。

だがあの下界では——一切が語っていて、一切が聞き逃される。鳴り物入りでおのれの知恵を伝えても、市場の小商人が小銭の音でかき消してしまう。

そこでは一切が語っている。だが誰もそれを理解しない。一切が水に流される。深い泉に沈むものは何もない。

そこでは一切が語っている。だが何も成就せず、何もけりがつかない。みな鵞鳥のようにわめき立てる、だが静かに巣にこもって雛を孵《かえ》そうとするものがいようか。

そこでは一切が語っている、そして語りくだかれる。かつて時代の歯にとってすら硬すぎたものが、いまは嚙み砕かれ食いつぶされて、現代人の口の端から垂れ下がっている。

そこでは一切が語っている、あらゆるものが曝露される。かつて魂の深い神秘や秘め事と呼ばれていたものが、街角のラッパ吹きやその他のひらひら浮ついて飛ぶものたちの手に落ちている。

おお人間よ。この奇妙なものよ。暗い街頭の喧騒よ。お前はいまふたたび、わが背後に遠ざかった。——わたしの最大の危機は背後に遠ざかったのだ。

わが最大の危機、それはつねにいたわること、同情することにあった。そして人間はみな、いたわられ、同情されようとする。

真実を語ることをつつしみ、書く手も考える心も道化のごとくにし、同情のあまり小さな嘘をたくさん吐いて、——そのようにして人間たちのあいだで生きていた。

変装して、彼らのあいだに座っていた。彼らに耐えるために、みずからを誤解することにして、すすんで自分をこうかき口説いた。「愚か者め、お前は人間というものを知らないのだ」と。

人間というものがわからなくなる、人間のあいだで生きていると。人間にはみな、あまりに多くの前景があって——そこで、遠くまで見通す目、遠くまで見ようとする目が、何の役に立つものか。

彼らがわたしを誤解したときに、愚かなわたしは、自分より彼らをいたわった。おのれに苛酷であることには慣れているから、このようないたわりをした自分自身に、よく復讐の懲罰をくわえた。

毒蠅たちに刺されて、滴る多くの悪意に穿《うが》たれた石のように、わたしは彼らのなかに座っていた。そしてなお自分に言い聞かせた。「小さいものが小さいのは、彼らの罪ではない」。

とりわけ「善人」を自称するものたちがもっとも有毒な蠅だった。罪の意識もなく刺し、罪の意識もなく嘘をつく。彼らにどうしてできるだろう——わたしに対して公正であることが。

善人たちのあいだで暮らす者に教えられるのは、同情によって嘘をつくことだ。同情は、自由な魂の持ち主にとって、陰鬱な空気をつくりだす。つまり、善人たちの愚かさは底が知れない。

わたしとわたしの豊かさを隠すこと——これを下界で学んだ。そこでは誰もがなお精神のまずしい者だったから。わたしは同情から嘘をついた、彼らのひとりひとりに接するそのたびに——

——その者がどれくらいの精神で満足し、どれくらいの精神が過剰で耐えられないのか、見てとり、嗅ぎとったからだ。

かれらのなかの硬直した賢者たちを、硬直しているとは呼ばず、賢いと呼んだ。——こうしてわたしは言葉を呑み込むことを覚えた。かれらのなかの墓掘り人を、わたしは学者とか研究者と呼んだ——こうしてわたしは言葉をすり替えることを覚えた。

墓掘り人たちは穴を掘って病気にかかる。古い瓦礫の下には瘴気がひそんでいるから。泥沼を掻き回すな。山の上に住むべきだ。

幸福に鼻孔をふくらませて、ふたたび山上の自由を呼吸する。わたしの鼻はついに人間というものの悪臭から救い出された。

泡立つ葡萄酒の香りをかいだときのように、冴えざえとした大気にくすぐられて、わたしの魂は嚔《くしゃみ》をする、――嚔をして、おのれに歓呼の声をあげる。健康であれ、と。

ツァラトゥストラはこう語った。

三つの悪

一

夢を見ていた。朝方、夢の終わりに、わたしは岬の上に立っていた。――世界の彼方で、秤を手にして世界を量っていた。

おお、あまりにも早く朝やける光がさしてきて、その灼熱でわたしを起こした。曙光、この嫉妬深い女は、いつも朝まだきのわが夢の熱を妬む。

時間をかければ測ることができ、よい秤があれば量ることができ、強い翼があれば果てまで飛んで行くことができ、神のごとく胡桃を割ることができれば割ってなかまで見ることができる。わが夢のなかで、世界はそのようなものだった――。

わが夢は大胆不敵な帆船《ヨット》、なかば船でなかば突風、蝶のようにものしずかだが、隼《はやぶさ》のように性急だ。それがどうして、今朝は、世界を量る根気と余暇とをもったのか。

おそらくわが知恵がひそかに、わたしに言い聞かせたのだろう。哄笑し、めざめている、白昼のわが知恵が。「無限の世界」をあざけっているわが知恵が。こう語ったのだ。「力があるところには数も支配する。数がより大きな力だ」。

わが夢はなんと精確にこの有限の世界を見たことか。新奇ばかりを好むのでなく、古きを追い求めるでなく、恐れなく、何かに頼るでもなく――。

――あたかも丸々とした苹果《りんご》だ。ひんやりとしてなめらかな、天鵞絨《びろうど》のような肌をした、ひとつの熟した黄金の苹果がわが手中にあたえられたように――世界はあたえられた。

――あたかも一本の樹だ。四方に枝をのばし、つよい意志を持った樹が、歩き疲れた人のための背もたれのように、のみならず足を乗せて休むことができるように曲がっている樹が、待っていたかのように――世界はわたしがいる岬の上に立っていた。

――あたかも一つの箱だ――陶酔し、羞《はじ》らいつつ尊敬するまなざしに開かれている箱が、花車《きやしや》な手で差し出されたかのように、きょう世界はわたしに差し出されていた。

――人間の愛を寄せつけないほどの困難な謎ではなく、人間の知恵を眠り込ませるような容易い解答でもない――人間にとって良い何か。きょう、世界はわたしにとってそれであった。ひとがあれほど陰口を言うあの世界が。

わたしはどんなにこの朝まだきの夢に感謝することか。この早朝、世界をこのように量ることができたのだから。人間にとって良い何かとして、その夢は来た。この夢と、心の慰めは。

昼においてもこの夢と同じことをし、この夢の最高の部分を模倣し学びとるために、今、三つの最大の悪を秤にかけて、人間にとって良いものであることを示したいと思う――。

祝福することを教えた者は、また呪うことも教えた。この世界のものでもっとも多く呪われたものは何か。それを秤にかけてみよう。

肉欲、支配欲、我欲。この三つがいままでもっとも呪われ、悪しざまに言われ、誤解されてきた。――この三つを量って、人間にとって良いものであることを示そう。

さあ、ここにわたしの岬がある、そしてその先に大海が。その大海がわたしのほうにまろび寄ってくる、毛もふさやかに、機嫌をうかがいながら。わたしが愛する、忠実な、老いた、百の頭を持つ怪物じみて巨大な犬だ。

さあ、このまろび寄ってくる大海の上に秤をかざそう。立ち会う証人も探そう。――お前を。隠栖する樹よ、わたしが愛する、つよい香りがする、広い丸天井のように繁る、お前を――

どのような橋をわたって、現在は将来に向かうのか。どのような強制によって、高いものは低いものへとくだるのか。至高のものになおも――高く伸びよと命ずるものは何か。

二

いま秤は均衡し、静止している。三つの重い問いを一方の秤皿に乗せた。三つの重い答えが、もう一方の秤皿に乗っている。

肉欲。罪を贖う苦行の粗布をまとった、肉体を侮蔑する者たち一切にとっては、これは針であり刺だ。そして世界の向うを説く者たち一切が、「俗世」として呪うものだ。肉欲は嘲笑し愚弄するのだから、支離滅裂で取り乱した教師たちを。

肉欲。賤民たちをおもむろに灼く火、すべてのむしばまれた丸太とすべての悪臭をはなつ襤褸なら、いつでも焼き、煮溶かす炉だ。

肉欲。自由な心にとっては無垢であり自由なもの、地上の幸福の楽園、すべての未来が現在に寄せるあふれんばかりの感謝。

肉欲。萎《しお》れた者には甘い毒、獅子の意志を持つ者には大いなる強心剤、そして畏敬を払って秘蔵された酒のなかの酒。

肉欲。もっと高い幸福と、最高の希望の、大いなる比喩としての幸福。多くの者に結婚が約束される。そしてまた結婚以上のものも、——

男と女よりも隔たっている多くの者にだ——どれほど男女が隔たっているかを、十分に理解した者がいようか。

肉欲。——だが、わたしの考えと、さらに言葉のまわりに柵を巡らすとしよう。この楽園に豚と狂信者たちが押し入ってこないように。

支配欲。もっとも無情な心の持ち主が受ける灼熱の鞭だ。もっとも残忍な者に加えられるとっておきの残虐な責め苦だ。生きながら火刑にされるときの、その昏《くら》い炎《ブレーキ》だ。

支配欲。もっとも虚栄心がつよい民族の鼻づらにかけられた意地の悪い鼻ばさみ。すべてのだらしのない徳を嘲笑するもの。どんな馬にでもどんな誇りにでもまたがって乗って行くもの。

支配欲。朽ちたものうつろなもの一切をくだき割って曝す地震。上塗りをほどこされて取り繕われた墓へと、逆巻きながら押し寄せてきて、鳴り轟き、折檻して粉砕するもの。早すぎた答えに対して投げつけられる電光のごとき疑問符。

支配欲。その一瞥にさらされると、人間は這いつくばり、屈従を強いられ、無理強いに働かされて、蛇や豚よりも劣ったものになる。——遂に大いなる軽蔑が人間のなかから叫び声をあげるまで——。

支配欲。大いなる軽蔑を教える恐ろしい教師。都市にも国家にも真っ向から「去れ」と訓戒する——ついに都市と国家自体が「われ去らん」と悲鳴をあげるに至るまで。

支配欲。だがそれは誘うために登っていく、清らかな者、孤独な者、そして自足して高みにある者にまで。その灼熱は、地上から見上げる空に魅惑的な真紅の至福を描き出す愛のようだ。

支配欲。だが、高みにある者が下界の力をもとめるときに、誰がそれを病的な欲求と呼ぶことができるか。そうだ、このように求め、そして降下していくことに、どんな衰弱も中毒もありはしない。

孤独な高みにある者が、いつまでも孤立しておらず、自足してはいないということ。山が谷へ、高みを吹く風が低地へとくだろうとすること——

おお、このような憧れをいいあらわす正しい名を、徳の名前を、誰が見つけ出すことができよう。ツァラトゥストラはかつてこの名状しがたいものを――「贈り与える徳」と名づけた。

そのとき次のことも行われた――そうだ、この世ではじめてのことだった――彼の言葉は我欲をも至福なものとしてたたえた。疵ひとつない、健康な我欲、力強い魂から湧き出る我欲を――。

――力強い魂は、高貴な肉体のものだ。美しく、勝利の自信にみちて、快い身体、まわりのすべてのものが、それを映す鏡となる。

――靭《しな》やかで、有無を言わさぬ身体、舞踏者《ダンサー》の身体、それはみずからを歓んでいる魂の比喩であり、精髄だ。この肉体と魂がみずから歓ぶもの、それを「徳」と呼ぶ。

このような「みずからを歓ぶこと」は、優劣をめぐる独自の言葉で自分を守る。あたかも聖地の森がそうするように。その幸福にあたえた数多の名によって、すべての軽蔑すべきものを追い払う。

一切の臆病なものを追い払う。劣っているということは、――臆病ということだと言いながら。いつも心配し、ため息をつき、泣き言ばかり言う者、どんな小さな利益さえ逃すまいとする者は、それにとって軽蔑すべきものである。

またすべての悲しみに溺れた知恵を軽蔑する。たしかに闇のなかで咲く知恵もある、夜影の知恵が。それはいつもいつもこう嘆息している。「すべては虚しい」。

用心深い不信もくだらないと見る。眼差しと握手だけでは足りず、宣誓を求める者たちをも。またあまりに懐疑的な知恵も――これはみな臆病な魂の手口だから。

だが何よりも蔑むのは、手軽にひとに迎合する者、すぐに仰向けになって腹を見せる犬のように卑屈な者だ。知恵のなかにも、このように卑屈で、犬のようで、敬虔であつかいやすい、すぐ迎合するものがある。

もっとも憎む、虫唾が走るもの、それは抵抗しようとしない者だ。毒を持つ唾も飲み込み、悪意ある眼差しにも耐えている。何をされても怒らず、すべてに耐え、満足してしまう者だ。つまるところ奴隷根性である。

この至福なる我欲は唾棄する。神々と神々の足蹴に耐えているのであろうと、人間たちとその愚劣な世論に耐えているのであろうと、すべての奴隷根性に向かって。

劣悪と呼ぶのだ、すべて折られた者、膝を屈して奴隷のような者を、目をしばたたいて止められない者、押しつぶされた心を、おびえた厚ぼったい唇で接吻する誤った妥協を。

浅知恵と呼ぶのだ、奴隷と老いぼれと倦み疲れた者が気が利いていると思って笑い話にする一切のことを。ことにも粗悪で話にならぬ、おのれのみ賢しいと思い込んだ僧侶たちの愚かさを。

だが浅知恵をはたらかす者みな、すべて僧侶たち、世に倦み疲れた者たち、そして女と奴隷の魂を持つ者たち、――おお、この者たちの軽々しい行いが、昔からなんと我欲を痛めつけてきたことか。

だが、我欲を痛めつけるということこそが、まさしく徳とされ、徳と呼ばれてきた。この世に倦み疲れた臆病者たちと十字蜘蛛たちが、みずから「無私」たらんとしてきたことには、もっともな理由があったのだ。

しかしこれらすべての者たちに、今、その日がやって来る。転変が、裁きの剣が、大いなる正午が。そこで多くのことが明らかになろう。

「自我」を健康で神聖なるものと、我欲を至福なるものと言う者は、まさに、また一人の預言者としてみずから知るところを述べる。こうだ。「見よ、それは来る。それは近い。大いなる正午は」。

ツァラトゥストラはこう語った。

重さの霊について

一

わが口は――民衆のものだ。絹毛のうさぎたちにとって、わたしが語ることは肌理が粗くて、熱烈すぎる。わたしの言葉は、インキを吹く烏賊《いか》たちやペン持つ狐たちには、いっそう異様に響く。

わが手は――阿呆の手だ。わざわいなるかな、すべての卓、すべての壁にとって。そして阿呆が飾り模様を描き、阿呆が書きなぐる余白があるものにとっては、なお。

わが足は――馬の足だ。木石をものともせず、縦横無尽に足音たてて歩く、走り回る、そしてすべての疾駆する快感に物狂いになる。

わが胃は――鷲の胃か。子羊の肉を何より好むから。ともあれ空飛ぶ鳥の胃であることは確かだ。

純潔なものをすこしだけ食べる、そして喜びいさんですぐに飛ぼうとする、飛び立とうとする――これがわたしの生き方だ。それは鳥の生態に通じはしないか。

わたしは重さの霊の敵だ。とりわけてもこれは鳥の生態ではないか。まさに宿敵、仇敵、不倶戴天の敵だ。おお、わが敵意はすでに飛び、散り、届かぬ場所がいずれにあろうか。

それについてわたしは一篇の歌をうたうことができる——歌うことにしよう。わたしは何もない家のなかにひとり居て、おのれの耳に歌うしかないが。

むろん会場が満員にならないと喉がやわらかくならず、手が物語るかのように動かず、目が表情ゆたかにならず、心が快活にならない歌手もいる——わたしはそうではない——。

二

はじめて人間に飛ぶことを教える者は、すべての境界石を動かしたことになる。彼にとって、境界石はすべて大気に飛び去ったことになる。彼は大地に新しい名を与えるだろう——「軽きもの」と。

駝鳥はもっとも速い馬よりはやく走る。だが駝鳥も重い大地に重い頭を突き入れる。まだ飛ぶことのできない人間もそうだ。

人間にとって大地と生は重い。重さの霊がそう望むのだから。だが軽くなろう鳥になろうと望む者は、みずからを愛さなくてはならない。——わたしがそれを教える。

もちろん、病者の、中毒患者の愛で愛するのではない。そうだとすれば、自己愛も悪臭を放つ。

ひとは、みずからを愛することを学ばねばならない。健やかな、全《まつた》き愛で——わたしがそれを教える。自分自身に耐えがたくて、さまよい歩くことがないように。

こうやってさまよい歩くことが「隣人愛」と呼ばれている。この言葉ほど今まで嘘と偽善の役に立ったものはない。とりわけて世界を重くしてきた者たちが口にして。

そうだ、みずからへの愛を学ぶこと、これは一朝一夕でなしうることではない。むしろそれはすべての技芸のなかでもっとも繊細で、巧妙で、究極のものだ、体得に忍耐を要するものだ。

つまり、真にみずから自身のものは、自分自身にとっては巧みに隠されている。すべての地下の宝のなかで、みずから自身の宝は最後に掘り出される——これも重さの霊の仕業だ。

ほとんど揺籃《ゆりかご》のなかにいるときから、早くもわれわれには重い言葉と価値が贈られる。「善」と「悪」——その贈物の名だ。それを贈られてはじめて、われわれは生きることを許される。

また幼子が身を寄せてくるのを止めないのは、その時からみずから自身を愛さぬようにするためだ。これもまた重さの霊の仕業である。

そしてわれわれは——持たされたものを忠実に、苦労して運んで行く。かたい肩に載せて、けわしい山々を越えて。汗をかくと、こう言われる。「そうだ、生は担うに重い！」。

だが、担うに重いのは人間自身だ。あまりに多くの他人のものをその肩に載せて運ぶから。駱駝のように膝を屈して、沢山の荷を担わされている。

とりわけ、力づよく重荷に耐える、畏敬の念をもった人間ほどそうだ。彼はあまりにも多くの他人の言葉と価値を負わされている――。そのとき、彼には生は砂漠のように思われてくる。

そして本当に、みずから自身にしかないものも、多くは担うに重い。人間の内部にあるものの多くは牡蠣の肉のようである。嘔気を催させ、ぬらぬらしていて、つかみにくい――。

――だから高貴な飾りがついた高貴な殻がそれを押し隠して、とりつくろっている。だがこの技芸も学ばれなくてはならない。殻と、美しい外見とを持ち、よく考えた末に見なかったことにする、ということを。

殻が粗末で、貧弱で、あまりにもただの殻でしかないために、人間の持つ多くが見過ごされるということもよくある。こうして、多くの隠された善意と力が知られぬまま終わり、この上ない美味を味わう者がいない。

女性はこのことをよく心得ている。彼女らは選り抜きの者たちだから。もう少しふくよかになりたいとか、もうすこし痩せたいとか――こんな小さなことに、なんと多くの運命のめぐり合わせがかかっていることだろうか。

人間を発見することはむつかしい。自分で自分を発見することがもっともむつかしい。

精神が魂について嘘いつわりを言うことがよくあるから。これも重さの霊の仕業である。

だがみずからを発見したものは、次のように言う。「これがわたしの善と悪だ」。こうして彼は「万人の善、万人の悪」などと言う土竜《もぐら》と小人を黙らせた。

そうだ、わたしは好まない。何もかもがそれぞれに良いと言う者を、さらにこの世界が最善だという者を。わたしはこういう者を、何でも満足屋と呼ぶ。

何でも安易に満足するのだから、何でも美味しく食べることができる。これは最高の味覚ではない。わたしは従順ではない、選り好みがつよい舌と胃を尊ぶ。「このわたし」と「諾《ヤー》」と「否《ナイン》」を言うことを心得ている舌と胃を。

そうではなく、何でも咀嚼し、何でも消化するのは――これはまさに豚の生態ではないか。いつも「良いなあ《イ・アー》」としか言わないなどとは――ただ驢馬と驢馬の精神を持つものだけの一つ覚えだ――。

深い黄、熱い赤。わが趣味はそれを欲する――すべての色に血を混ぜることを。自分の家を白く上塗りにするものは、その魂も白く上塗りしているに相違ない。

ある者は木乃伊《ミイラ》に、ある者は幽霊に惚れ込む。どちらも同じく肉と血に敵意を抱いている――おお、どちらも、どんなにわたしの趣味に反することか。わたしは血を愛するから。

皆が唾《つばき》を散らしているところに長居したくない。わたしの趣味からすれば――泥棒や詐欺師のあいだで暮らすほうがましだ。誰も口のなかに金をふくんではいないのだから。

だが、それよりなお不快なのは、唾を舐めて媚びへつらう者たちだ。わたしが見いだしたこのもっとも不快な、人間の形をした動物に、寄生虫と名をつけた。この動物は愛そうとはせず、愛してもらって生きようとする。

悪しき動物になるか、悪しき動物使いになるか。この二つしか選択肢がない者を、呪われた者と呼ぼう。こういう者たちの側に、小屋すら建てたくはない。

またいつも待っているしかない者たちも、呪われた者と呼ぶ——こういう者たちはわたしの趣味に合わない。収税吏も小商人も、国王も、つまり国なり店なりの番人たちは。

まことに、わたしは待つことも学んだ。それも徹底的に。——だがそれはわたし自身を待つことをだった。しかし何よりも習得したのは、立つこと、歩くこと、走ること、跳ぶこと、よじ登ること、そして踊ることだ。

だからわが教えはこうだ。飛ぶことを覚えたいなら、まず立ち、歩き、走り、踊ることを学ばねばならない——すぐに飛ぼうとしても飛べはしない。

縄梯子で窓まで幾度となくよじ登ることを学んだ。素早く足を動かして高いマストに登った。認識の高いマストの上にいることは、わたしには些細な幸福ではなかった——

——高いマストの上で炎のようにゆらめくことは。小さな光だった、しかし漂流する船の、そして難破した船の水夫たちには、一つの大きな慰めだった——。

さまざまな道と方法を経てわが真理へとたどり着いた。見える限りの遠くへ目を遊ばせているこの高みへ至るには、たった一つの梯子をのぼってきたのではない。

ひとに道を尋ねるとき、こころ楽しまなかった——それはわたしの趣味に反した。むしろ道じたいに尋ね、道じたいを進んで試みた。

ただ歩いてみるということ、それが問い尋ねることであり、試みることであった——そして本当に、ひとはこのような問いに答えることも学ばねばならない。ただただ——それはわたしの趣味である。

——よい趣味でも悪い趣味でもない。ただわたしの趣味だ、もはや恥とはしない、ましてや隠しもしない。

「これは、——わたしの道だ。君たちの道はどこか」。わたしはそう答えた、「道はどこか」と尋ねた者たちに。つまり定まった道というものは——ないのだ。

ツァラトゥストラはこう語った。

新旧の石版について

一

ここに座って待っている。周りには砕かれた古い石版と書きかけの新しい石版がある。わたしの時はいつ来るのか。

——わが衰退の、没落の時は。というのは、いま一度人間たちのもとへ行こうと思うからだ。

まだ待っている。今がわたしの時だという徴《しるし》が、まずやって来るに違いないからだ——哄笑する獅子が群れなす鳩をつれて来るだろうからだ。

そのあいだわたしは暇で、みずからにむかって語る。新しいことを語る者がいないから、みずから自身に自分のことを語るのだ——。

二

かつて人間たちのもとへ行ったとき、彼らが古い昏迷のなかに座っているのを見た。人間にとって何が善で何が悪であるかとうに知っていると、すべての者が思い込んでいた。

徳についての議論いっさいが、古くさい、うんざりするものだと思われていた。よく眠りたい者が、床につく前に、「善」と「悪」についてなお語るのだった。

この眠りを破ってわたしは教えた。何が善であり悪であるか、まだ誰も知らない——知っているのは創造する者だけだ。

——創造する者は、人間の目的を創り出し、大地に意義と未来を与える。この者がはじめて、善である何かと悪である何かを創造する。

彼らに命じた、その古い講壇を覆せ、あの古い昏迷が座していた場所をすべて覆せと。命じた、諸君の徳の大家を、聖者を、詩人を、世界を救済する者を嘲笑せよと。

君たちの陰鬱な賢者たちをあざ笑えと命じた。黒い案山子《かかし》のごとく生の樹の上に警告を発するために居座っていたすべてのものを。

彼らが打ち建てた巨大な墓碑の側に、また腐肉や禿鷹の側にすら身を置いた——そして彼らの過去と、彼らのもろい、朽ちた過去の栄光をあざ笑った。

本当に、贖罪をすすめる説教師のように、阿呆のように、彼らの大いなるものと卑小なるもののすべてに怒りの叫びを浴びせた——お前たちの最大の善すらも、こんなに小さいのか。お前たちの最大の悪すらも、こんなに小さいのか——そしてまた哄笑した。

わが賢明な憧れが、わたしの中から叫び、哄笑した。この憧れは山上に生まれた、真に荒々しい知恵であった——轟然と羽ばたくわが大いなる憧れは。

この憧れはわたしを幾度となく高みへ、彼方へと攫《さら》っていった、笑いのなかへ。そのときわたしは慄えながら一本の矢となり、陽光に酔いしれて熱狂しつつ飛んだ。

——誰も夢見たことがない遠い未来へ、どんな芸術家が夢見たよりも暑い南国へ、神々が舞踏《ダンス》しすべての衣服を羞《は》じるところへ——

——このようにわたしは比喩で語っている、詩人たちが足を引きずり、口ごもるかのように。そうだ、わたしは恥ずかしい、まだおのれが詩人でしかないということが——。

そこでは、すべての生成が神々の舞踏であり神々の戯れであるかと思われた。そして世界は解き放たれ、みずからの本来の姿を取り戻して——

——あまたの神々が永遠に追いかけっこをして、あまたの神々が言い争い、また耳を傾けあい、そして和解しあう、至福の場と思われた——

そこではすべての時間が瞬間へのしあわせな嘲笑だと思われた。そこでは必然が自由そのものであり、自由という刺で至福の戯れをしていると思われた——

そこでは旧知の悪魔、あの仇敵たる重さの霊ともまた出会ったのだった。重さの霊が創りあげた一切とも。つまり強制、規定、必要と結果、目的と意志、そして善悪とも——

それは、踊るためには踏まれるものが、踏み越えられるものがなくてはならないからではないか。軽い者たち、もっと軽いものたちがあるためには——土竜や重い小人がいなくてはならないのではないか——。

三

「超人」という言葉を道から拾い上げたのもそこだった。人間は乗り超えられねばならない何かだということ、

――人間は橋であって、なんら目的ではないということ。その正午と黄昏が新たな曙光への道だからこそ、しあわせに讃えられるべきだということ、

――「大いなる正午」を語るツァラトゥストラの言葉、そしてわたしが人間たちの上に真紅の第二の夕焼けとしてかかげたものを。

そうだ、人間たちに新たな星々と新たな夜々をも見せた。そして雲と日と夜の上に、色とりどりの天幕のように哄笑を張り巡らせた。

人間たちにわたしの努力を教えた。人間にとっては断片であり謎であり残酷な偶然であるものを、集め合わせて一つのものにすることを、――

――集める者として、謎を解く者として、偶然を救う者として、わたしは教えた。未来を創造することを、そしてかつてあったすべてのものを――創造することによって救うことを。

人間にとって過ぎ去ったことを救済し、すべての「かつてあった」を創り変えて、ついに意志にこう語らせよと教えたのだ、「しかし、こうであったことをわたしは意志し

たのだ。これからもそうであることを意志するだろう――」と。

――わたしは人間たちにこれこそが救いだと言った。これのみを救いと呼ぶように教えた――。

いまわたしはみずからの救いを待っている。――わたしたちが人間のところに行くのも、これが最後になるように。

もう一度わたしは人間たちのところに行きたいから。彼らのもとで没落したいから。そこで死に行きつつ、わたしのもっとも豊かな贈物をあたえたいから。

このことを太陽から学んだ。この豊かにすぎるものが、沈み行くときに。そのとき太陽は、その無尽蔵の豊饒から海に黄金《きん》を降らせる――。

――そのとき極貧の漁師すら黄金の櫂で漕ぐことになる。かつてこの光景に見入って涙をこらえることができなかった――。

ツァラトゥストラも太陽のように没落したい。だからいまここに座して待っている。まわりには砕かれた古い石版と、新しい石版がある――まだ書きかけだ。

四

見よ、ここに新たな石版がある。だが、この石版を谷へと、血と肉を持った心へとわたしと共に運んでいく兄弟たちは一体どこにいるのか――。

もっとも遠くにいる者たちへのわたしの大きな愛が命じる。君の隣人をいたわるなと。人間は、超えられねばならぬ何かだ。

このような超克には数しれぬ道と方法とがある――君が見つけなくてはならない。だが、「人間は飛び越えられることができる」などと考えるのは、道化師だけだ。

君の隣人のなかにいる君自身を乗り越えよ。そして君が奪うことができるものを、他人から与えられるな。

君がしたことを、誰も君に二度とすることはできない。見よ、報復などというものはないのだ。

おのれ自身に命令することができない者は、服従しなくてはならない。おのれ自身に命令することができる者は少なくない、だがおのれ自身に服従することができる者はさして多くない。

五

高貴な魂とはこうあるものだ。何も無償で得ようとしない、ことに生を。

賤民に属する者は無償で生きようとする。われわれは違う、与えられた生に――何をもって報いたらもっともよいか、常に思い巡らす。

そしてまことに、こう語るのは高潔な言葉だ。「生がわれわれにしてくれた約束を、

――われわれが果たそう」。

享受さるべきものを与えずに享受しようとしてはならぬ。そして――そもそも享受しようとしてはならない。

享受すること、無邪気であること、これはもっとも恥ずかしいことだからだ。どちらもすすんで探し求められるべきではない。ひとはそれをすでに身につけていなくてはならない――むしろ、探し求めなくてはならないのは、罪と苦痛だ――。

六

おお、わが兄弟よ。最初に生まれたものは生贄《いけにえ》として捧げられるさだめだ。われわれがその初子《ういご》である。

血を流すのだ、かくされた祭壇で。われわれはみな、古き偶像をたたえるために灼かれ炙られる。

われらのなかで最高の者たちもまだ若い。だから老人の食欲をそそる。この肉はやわらかく、この皮は子羊のようだ――老いた司祭たちの食欲をそそらぬわけがあろうか。

われわれのなかにすらあの老いた司祭たちは住んでいて、最高の者たちを炙って宴の食卓に乗せる。ああ、わが兄弟よ。初子が犠牲にならずにおられようか。

だが、これはわれらの天性だ。わたしは愛する、保身しようとせぬ者たちを。この愛のすべてをあげて愛する、没落しようとする者たちを。彼らは彼方に向かう者たちなのだから——。

七

真理に忠実たること——これができる者はすくない。できる者もしたがらない。だが、善人は誰よりそうし得ない。

おお、この善人たち。善人は決して真理を語らない。このような仕方で善良であることは、精神にとって病である。

善人たちは屈服する。服従する。その心はただ復唱し、その論拠は言いなりである。言いなりになる者が、みずからの本心の声を聞くわけがない。

すべて、善人たちが悪と呼ぶものが集まって、ひとつの真理を生まねばならぬ。おお、わが兄弟よ。この真理を生みうるほど悪であるか。

事をなすには大胆不敵、長い懐疑に耐え切って、残酷に否《ナイン》を言い放つ、心底うんざりしていて、生きていようが切り込んでいく——これがみな備わっていることはほとんどない。だがこのような種《たね》からしか——真理は生み出されはしない。

これまであらゆる知は疚しい良心のかたわらで育った。打ち砕け、君ら認識する者たちよ、古い石版を。

八

水の流れるなかに橋桁《はしげた》が立っていて、橋と手摺《てすり》が川の上にかかっている。そのときに「万物は流転する」と言っても、誰も信じる者はいない。

どころか薄のろですら反論するだろう。「なんだと？　万物は流転するだって？　橋桁も手摺も川の上にあるじゃあないか！

流れの上にあるものはみんなじっとしてゆるぎもしないよ。ものの価値だって、橋だって、概念だって、『善悪』だってみんな、じっとしていて変わらないさ！」――

そして厳しい冬が来る。この川を押さえつける猛獣使いが。すると頭のよい者たちも疑い出す。そうだ、「万物は――静止しているのではないか」と言い出すのは、もはや薄のろばかりではなくなる。

「根底において、万物は静止している」――これはまさに冬の教えだ。実りのない季節に都合がいい言い訳であり、冬眠したり暖炉から離れられぬ者への慰めだ。

「根底において、万物は静止している」――これと正反対の教えを説くのが、雪消《ゆきげ》の暖風である。

この暖風は雄牛、耕作などしない――猛り狂った雄牛だ、破壊者だ、その怒れる角で氷を砕く。そしてその氷は――橋を倒す。

おお、わが兄弟よ。今や万物は流転しているではないか。手摺も橋も水のなかに落ちていったではないか。いまだに「善悪」などに縋《すが》っている者がどこにあるか。

「わざわいなるかな。さいわいなるかな。雪消の風は来たれり」——そう説くがいい、わが兄弟たちよ。あらゆる巷《ちまた》をめぐって。

九

古くからひとつの妄想がある。善と悪という。この妄想の車輪はいままで、預言者と占星術師のまわりを回っていた。

かつてひとは預言者と占星術師とを信じた。だからこそひとは信じた、「すべては運命だ、お前はなすべきである、なすほかはないのだから」と。

やがてひとは預言者も占星術師もみな信じなくなった。だからこそ信じるようになった、「何もかも自由だ。お前にはできる、そうしたいのだから」。

おお、わが兄弟よ。星々と未来について、これまではただ妄想されていただけで、何も知られてはいなかった。だからこそ善悪についてもただ妄想されていただけで、何も知られてはいなかったのだ。

十

「汝奪うなかれ。殺すなかれ」。――こうした言葉をかつて人は神聖と呼んだ。その前に跪き、頭を垂れ、靴を脱いだ。

だが諸君に問う。かつてこの世に、このような神聖な言葉以上に奪い殺したものがあったろうか。

一切の生きることのなかには――奪うことと殺すことが含まれているのではないか。あのような言葉が神聖とされたときに、真理そのものが――殺されたのでは。あるいはそれは死の説教だったのか。あらゆる生に異議を唱え、制止しようとするものを神聖と呼んだのだから。――おお、わが兄弟よ。古い石版を打ち砕け。

十一

わたしは過去のもの一切に同情する、後から来るものの思うがままになっているのを見るから――。

――あとから来て、過去にあったものすべてをみずからに至る橋と解釈し直す、各世代の慈悲の、精神の、狂気の思うがままになっているからだ。

強大で粗暴な支配者が、狡猾な怪物があらわれるかもしれぬ。みずからの好悪にあわせて、過去の一切を強制しねじまげるかもしれない。ついにすべての過去をみずからに至る橋とし、みずからの前兆とし、みずからの先触れとし、みずからの到来を告げる鶏《けい》鳴《めい》にしてしまうまで。

しかし別の危険があり、わたしにも別の同情がある——賤民に属する者は祖父までしか思い出さないということだ。——祖父の代から向うには時間がない。

こうして過去のもの一切は思うがままになっている。こうして賤民が支配者となり、浅瀬で一切の時間を溺死させてしまう時が来るかもしれない。

だから、おおわが兄弟よ。新しい貴族が必要なのだ。すべての賤民とすべての粗暴な支配者の敵となり、新しい石版に新しく「高貴」という言葉を刻む貴族が。

貴族があらわれるためには、多くの高貴な人々が、多種多様の高貴な人々が必要なのだから。あるいは、わたしがかつて用いた比喩で言えばこうだ。「神々はいる。だが唯一の神などいない。それこそが神的なことではないか」。

十二

おお、わが兄弟よ。わたしは諸君を選び、新しい貴族に任ずる。君たちは未来を生み、未来を育み、未来の種を蒔《ま》く者にならねばならない——

——そうだ、この貴族の位は、小商人の端金《はしたがね》で買えるようなものであってはならない。価格があるものはみな、ほとんど価値はない。

これから諸君に名誉を与えるものは、君たちがどこから来たかではない、どこへ行くかだ。君たち自身を超えて行くその意志と足とが——諸君の新しい名誉であれ。

そうだ、君たちが王侯に仕えたことが名誉になるのではない——いまさら王侯が何だというのだ。立っているものの防壁となって、それがもっと堅固に立っていたからといって、それが何だ。

お前たちの一族が宮廷の優雅な臣下となって、色とりどりの衣服をまとって紅鶴《フラミンゴ》のように長時間浅い池に立っていられるようになったからといって、それが名誉か。

——たしかにそうして立っていられるということは廷臣にとっては手柄だ。そして廷臣はみな信じているのだ、死後の幸福とは——座っても許されることだと——。

聖霊と呼ばれているものが君たちの祖先を讃えられし約束の土地に向かわせたということも、名誉ではない。わたしは約束の土地など讃えない。すべての樹のなかで最悪の樹、十字架が生えたところなど——讃えるべきものは何もない——。

——まことに、この「聖霊」がその騎士たちをどこに向かわせたにせよ、いつもその隊列の先頭に立って行ったのは——雌山羊《めやぎ》と鵞鳥《がちょう》と、十字のごとく縦横に錯乱した頭脳の持ち主たちであった——。

おお、わが兄弟よ。君たち貴族は振り返ってはならない。前を見よ。諸君は父の国からも祖先の国からも追放されていなくてはならない。

諸君の子どもたちの国を愛せ。この愛こそ、君たち新たな貴族の資格であれ。——それは大海の遙か彼方にある、まだ発見されていない国への愛だ。諸君の帆に命ずる、その国を探しつづけよと。

君たちの父の子として生まれたことを、諸君の子どもで償わなくてはならない。過去の一切を、こうして救わなくてはならない。この新しい石版を、君たちの頭上にかかげる。

十三

「何のために生きるのか。一切はむなしい。——生きることは、麦わらを叩くことだ。——生きることは、みずからを焼いてなお暖まらないことだ」——

このような古くさい愚痴があいもかわらず「知恵」としてまかり通っている。古くて黴《かび》くさい、だからこそますます尊敬される。黴まで箔になるわけだ——。

子どもたちがこう言うのならよい。火傷をして、火がこわいのだ。古い知恵の書物には多くの子どもらしさがある。

麦わらを叩くように無駄口ばかり叩いている者が、麦を打ち脱穀することをそしってよいわけがあるか。そのような馬鹿の口に猿ぐつわをかますがいい。

こういう者たちは食卓につきながら、何も持っては来ない。旺盛な食欲すら持って来ない。――あげくの果てには罵ってこの言い草だ。「一切はむなしい!」。

だが、おお、兄弟たちよ。よく食べ、よく飲むことは、決してむなしい技芸《わざ》ではない。打ち砕け、打ち砕け、決して楽しむことのない者の石版《ターフェル》を、食卓《ターフェル》を。

十四

「清らかな者にとってはすべてが清らかだ」――と俗に言う。なら諸君にはこう言おう。「豚にとってはすべてが豚だ」と。

だから狂信し、頭をうなだれ、心も落ち込んでいる者はこう説く。「世界そのものがひとつの巨大な汚物である」と。

汚れた精神を持っているから、このような説教をする。ことに不潔なのは、世界を後ろから見なくては心休まらぬ者――世界の彼方を説く者たちだ。

このような者たちに言おう、あまり上品な言い方ではないが。世界の背後にも尻がある。人間と同じく――そこまでは本当だ。

世界は多くの汚物を垂れ流す。そこまでは本当だ。だが、だからといって世界そのものは決して巨大な汚物ではない。

世界にある多くのものが悪臭を放っている。だがそのなかにこそ知恵がある。嘔気そのものが翼をつくり、泉をもとめる力を生み出すのだから。

最善のものにすら何か虫酸が走るものがある。最善のものすら、乗り超えられねばならない何かだからだ――。

おおわが兄弟よ。多くの知恵があるのだ、世界が多くの汚物にまみれているということのなかには――。

十五

わたしは聞いた。敬虔な「世界の彼方を信ずる者」が、みずからの良心にこう語りかけているのを。悪意もいつわりもなしにこう語っていたのだ――世界にこれほど悪意といつわりに満ちた言葉はないのに。

「世界をありのままに放っておけばよい！　逆らって指一本もあげることはない！」。

「人びとを絞め殺し、刺し殺し、切り刻んで皮を剝ごうとする者がいても、逆らって指一本あげることはないのだ！　おかげで人びとはこの世界を見捨てようと思うだろう」――。

「そしてお前自身の理性を――その手で絞め殺してしまえ。それはこの世の理性にすぎないのだから。――そうすれば、お前はこの世を捨てることができるようになる」――。

――打ち破れ、打ち破れ、おおわが兄弟よ。この敬虔な者たちの古い石版を。この世界を誹謗する者たちの言葉を打ち砕け。

十六

「多くを学べば、一切のはげしい欲望を忘れる」――あらゆる暗い小路で、このようなことが囁かれている。

「知恵とやらにもうんざりだ。それは――何の役にも立たない。欲望などもってはならない！」――このような新しい石版が公の市場に掲げられているのを見た。

打ち砕け、おおわが兄弟よ。打ち砕けこの新しい石版をも。それを掲げたのは世界に倦み疲れた者、死を説く者、そしてまた牢獄の番人だ。そうだ、これは隷従をすすめる説教でもあるから――。

学び方が下手だったから、最善のものを学ばなかったから、すべてをあまりに早くからあわただしく学んだから、つまり食べ方が下手だったから、彼らは胃をこわしたのだ――。

――胃を壊した、つまり精神をこわした。これが死をすすめる。そうだ、わが兄弟よ、精神とは一個の胃ではないか。

生は歓びの泉だ。しかし損なわれた胃は悲しみの父、そこから語る者にとってすべての泉は毒になる。

認識すること。これは獅子の意志を持つ者にとって歓びだ。だが疲れ切った者は、他の者に「意志され」、すべての波に流されるのみ。

弱い者たちはいつもそうだ。おのれの道を見失う。そして草臥《くたび》れはててこう訊ねる羽目になる。「いったい何のために道を歩いてきたのか！　何をしても同じことではないか！」。

こういう者たちにとっては、次の教えが耳に快くひびく。「何をしても何の意味もない！　何も意志してはならない！」。だが、これは奴隷になれと勧める説教だ。

おお、わが兄弟よ。新鮮で轟と鳴る疾風《はやて》、ツァラトゥストラはやって来る、すべての歩み疲れた者たちへ。この風に打たれて多くの鼻は嚔《くしやみ》をするだろう。

壁をつらぬいて吹きつけるのだ、わたしの自由な息吹は。牢獄のなかへ、そして捕らえられた精神のなかへ。

意志することは自由にする。意志することは創造することだから。そうわたしは教える。君たちは創造するためにのみ学ばねばならない。

学ぶこと、よく学ぶことをも、まずわたしから学ばなくてはならない。――耳ある者は、聞け。

十七

ここに小舟がある。——もしかすると、乗れば大いなる無のなかへと連れて行ってくれるかもしれない。——だが、こんな「もしかすると」に乗り込もうとする者がいようか。

君たちの誰一人としてこの死の小舟に乗り込もうとしないではないか。ならばなぜ世界に倦み疲れた者などと言えるのか。

世に倦むなどと。だが諸君はこの地から遠ざかろうともしなかったではないか。わたしは見た、君たちがあいもかわらずこの地にみだらに執着しているのを。地に倦み疲れたおのれ自身に惚れ込んでいるのを。

諸君の口唇が垂れ下がっているのも無理はない——ちいさな地上への望みがまだその上に乗っているのだから。そして目のなかには——忘れられぬ地上の快楽が雲のように一すじ、たなびいているではないか。

この地上にはよい発明がたくさんある。或るものは役に立ち、また或るものはこころよい。それらのためにこそ、この大地は愛すべきものなのだ。

実によくできた発明があって、それはまさに女性の乳房のようだ。すなわち、役に立ち、その上こころよいのである。

君たち世に倦み疲れた者よ、地上の怠け者たちよ。諸君を鞭打たなくてはならない。鞭打ってふたたび元気に歩かせねばならない。

君たちは大地から飽きられた病人か、老いぼれか、さもなくば小ずるい怠け者か、つまみ食いをするために忍び込んできた意地きたない猫だからだ。ふたたび快活に走る気がないなら――去るがいい。

治らぬ者の医師になろうとすべきではない。だからツァラトゥストラは教える――お前たちは去るべきだと。

しかし、終わりにするのは新しい一行の詩句を書き足すよりも勇気が要る――医師と詩人なら誰でも、これをよく知っている――。

十八

おお、わが兄弟よ。疲れ果てたあまりにつくられた掟の石版があり、腐った怠惰ゆえにつくられた掟の石版がある。同じことを語っていても、この二つは区別されねばならない――。

見よ、ここにいるやつれ果てた人を。目的まであと一歩というのに、疲れのために埃のなかに倒れて、かたくなに動こうとはしない。この勇敢な人は。

疲れのために、道にも大地にも目的にも自分自身に対しても、口をあけて眺めているだけだ。もう一歩も前に出さぬ――この勇敢な人は。

今や陽は照りつけ、犬どもが汗を舐める。だがかたくなに身を横たえたまま、むしろ死を待っている――。

——目的まであと一歩だというのに、命果てるとは。君らはその髪をつかんででも彼をその天国へ引っ張り上げずにはおれないだろう——この英雄を。

だがその場所に倒れたままにしておくほうがよい。やがて眠りという慰め手がおとずれ、蕭々たる雨で彼を冷やすだろうから。

寝かせておくがいい、ひとりでに目を覚ますまで。あらゆる疲労から癒え、疲労に教えこまれたことを取り消すに至るまで。

ただ、わが兄弟よ。彼に寄ってくるあの犬どもを追い払ってやるがいい。あの陰でこそこそしている怠け者たちを。そして群がり集《たか》る蛆虫どもを——。

——「教養人」という群がり集る蛆虫どもを。英雄たちの汗を舐めて——楽しむ虫だ——。

十九

自分のまわりに円を描いて、聖なる境界としよう。山高く登るほどに、供《とも》は少なくなる。——神聖になりまさる山々で、わたしは山脈を作ろう——。

だが、どこまでわたしと登るにせよ、おおわが兄弟よ。寄生虫をもったまま登らぬように気をつけよ。

寄生虫。這いまわり、からみついて、君たちの病みただれた傷の隅にとりついて肥え太ろうとする虫だ。

高く登ろうとする魂のどこが疲れているか見抜く能力がある。君たちの怨恨や不満のなかに、君たちの傷つきやすい羞恥心のなかに、この虫は厭らしい巣をつくる。偉大な者の強い者の弱みに、高貴な者が寛大すぎたところに――厭らしい巣をつくる。偉大な者の小さな傷の片隅に、その寄生虫は棲みつく。

生きとし生けるもののなかでもっとも高い種は何か。またもっとも低い種は。寄生虫がもっとも低い。だがもっとも高い種はもっとも多くの寄生虫を養う。

すなわち、もっとも長い梯子を持っていてもっとも深く下ることができる魂に、もっとも多くの寄生虫が集《たか》らないわけがあろうか――。

――これ以上なく広大な魂だ、みずからの内をもっとも遠くまで走り、迷い、彷徨うことができるような。よろこんで偶然のなかに身を投じるもっとも必然の魂だ――。

――確固として存在するのに、生成のただなかに潜る魂だ。すでに持てる者でありながら、意志し要求しようとする魂だ――。

――おのれ自身から逃走し、だがきわめて大きな円を描いてみずからに追いつく魂だ。この上なく賢明なのに、愚かしさのもっとも甘い誘いに乗る魂だ――。

――みずからをもっとも愛しているのに、その内では万物が流れてはまた返し、引き潮と満ち潮をくりかえしている魂だ。――おお、この最高の魂が、どうして最悪の寄生虫を宿さぬわけがあろう。

二十

おおわが兄弟よ。わたしは冷酷だろうか。だが言おう。「倒れた者はさらに突くべし」と。

今にあってはすべてが——倒れ、腐り落ちる。誰がそれを支えようか。だが、わたしは——それをさらに突こうとする。

断崖から谷底へ石を転げ落とす歓びを諸君は知っているか。——見よ、今日の人間たちがわが深みへと転げ落ちていくのを。

わが兄弟よ。わたしはもっと巧みな演奏者のための前奏だ、手本だ。わたしという手本にならうがよい。

諸君が教えても飛べぬ者たちには、教えるがいい——もっと早く落ちることを——。

二十一

わたしは勇気ある者を愛する。だが剣となって斬りつけるだけでは十分ではない。——誰を斬るのかをも知っていなくてはならない。

よくあることだ。耐えて通り過ぎるほうが、より多くの勇気を必要とする。いっそう戦う価値ある敵に備えて、おのれを取っておくために。

君たちには憎むべき敵のみあるべきで、軽蔑すべき敵があってはならない。諸君はみずからの敵を誇らなくてはならない。これはすでに一度教えた。

おお、わが兄弟よ。価値ある敵に備えておのれを惜しめ。だから多くの者を通り過ぎなくてはならない——。

——とりわけ君たちの耳もとで民族だの諸民族だのとわめき立てる破落戸《ごろつき》を。

彼らの賛否に澄んだ目を凝らしつづけよ。そこでは多くの者がみずからを正とし、相手を不正とする。それを見ていれば怒りがこみ上げてくる。

見抜くこと、斬ること——それは同じことだ。だから立ち去って森に入り、剣を寝かしつけるがいい。

君たちの道を行け。民族だの諸民族だのにはその道を行かせればよいではないか。

——まことに暗い道を、もはや一筋の希望も稲妻となって閃かぬ道を。

輝くものがあっても、それはみな——小商人の金であるようなところは、小商人が支配すればよい。もはや王者の時代ではない。いま民族と名乗る者は、王であるに値しない。

見よ。この諸民族はいずれも小商人と同じことをしている。どんな塵芥《ごみ》でもあさって、どんなわずかな利益でも掻き集めている。

彼らはたがいに隙をうかがい、何かをかすめ盗ろうとしている。——これを「近隣の友好」と呼んでいる。ああ、或る民族が「われは諸民族の上に君臨し——支配者たらん」とみずからに語った、あの良き遠き時代よ。

そうだ、わが兄弟よ。最高の者が支配すべきである。最高の者は支配しようと意志するから。これ以外の教えが説かれているならば、そこには——最高の者がいないのだ。

二十二

彼らが——ただでパンを得ることになれば、わざわいなるかな。そのとき彼らは何を求めて叫ぶことか。日々の生計《ウンターハルト》を立てること——それが彼らの娯楽《ウンターハルトウンク》なのだ。だから彼らは生計に苦労すべきである。

彼らは略奪する野獣であって——その「労働」のなかにも略奪があり、その「所得」のなかにも策謀による略奪がある。だから彼らはそれに苦労すべきである。

そしてよりよい野獣になるべきだ、もっと洗練され、もっと悧巧な、もっと人間にそっくりのものに。人間こそがこれ以上ない略奪する猛獣なのだから。

人間はすべての動物からその長所を奪ってきた。人間は、すべての動物のなかでもっとも生きるに苦労してきたのだから。

人間の上にいるのは鳥だけだ。人間が飛べるようになれば、わざわいなるかな。どこへむかって——人間の略奪欲は飛び立っていくことか。

二十三

わたしは男と女に望む。男は戦いに長け、女は産むことに長けていることを。そして男女ともに舞踏《ダンス》に長けていることを。踊るのだ、頭でも脚でも。

一度も踊らなかった日は失われたと思うがいい。また一度も哄笑されなかった真理を、われらは贋物と呼ぶことにしようではないか。

二十四

君たちは結婚の契りをする。その契りが悪しきものにならぬよう気をつけよ。あまりにも早く契るから、結果は——姦通になる。

ゆがんだ結婚、いつわりの結婚よりは姦通のほうがまだよい。或る女性がわたしに言った。「たしかにわたしは誓いを破りました。でもその前に結婚が破ったのです——わたしを!」と。

うまくいかない夫婦というものは、実につよい復讐心の持ち主同士であるということを、よく見聞した。このような夫婦は、ひとりで歩いて行くことができなくなった仕返しを、全世界にする。

だから正直な恋人たちはこう語り合ってほしいと思う。「わたしたちは愛し合っている。この愛が続くように気遣おう。もしかすると、わたしたちの約束は間違いだったということになるかもしれない」。

――「すこし時間をもうけて、ささやかな二人の関係を持つことにしよう、われわれが大いなる結婚生活を送ることができるか見てみよう。いつも二人でいるということは、重大なことなのだから」。

すべての正直な者たちにこうすすめたい。わたしがこうすすめ語らないなら、わたしの超人への愛と一切の来るべきものへの愛は何だったのか。

生み殖やしていくばかりではなく、生み高めていくこと――おお、わが兄弟よ、そのために結婚という花園が諸君の役に立てばよい。

二十五

古い源泉について知り尽くした者は、見よ、遂に未来が湧き出ずる泉と新たなる源泉を求めようとするだろう――。

おお、わが兄弟よ。遠からず新たな民族が生まれる、そして新たな泉が湧き、新たな谷へと鳴りどよもしてながれ落ちていくだろう。

すなわち地震がおこって――多くの井戸が埋まり、渇き死ぬ者も多く出るだろう。だが、それは内にある力と秘められたものとを明るみに出しもするだろう。

地震が新たな泉をひらく。地震で古い諸民族は覆《くつがえ》り、新たな泉が迸《ほとばし》るのだ。

そこに「見よ、ここに多くの渇いた者たちのためのひとつの泉がある。ここに多くの憧れる者たちのひとつの心がある。多くの道具のためのひとつの意志がある」と叫ぶ者があるならば、――そのもとに多くの者が集まってきて一つの民族になる。多くの、試みる者たちが。

誰が命令しうるか。誰が服従すべきか――そこでそれが試されるのだ。ああ、なんと長いあいだにわたって探求と推測と失敗と習得と新しい試みが、なされねばならないことか。

人間の社会。これはひとつの試みである。そうわたしは教える。――ひとつの長きにわたる探求なのだ、命令する者を探すための――

――ひとつの試みなのだ、おおわが兄弟よ。「契約」などではない。打ち砕け、打ち砕け、柔弱な者、中途半端な者たちが語ったその言葉を。

二十六

おお、わが兄弟よ。人類の未来の一切をおびやかす巨大な危機は誰のもとにあるか。それは「善く正しい者」たちのもとにではないのか――。

——彼らはこのように語り、このように感じている。「何が善いか、何が正しいか、とっくに知っている。身につけてもいる。まだそれを探している者にわざわいあれ！」と。

いかに悪人が害悪をなそうとも、善人がなす害悪ほどの害悪ではない。

いかに世界を誹謗する者が害悪をなそうとも、善人がなす害悪ほどの害悪ではない。

おお、わが兄弟たちよ。「これはパリサイ人だ」と語った或る人は、善く正しい者たちの心まで見抜いていた。だが、誰も彼を理解しなかった。

善く正しい者たちも彼を理解しなかった。彼らの精神はその疚しからぬ良心にとらわれていたから。善人たちの愚かしさは、測りがたいほど巧妙にできている。

だが、事実はこうだ。善人はパリサイ人たらざるを得ない。——選択の余地はない。

善人たちは独自の徳を発明した者を十字架にかけざるをえない。これは事実である。

そして善く正しい者たちの故郷、心情そして土壌がいかなるものかを発見した二番目の者は、こう尋ねたのだった。「彼らは誰をもっとも憎むか」。

創造する者を、彼らはもっとも憎む。石版を砕き、古き価値を砕く、この破壊者を——犯罪者と呼ぶ。

善人たちは——創造することができないのだから。彼らはつねに終わりの始まりだ——。

——新しい価値を新しい石版に書きつける者を、彼らは十字架にかける。おのれのために未来を犠牲にする。——人間の未来すべてを十字架にかけるのだ。

善人たち——彼らはつねに終わりの始まりだった——。

二十七

おお、わが兄弟よ。いま語ったことを理解したか。かつてわたしが「最後の人間」について語ったことをも——。

人間の未来すべてにとって最大の危機はどこにあるか。それは善く正しい者たちのもとにあるのではないか。

打ち砕け、打ち砕け善く正しい者たちを。——おお、わが兄弟よ。この言葉の意味がわかるか。

二十八

諸君はわたしから逃げるのか。驚いたか。この言葉を聞いておののくか。

おお、わが兄弟よ。善人とその石版を打ち砕けと諸君に命令したときこそ、わたしははじめて人間をその大海へと船出させた。

いまはじめて人間に巨大な衝撃がやって来る。大きく視界がひらけ、大きな病を得て、大きな嘔吐にさいなまれ、大きな船酔いにかかる。

善人たちが諸君に教えていたのは、偽りの海岸であり、偽りの安全だった。君たちは善人たちの嘘のなかで生まれ護られていた。一切は善人たちによって底の底まで偽られ、ねじ曲げられていたのだ。

だが「人間」の土地を発見した者は、「人間の未来」の土地をも発見した。さあ、諸君は船員になるのだ。勇敢で、辛抱強い船員に。

おお、わが兄弟よ、今は身を起こす時だ、断固として行け。断固として行くことを学べ。海は荒れている。多くの者が諸君を見てまた立ち上がろうとしている。

海は荒れている。一切は海中にある。さあ、今だ。諸君、老練な船乗りの魂の持ち主よ。

父祖の国が何だ。われわれが舵を切って向かうのは、われらの子どもたちの国である。その彼方へと、海よりも荒れ狂ってわれらの憧れは突き進む——。

二十九

「なんでそう硬いんだ！」——或る時、木炭がダイアモンドに言った。「おれたちは親類じゃないか」——。

なぜそう柔らかいのか。おおわが兄弟よ、わたしは諸君にそう訊ねる。君たちは——

わたしの兄弟ではないのか。

どうしてそう柔らかく、逃げ腰で、すぐ妥協するのか。なぜその心のなかでそのように多く否定し取り消してしまうのか。なぜその眼差しのなかにはそのように少ないのか、運命の仮借なさが。

君たちが運命のようであろうとせず、仮借なく譲歩せぬ者であろうとしないなら、どうしてわたしと共に得ることができようか——勝利を。

君たちが硬く、光り、分かち、切断しようとしないならば、どうしていつの日かわたしと共になすことができようか——創造を。

創造者は硬く苛酷だ。だから諸君の手形を、蠟の上に押しつけるように来る《きた》る数千年の上に押しつけることを、至福と思わねばならない——。

——至福なのだ、青銅の上に書きつけるように、来る数千年の上に諸君の意志を書きつけることは。——青銅よりも硬く、青銅よりも貴重になって。もっとも貴重なものこそが、もっとも硬いのだから。

おお、わが兄弟よ。この新しい石版を諸君の上に掲げる。硬くあれ。

三十

おお、わが意志よ。お前はすべての苦難を変える、わが必然よ。つまらぬ勝利からこの身を守ってくれ。

お前、わが魂のさだめよ、わたしが運命と呼ぶものよ。お前、わが内なるもの、わが上なるものよ。わたしを守ってくれ、ひとつの大いなる運命に備えて。

そして、わが意志よ。お前の最後の偉大さをお前の最後の時のために残しておくがいい。――お前の勝利の瞬間にあっても、仮借ないものであるために。ああ、みずからの勝利に屈しなかった者があろうか。

ああ、勝利に酔って薄明、目をくらまされなかった者があろうか。ああ、勝利のなかで脚をよろめかせ、忘れなかった者があろうか――立つことを――。

――いつか大いなる正午が来たとき、わたしが準備万端、成熟しているように。灼熱する青銅のように、稲妻を孕んだ暗雲のように、乳でふくらんだ雌牛の乳房のように――

――わたし自身とわたしのもっとも奥深い意志に向かうとき、万全であるように。矢を恋い慕う弓のごとく、星を恋い慕う矢のごとくであるように――

――星のごとく、その正午にあって準備万端、燃え盛って、刺し貫く太陽の矢に打ち砕かれて恍惚となる星のごとくであるように――

――その太陽、仮借ない太陽の意志として、ためらいなく破壊し尽くして勝利をおさめる太陽のごとくであるように。

おお、意志よ。すべての苦難を転回するものよ。お前、わが必然よ。わたしを一つの巨大な勝利のために取っておいてくれ——
ツァラトゥストラはこう語った。

恢復《かいふく》しつつある者

一

或る朝、その洞窟に帰ってまもないころ、ツァラトゥストラは狂ったように臥所《ふしど》から飛び起きて恐ろしい声で叫ぶと、まるでもう一人が臥所のなかにいて起き上がってこようとしないかのような仕草をするのだった。あまりにツァラトゥストラの叫びはよく響いたので、彼の生き物たちはおどろいて寄ってきたし、ツァラトゥストラの洞窟にほど近いすべての巣穴から、あらゆる動物が逃げ出した――飛ぶものあり、はばたくものあり、這うものあり、跳ねるものあり、それぞれの足や翼をたよりに逃げていった。するとツァラトゥストラはこのような言葉を語った。

起きよ、深淵の思考よ。わが深みから。わたしはお前の雄鶏だ、夜明けだ、寝過ごした怪獣よ。起きろ、起きろ、わたしの声が時を告げてお前を目覚めさせてやる。

お前の耳の閂《かんぬき》を外せ。わたしもお前の声が聞きたいのだから。起きよ、起きよ。この雷《いかづち》はとどろく、どんな墓穴のなかにでも聞こえてしまうほどに。

お前の目から眠りをぬぐいとれ、すべてもの見えなくするものをぬぐいとれ。この声を聞け、お前の目でも。わが声は生まれつきの盲目すら癒やす妙薬だ。
一度目覚めたら、お前は永遠に目覚めていなくてはならない。わが流儀ではない、曾祖母たちを眠りから起こしておいて、また眠れと命じるようなことは。

動き出したな。伸びを打つのだな。喉を鳴らすのだな。起きよ。起きよ。喉など鳴らすのではない――わたしに向かって語らなくてはならない。ツァラトゥストラがお前を呼ぶのだ。この神を蔑《なみ》する者が。

われはツァラトゥストラ、生の弁護者、苦悩の弁護者、円環の弁護者――このわたしが呼ぶのだ、わが深淵の思想よ。

おお、この歓び。お前は来る――声が聞こえる。わが深淵が語っている。わたしの最も奥にある深みを、白日のもとに曝《さら》しおおせたのだ。

おお、この歓び。こちらに来てくれ。手を。あ、離せ！　ああ。――嘔気《はきけ》、嘔気、嘔気――何ということだ！

二

こう言うがはやいか、ツァラトゥストラは屍《しかばね》のように倒れ、屍のように動かなくなった。われにかえっても青ざめ、ふるえ、起きあがれず、ながく飲み食いをしようとしなかった。これが七日つづいた。彼の生き物たちは昼も夜もそばを離れなかった。ただ時折、鷲が飛び立って食物を採ってくるのだった。そして鷲は採ってきたもの、奪い集めてきたものを、ツァラトゥストラの臥所の上に積み重ねた。遂にツァラトゥストラは黄や赤の苺《いちご》、葡萄《ぶどう》、苹果《りんご》、かんばしい香草や松の実に埋まってしまった。彼の足もとには二匹の子羊までが横たわっていた。鷲が苦労して羊飼いから奪ってきたのだった。

遂に七日後、ツァラトゥストラは臥所の上で身を起こした。苹果をひとつ手にとってかぎ、その香りをよろこんだ。それを見て、彼の生き物たちは、話すべき時が来たと思った。

「おお、ツァラトゥストラよ」。と彼らは言った。「あなたは七日も目を重く閉じて横たわっていました。もうその足で起き上がってもよいのではないでしょうか。

この洞窟から出ましょう。世界はあなたを待っているのです、一つの花園のように。風のまにまに漂うかぐわしい香りは、あなたに言い寄ろうとしています。すべての小川はあなたの後を追って走ろうとしています。

万物はあなたに憧れている、七日も独りでこもっていたのですから――この洞窟から出ましょう！　万物があなたの医者になりたがっているのです。

きっと新しい認識が一つ、あなたにやってきたのでしょう。酸っぱくて、重たい認識が。酸味が出てきた小麦粉の生地のように、あなたは横たわっていた。あなたの魂は限界を超えてふくれあがっているのでしょう――」。

――おお、わたしの生き物たちよ。ツァラトゥストラは答えた。もっとしゃべり続けて、話をきかせてくれ。聞いていると生気がもどってくる。こういうおしゃべりがあるだけで、わたしにとって世界はすでに花園だ。

言葉とその音調があるということは、何とよいことだろう。言葉と音調とは、永遠に引き離されたもののあいだに架け渡された虹であり、仮象の橋ではなかろうか。

魂にはそれぞれ別の世界がある。それぞれの魂にとって他の魂は、世界の彼方だ。

もっとも似ているもののあいだに架け渡されて、仮象はもっとも美しい嘘をつく。もっとも小さい裂け目こそ、もっとも橋を架けにくいのだから。

わたしにとっては――わたしの外などというものがどうしてありえよう。外などない。だが言葉の音調を聞くたびにそのことを忘れる。これを忘れるということは、何とよいことだろう。

事物に名と音調が贈られているのは、人間がその事物をよろこび、生気を得るためではないのか。言葉を発するということは、一つの美しい狂宴だ。それによって人間は、一切の事物の上を舞い踊って行く。

すべて語ることは、すべて音調の嘘は、何とよいことだろう。その言葉の音調に乗ってわれわれの愛は、七色の虹の上で踊るのだ――。

――「おお、ツァラトゥストラよ」と、そこで生き物たちは語った。「われわれ考える者たちにとっては、一切の事物そのものが踊っています。万物は来て、手を取り合い、笑って、逃げていく――そしてまた帰ってくるのです。

万物は行く、万物は帰る。存在の車輪は永遠にめぐっている。万物は死ぬ、万物はふたたび花咲《ひら》く。存在の年は永遠にめぐっています。

万物は砕かれ、万物は新しく組みあげられる。同じ存在の家が永遠に建て直される。万物は別れ、万物はふたたび挨拶をかわしあう。存在の円環は、正確にそのままです。

一瞬ごとに存在は始まる。それぞれの『ここ』をめぐって、『かなた』の球が回っている。中心はいたるところにある。永遠の道は曲線をえがくのです」――。

――おお、このいたずら者の道化師よ、手回し風琴《オルガン》よ。ツァラトゥストラは答えて、ふたたび微笑んだ。なんとお前たちはよくわかっていることか、この七日のあいだで果たされたことを――。

――また、あの蛇がこの喉に入り込んで息をつまらせたことも。だが、わたしはその頭を噛み切って吐き捨てた。

そして、お前たちは――もうそれを手回し風琴の歌にしてしまったのか。噛みそして吐き捨てたことに疲れきっていて、まだここに横たわっているというのに。みずからを救うことによって、まだ病み衰えて。

なのに、お前たちは一部始終をただ見ていたのだな。おお、わが生き物たちよ。お前たちまで冷たいのか。この大きな苦痛を、ただ見ていたのか。人間たちがそうするように。人間こそ、もっとも冷酷な動物なのだから。

悲劇を、闘牛を、磔刑を見物することが、いままで人間にとって地上でもっとも楽しいことだった。そして地獄を発明したとき、見よ、人間にとってそれがこの世の天国だった。

偉大な人間が苦しみのあまり叫ぶと――すぐに小物たちが集《たか》ってくる。みだらな喜びのために舌なめずりをしながら。だが人間はそれを「同情」と呼ぶ。

小さな人間、とりわけて詩人は――何と熱心に言葉をつらねて生を告発することだろう。だが、その告発の初めから終わりまで響いている快感を聞き漏らさぬがいい。

このような生の告発者たちを、生は一つきり目を瞬かせるだけで打ち負かしてしまう。「わたしのことが好きなの？」と、この生というふてぶてしい女は言う。「でもちょっと待って。いまは相手をしてる暇がないの」。

人間はおのれに対してもっとも残酷な動物だ。「罪びと」だの「十字架を負う者」だの「贖罪者」だのと自称する者の悲嘆《クラーゲン》と告発《アンクラーゲン》のなかにひそむ快楽を聞き漏らさぬがいい。

そしてわたし自身も――こう言うことで、人間の告発者になろうというのか。ああ、わが生き物たちよ。今までわたしが学んだのはただこのことだけだ。人間にとっては、その最善のもののために最悪のものが必要だということだ――。

――最悪のものは人間の最善の力であり、最高の創造者にとってもっとも硬い石である。だから人間はもっと善く、そしてもっと悪くならねばならない――。

人間は悪だと知ったこと、これがわたしが釘付けされた拷問具であったわけではない。──というのに、わたしは叫んだのだ、かつて何人も叫んだことがないほどに。「ああ、人間がなす最悪のことは、何と小さいことか。ああ、人間のなす最善のことは、なんと小さいことか」と。

人間に対する大きな倦怠──これがこの首を絞め、その奥深くに這入り込んだのだ。そして預言者の「すべては同じことだ。何の意味もない。知はわれらの首を絞める」という預言がこの首を絞めた。

一つのながい黄昏がわたしの前を足を引きずりながら歩いていた。死ぬほどに疲れ果て、死に酔いしれた悲しみが。それが欠伸《あくび》をしてわたしに語った。

「永遠に繰り返し戻ってくるのだ、人間が、お前がうんざりしているその小さな人間が」──そう言ってわたしの悲しみは欠伸をし、足を引きずり、しかし眠ることができなかった。

人間の大地はわたしにとって洞窟になった。大地の胸は窪み、生きとし生けるものはわたしにとって、人の形をした黴となり、骨となり、朽ちた過去となった。

わたしは嘆息した、するとそのため息はあらゆる人間の墓の上に居座って、もはや立ち上がれなかった。わが嘆息と問いは、昼も夜も悲しみを訴え、この首を絞め、骨を嚙み、そしてまた苦しみの声をあげた。

──「ああ、人間が永遠に立ち戻ってくる。小さな人間が永遠に立ち戻ってくる」

——最大の人間と最小の人間の裸身いずれもかつて見たことがある。あまりに似ていた。——そして最大の人間さえ、あまりに人間的だった。

最大の人間さえあまりに小さい。——だからこそ人間に倦んでいる。そして最小のものもまた永遠に回帰してくる。——だから生存するものすべてに倦んでいる。

ああ、嘔気、嘔気、嘔気。——ツァラトゥストラはこう語ると、嘆息し、身ぶるいした。みずからの病を思い出したから。だが、彼の生き物たちがその言葉をさえぎった。

「もうお話しにならないでください。あなたは恢復しつつあるのです」——そう彼の生き物たちは言った。「それよりも外に出ましょう。そこでは世界が花園のようにあなたを待っているのですから。

外へ出て薔薇と蜜蜂と鳩の群れのほうへ向かうのです。わけても歌う鳥のほうへ。あなたが鳥から歌うことを学ぶために。

歌うことは、恢復しつつある者にこそふさわしい。健康な者は語るがよいでしょう。健康な者も歌いたい時がある、しかし恢復しつつある者の歌とは別のものです」。

——「おお、このいたずら者の道化師よ、手回し風琴《オルガン》よ。静かにするがいい」——そうツァラトゥストラは答えて、その動物たちに微笑みかけた。「なんとお前たちはよくわかっていることか、この七日のあいだに、わたしがこの身のためにどんな慰めを考え出したかを。

また歌わねばならない——この慰めを、この恢復を、自分のために考え出したのだ。これもまたすぐに手回し風琴の歌にしてしまうつもりか」。

——「もうお話しにならないでください」と、彼の生き物は重ねて答えた。「あなたは恢復しつつあるのですから、それより竪琴を用意するのです。新しい竪琴を。おお、ツァラトゥストラよ、あなたの新しい歌には新しい竪琴が必要なのだから。

歌うのです、そして響かせるのです。おお、ツァラトゥストラよ。新しい歌であなたの魂を医《いや》しなさい。どの人間の運命でもなかったあなたの大いなる運命を担うのです。

あなたの生き物なのだから、よくわかっている。おお、ツァラトゥストラよ。あなたが何者であり、何者にならねばならないかを。見よ、あなたは永劫回帰を教える者だ——いまやこれがあなたの運命なのです。

あなたはこれを教える最初の者にならねばならないのだから——このような大きな運命が、あなたのもっとも大きな危機と病にならないわけがないではありませんか。

見よ、われらはあなたが教えることを知っている。万物は永遠に回帰するのだ、われわれ自身も万物と共に。そしてわれわれは無限の回数にわたって現に存在していたのだ、万物もわれらと共に。

あなたは教える。生成の大いなる年があることを、途方もなく巨大な年があることを。

その年は砂時計のように幾度となく新たにさかさまにされて元に戻らなくてはならない。また新たに流れだして過ぎゆくために——。

——だからこれらの年はすべて相等しいのだ、その最大のことにおいても最小のことにおいても。——だからわれわれ自身もこの大いなる年を重ねてもそのままだ、その最大のことにおいても最小のことにおいても。

そしていまあなたが死のうとしても、おお、ツァラトゥストラよ。見よ、わたしたちは知っている、あなたがその身にむかって何を仰るかを。——もちろんあなたの生き物なのだから、まだ死なないでほしいと願うのだけれども。

あなたは語るでしょう。恐れおののくことなく、むしろ至福にひたって安堵の息をつきながら。ひどい重さと鬱陶しさから解放されるのですから。あなたは誰よりも辛抱強いお人だ——。

『いまわたしは死んでいく、果敢なくなっていく』、あなたはそう仰るでしょう。『一瞬のうちに無になる。魂も肉体とおなじく死んでいく。

だが、わたしが組み込まれていたさまざまな原因の結び目は、——またわたしを創り出すだろう。わたし自身も永劫回帰の数ある原因のひとつだ。

わたしはまた来る。この太陽、この大地、この鷲、この蛇と共に——新しい生に、よりよい生に、あるいは似た生にではない。

——永遠に繰り返しこの同じ生に戻ってくるのだ、最大のことにおいても最小のことにおいても。だからわたしは万物の永劫回帰をふたたび教える——。

——だからわたしは大地と人間の大いなる正午についてふたたび語るだろう。だからわたしはふたたび超人を告知するだろう。

——わたしはわたしの言葉を語った。この言葉によって砕ける。これがわが永遠の運命だ——、告知する者としてわたしは滅びる。

時が来た、没落する者がみずからを祝福する時が。かくしてツァラトゥストラの没落は完了する』」——。

生き物たちは以上の言葉を言い終えると、黙りこみ、ツァラトゥストラが何ごとか言い出すだろうと待っていた。が、ツァラトゥストラは彼らが黙ったのにも気づかずにいた。静かに横たわり、目を閉じて、眠っている者のようだった。眠ってはいなかった。まさにみずからの魂と語り合っていた。蛇と鷲は、このように黙っているのをみて、彼をとりまく大いなる静寂《しじま》をうやまい、音を立てぬように去っていった。

大いなる憧れについて

おお、わが魂よ。お前に教えた、「いま」を「いつか」と「かつて」と同じように言うことを。そしてここも、そこも、かなたをも、すべてその舞いで踊り超えていくことを。

おお、わが魂よ。あらゆる片隅からお前を救い出し、埃と蜘蛛と黄昏のひかりを払い落とした。

おお、わが魂よ。小さな恥とせせこましい徳をお前から洗い落とし、一糸まとわぬ姿で太陽の目前に立つよう説き伏せた。

「精神」という名の嵐で吹き寄せてお前の海を波打たせ、すべての雲を吹き払って、「罪」という名の絞殺者すら絞め殺した。

おお、わが魂よ。お前に権利を与えた、嵐のごとく否《ナイン》と言い、くもりない空が言うように然り《ヤー》と言う権利を。お前は光のようにしずかで、行く手をはばむ嵐をつらぬいて進む。

おお、わが魂よ。お前に自由を与え返した、創造されたものと創造されていないものについての自由を。だから、未来にある歓びをお前ほど知っている者があろうか。

おお、わが魂よ。お前に軽蔑を教えた、虫食いのような軽蔑ではなく、大いなる、愛する軽蔑、もっとも軽蔑することによってもっとも愛する軽蔑だ。

おお、わが魂よ。お前を説得した、さまざまな根拠すら自分のところまで昇るように説得せよと。太陽が海を自分の高みまで昇ってくるように説得するのと同じく。

おお、わが魂よ。お前からあらゆる服従を取り除いた。膝を屈することを、主よと口にすることを。みずからお前に名を与えた、「苦難の転換」と「運命」という名を。

おお、わが魂よ。お前に与えた、いくつかの新しい名前と色とりどりの玩具を。お前を「運命」と呼び、「さまざまな囲いを囲うもの」と呼び、「時の臍の緒」と呼び、「空いろの鐘」と呼んだ。

おお、わが魂よ。お前の土壌にあらゆる知恵を飲ませた。新しいものから古《いにしえ》より伝わる強いものまで、知恵の葡萄酒すべてを。

おお、わが魂よ。お前に注いだ、あらゆる太陽を、あらゆる夜を、あらゆる沈黙を、あらゆる憧れを――そしてお前は葡萄の樹のように生い育った。

おお、わが魂よ。お前は豊かさにあふれて重たくなったまま立っている。ふくらんだ乳房のようにみっしりと実っている黄金の房をたらした葡萄の木さながらに。

――みずからの幸福が押し迫ってくるので、重くるしいようになって、そのまま充溢のあまり、ただ待っている。しかも自分がそうして待っていることがはずかしい。

おお、わが魂よ。お前以上に愛し、抱擁しようとした、ひろい魂はもうどこにもない。お前においてよりも、未来と過去が密接に結び合っているところがどこにあるか。

おお、わが魂よ。お前にはすべてを与えた。この両手はお前のために空になった。——そして今、お前は微笑みながら憂鬱にみちて言う。「わたしたちのうち、どちらが感謝すべきなのでしょう——。

——与えた者が感謝すべきではないでしょうか。受け取った者が受け取ってくれたことに。必要に迫られて他に仕方がないから、贈り与えるのでは。受け取るということは——憐れむことではないでしょうか」——。

おお、わが魂よ。その憂鬱にみちた微笑みがわかる。今度は、お前の豊饒な富そのものが、憧れる両手をささげるのだから。

お前の充実は、轟然と鳴りどよもす海を見渡し、さがし、そして待っている。お前の微笑む目から空がのぞき、あまりある充実からくる憧れのひかりが溲れている。

そうだ、わが魂よ。お前のその微笑みを見て、だれが涙に濡れずにいよう。天使さえお前の微笑みがたたえる豊かな善意をみて泣き濡れるだろう。

おまえの善意、豊かにすぎる善意は、嘆かない、泣こうとしない。だが、おお、わが魂よ、お前の微笑みは涙に憧れており、お前の慄えるくちびるはすすり泣きに憧れている。

「泣くことはみな、嘆くことではないか。そして嘆くことはみな、咎めることではないか」。そうみずからに言う。おお、わが魂よ、ゆえにお前は、悩みを打ち明けてしまうよりも、微笑んでいようとする。

——充実からくる苦悩のすべてを、葡萄の樹が摘み手とその鋏を待ちきれずにいる心地のすべてを、ほとばしる涙としてあらわにするよりも。

しかし、お前が泣こうとせず、お前の真紅の憂鬱を涙に流そうとはしないなら、お前は歌わずにいられないだろう、おお、わが魂よ。——見よ、このように預言しながら、わたしにも微笑みが浮かんでくる。

——歌え、轟と鳴る声で。遂にすべての海も静まり、お前の憧れに聞き入るまで、——

——遂に静かな、憧れにみちた海に小舟がうかぶ、それは黄金《きん》いろの奇蹟だ。その黄金をめぐって、善いものも悪いものも不思議なものたちが跳ねまわるようになるまで——

——そして沢山の大小の生き物たち、すべて不思議にかるい足を持っていて、すみれ色の小路をかけていくことが出来るものたちが、——

——この黄金いろの奇蹟にむかって、自由意志を持った小舟とその主にむかっていく、だがその主はダイアモンドの鋏を手にして待っている摘み手である——

——おお、わが魂よ。この名もない者が、お前の大いなる解放者だ——未来の歌がはじめてその名をうたうことだろう。そうだ、お前の息からすでに未来の歌の香りがする——

——すでにお前は燃え、夢見ている。すでに渇いて、すべての音たてて湧く慰めの泉から飲んでいる。すでにお前の憂鬱は、未来の歌の至福のなかで安らっているではないか――。

おお、わが魂よ。お前にすべてを与えた、わたしの持つ最後のものまで。この両手はお前のために空になった――見よ、お前に歌えと命じること、これがわたしの最後の持ち物だった。

歌えと命じた。さあ、言うがいい。今やわれらのうちのいずれか――感謝すべきなのは。――だがそんなことより、歌ってくれ。歌え、おおわが魂よ。そして感謝させてくれ。

ツァラトゥストラはこう語った。

もう一つの舞踏の歌

一

「つい先程、あなたの目に見入っていた。おお、生よ。あなたの目は夜、そのなかで黄金がひかるのを見た。——歓びのあまりわが胸は鼓動をとめた。

——一艘の黄金の小舟が夜の水面《みなも》にひかるのを見た。沈みかかる、水をかぶる、そしてまたさしまねく、揺れる小舟だ。

踊り狂うわたしの脚に、あなたは一瞥をくれた。笑うような、問いかけるような、蕩かせるような揺れるまなざしだ。

たった二度、あなたはちいさな手でその拍子木を打ち鳴らす。——それだけでわたしの脚は踊り狂って揺れた——。

この踵は高くあがり、このつま先はあなたの心を知ろうとして耳を澄ませた。舞踏者《ダンサー》の耳は——そのつま先にある。

あなたに向かって跳んだ。あなたは退《すさ》って逃げた。逃げながらそのたなびく髪はわたしに蛇のようにちろちろと舌を出した。

あなたとその蛇から跳びのいた。するとあなたは半ば身をこちらにむけて立ち尽くし、呼びもとめる目をしている。

くねる眼差しで、――わたしに教える道もまたくねって。その道を通りながらこの脚も学ぶ――たくらみを。

近づくあなたを恐れ、遠ざかるあなたを愛する。逃げられれば誘われて、求められれば進めなくなる。――苦しい。だが、あなたのためなら、何でもよろこんで苦しんで来たではないか。

冷たくすれば燃え立たせる。憎めばその気にさせる。逃げれば縛りつける。嘲れば――心を打つ。

――こんなあなたを、憎まずにおれようか。あなたよ、大いなる束縛者、籠絡者、誘惑者、捜索者、発見者よ。こんなあなたを、愛さずにいられようか。無邪気で、気が早くて、疾風のようで、子どものように澄んだ目をした罪ぶかいあなたを。

わたしをどこに連れていこうというのだ、典型《アオスバント》にして手に負えない子ども《ウンバント》であるあなたは。またわたしから逃げるのか、甘やかなお転婆娘よ、恩知らずよ。

踊りながら追っていく。ついて行くのだ、その薄れゆく足あとをたよりに。あなたはどこにいる。手をさしのべてくれ。指一本でもいいから。

また洞穴だ、また藪だ。これでは道に迷ってしまう――待ってくれ。立ち止まってくれ。見えないのか、梟《ふくろう》や蝙蝠が飛び回っているのが。梟はあなただ。蝙蝠はあなただ。わたしをからかっているのか。ここはどこだ。そのしきりに吠えるのは、犬のまねごとか。

わたしに向かって、白い歯を愛らしく剝き出す。あなたの意地悪な目がひかり、巻き毛のあいだからわたしを刺す。

根があろうと岩があろうと、その上を行く舞踏だ。わたしは猟師だ。――あなたは、わたしの猟犬になるのか、それとも羚羊《かもしか》にか。

やっとそばまで来た、と思うとすぐ、意地悪く跳び去る。もう上へ、向こうへ。――痛い。ああ、跳ぼうとして、倒れてしまった。

燥《はしゃ》いでいるな、あなたは。見てくれ、こうして倒れた様《ざま》を。あわれみを乞う姿を。あなたと一緒に歩きたかったのは――もっと楽しい小路だったのに。

――静かな、色とりどりの花ひらく茂みをわけて、愛の小路を行きたかった。でなければ、あの水海《みずうみ》の岸辺に沿って。そこに金魚たちが舞い泳いでいるのに。

あなたは、ついに疲れてきたのか。むこうは夕焼けて、羊たちが群れている。羊飼いたちの笛の音をききながら眠るのも悪くはあるまい。

そんなに疲れ果ててしまったのか。あなたを背負って行こう。ほら、腕をさげてもいい。喉が渇いたのか――飲ませたくても、あなたの口は飲もうとしない。

――おお、この苛立たしい、すばしこい、しなやかな蛇よ。摑まえどころのない魔女よ。あなたはどこへ行ってしまった。どうやらこの顔には、あなたの手で二つの斑点、赤いしるしがつけられてしまったようだ。

いつまでも君の愚かな羊飼いを演じるのには心底うんざりした。魔女よ、今までわたしが歌をうたって聞かせたが、今度は君の番だ――嘆く声を聞かせるのは。

この鞭の拍子にあわせて、踊り叫ばせてやろう。鞭を忘れてきてはいないだろうな。

――いや、ある」。

二

すると生は可愛らしい耳をふさぎながら、こう答えた。

「おお、ツァラトゥストラ。そのひどい鞭の音を何とかして。知っているはずでしょう、騒音は思想を殺すということを。――ちょうどいま、心やさしい思想が浮かんで来たというのに。

わたしたち二人とも、まぎれもなく、善いことには縁がない。けれど、悪いことにも縁がない。善悪の彼方に、わたしたちの島を、そしてみどりの草原を見つけたのだから――この二つ身だけで。だから、それだけでも、わたしたちは仲良くしなくてはいけない。

わたしたち、こころの底から愛し合ってはいないのかもしれない――、でも、人は心底から愛し合っていないならば、憎み合わなくてならないものでしょうか。

わたしがあなたに好意を寄せていること、時にはそれが過ぎることは、あなたも知っているでしょう。なぜって、あなたの知恵に嫉妬しているから。ああ、あの知恵とかいう間抜けな婆さんに。

でも、もしあなたの知恵があなたから逃げて行ってしまうなら、そのときはわたしの愛もすぐに逃げて行ってしまうでしょう」——。

そう言うと、生は物思いにしずんで、後ろや周囲を見渡してから、声を低めた。「おお、ツァラトゥストラ。あなたも十分に忠実ではなかった。

言うほどわたしを愛していない。知ってる、やがてわたしから離れて行こうと思っているということを。

ひとつ、古くて重い、おもい、低い音を鳴らす鐘がある。その低い音は夜ごとあなたの洞窟までのぼってくる——

——その鐘が真夜中の時を告げるのを聞くと、あなたは一つ目から十と二つ目のあいだに、ずっとそのことを考えるのでしょう——

——知っている、おおツァラトゥストラ。やがてわたしから離れようと思っているということを」——。

「そうだ」。と、わたしはためらいながら答えた。「だがこのことも知っているだろう」

——そう言ってわたしはその耳に何事かささやいた。その、もつれて黄いろの、おろかしい髪の房のあいだに。

「それを知っているの、おお、ツァラトゥストラ。誰ひとり知らないことなのに——」。

わたしたちは見つめ合った。くれかたの冷えが寄せてくるみどりの草原を見やって、一緒に泣いた。——そのときは生がいとしかった、わたしの知恵のすべてよりも——。

ツァラトゥストラはこう語った。

三

一つ！

おお人間よ。心して聞け。

二つ！

深い真夜中は何を語る。

三つ！

「わたしは眠っている、眠っている——

四つ！

深い夢からわたしはめざめた、──
　五つ！
世界は深い。
　六つ！
昼が思うより深い。
　七つ！
深い、世界の痛みは──
　八つ！
悦び──それは苦しみより深い。
　九つ！
痛みは言う、去れと。
　十！
しかしすべての悦びは永遠を望む──
　十一！
──深い、深い永遠を望む」。
　十二！

七つの封印
（あるいは然《ヤー》りとかくあれかし《アーメン》の歌）

一

わたしが一人の預言者であって、二つの海のあいだにある高峰の鞍部をただよう預言の精神に満ちているとして、——

その精神は未来と過去のあいだに重い雲のようにただよっている、——暑くるしい低地の敵であり、倦みつかれてなお死にきれないが生きてすらいない一切のものの敵である——。

その昏い懐《ふところ》のうちでは稲妻を、救いの光を発する用意ができている。「然《ヤー》り」と言い、「然り」と笑う稲妻を孕み、預言の電光を投げる用意が——。

——このように懐妊している者はさいわいである。本当だ、いつか未来の光を点火せねばならない者は、重い暗雲としてながく山間に垂れ込めておらねばならぬ——。

おお、ならばどうしてわたしが永遠にこがれずにいられようか、指輪《リング》のなかの指輪である婚姻のしるしに——回帰の円環《リング》に。

いまだ子どもがほしいと思える女に会ったことがない。だが一人ここに、愛する女がいる。子を生ませたい。わたしはあなたを愛しているのだから。おお、永遠よ。

あなたを愛しているのだから。おお、永遠よ。

二

かつてわたしは怒り、あまたの墓を暴《あば》き、境界に置かれた石をうごかし、古い石版を打ちくだいて千尋の谷に投げうった。

かつてわたしは嘲り、黴《かび》が生えた言葉を吹き飛ばし、十字蜘蛛には箒《ほうき》となって、息ぐるしい古い墓穴には爽《さ》っと吹き抜ける風となって向かった。

かつてわたしは古い神々が葬られているところに歓呼の声をあげて座っていた。世界を誹謗する古い者らの記念碑のかたわらで世界を祝福し、世界を愛しながら座っていた。

——つまり、教会も神の墓も愛する、その割れた天井から大空の澄んだ目がのぞくようになれば。草や赤罌粟《けし》とおなじように、教会の廃墟にいるのが好きだ。

おお、ならばどうしてわたしが永遠にこがれずにいられようか、指輪《リング》のなかの指輪である婚姻のしるしに——回帰の円環《リング》に。

いまだ子どもがほしいと思える女に会ったことがない。だが一人ここに、愛する女がいる。子を生ませたい。わたしはあなたを愛しているのだから。おお、永遠よ。

あなたを愛しているのだから。おお、永遠よ。

三

かつて創造の息吹が訪れた。偶然をも強いて星に円舞を踊らせる、あの天上の必然の息吹がこの身を訪れた。

かつて創造の稲妻の笑いを笑った。あとから、行為というながい雷鳴が不平をとどろかせながら、しかし従順についてきた。

かつて大地という神々の卓で骰子をなげて神々と遊んだ。そのために大地は揺れ、割れ、火の河を噴き出した。

――大地は神々の卓であって、創造する新しい言葉と神々の骰子で震えるのだから。

おお、ならばどうしてわたしが永遠にこがれずにいられようか、指輪《リング》のなかの指輪である婚姻のしるしに――回帰の円環《リング》に。

いまだ子どもがほしいと思える女に会ったことがない。だが一人ここに、愛する女がいる。子を生ませたい。わたしはあなたを愛しているのだから。おお、永遠よ。

あなたを愛しているのだから。おお、永遠よ。

四

かつて万物がよく混ぜ合わされたあの泡立つ香料の壺を飲み干した。かつてこの手はもっとも遠いものをもっとも近いものへ注いだ。火を精神に、快楽を苦痛に、最悪のものを最善のものに。

わたし自身が、一粒の塩だ、万物をあの壺のなかでよく混ぜあわせる溶剤だ。

――つまり善悪を結びつける塩がある。そして最大の悪すらも風味を添えるために、泡を立たせきるために役立つのだ――。

おお、ならばどうしてわたしが永遠にこがれずにいられようか、指輪《リング》のなかの指輪である婚姻のしるしに――回帰の円環《リング》に。

いまだ子どもがほしいと思える女に会ったことがない。だが一人ここに、愛する女がいる。子を生ませたい。わたしはあなたを愛しているのだから。おお、永遠よ。

あなたを愛しているのだから。おお、永遠よ。

五

海と海らしいすべてのものが好きだ。それがわたしに怒り逆らうときにこそ、もっとも好ましい。

未発見のものへ帆を走らせるあの探求の悦びがこの身のなかにある。その航海者の悦びがわたしの悦びのなかにある。

かつてわたしは歓呼の声をあげた。「岸辺はもう見えない。――わたしの最後の鎖は断たれた――

――果てないものがわたしのまわりで響《どよ》めく。時間と空間がさらに広々とかがやいている。さあ、立て、わが心よ！」――

おお、ならばどうしてわたしが永遠にこがれずにいられようか、指輪《リング》のなかの指輪である婚姻のしるしに――回帰の円環《リング》に。

いまだ子どもがほしいと思える女に会ったことがない。だが一人ここに、愛する女がいる。子を生ませたい。わたしはあなたを愛しているのだから。おお、永遠よ。

あなたを愛しているのだから。おお、永遠よ。

六

わたしの徳は舞踏者《ダンサー》の徳だ。よくこの両脚で金と翠玉《エメラルド》のいろをした陶酔のなかに飛び込んだ。

わが悪意は哄笑する悪意だ。薔薇咲く丘、百合咲く垣のもとでやすらう悪意だ。

――つまり笑いのなかにはすべての悪がならび立つ。だが悪自体の至福によって聖別され、免罪されて。

それがわたしのアルファにしてオメガだ。すべて重いものは軽くなり、すべて身体は舞踏者になり、すべて精神は鳥になる。そうだ、これがわたしのアルファにしてオメガだ。

おお、ならばどうしてわたしが永遠にこがれずにいられようか、指輪《リング》のなかの指輪である婚姻のしるしに――回帰の円環《リング》に。

いまだ子どもがほしいと思える女に会ったことがない。だが一人ここに、愛する女がいる。子を生ませたい。わたしはあなたを愛しているのだから。おお、永遠よ。

あなたを愛しているのだから。おお、永遠よ。

七

かつて頭上に静かな天空をめぐらせた。みずからの翼で、みずからの空に飛んで行った。

深いひかりの遠みのなかで泳ぎたわむれた。わたしの自由に鳥の知恵が訪《おとな》った――。

――鳥の知恵はこう語った。「見よ、上もなく下もない。飛び込んで行け、どこにでも、外へも、後ろへも。君よ、軽い者よ。歌え、もはや語るな。

――言葉はすべて重い者たちのために作られたのではないのか。軽い者たちにとってすべて言葉は嘘なのでは。歌え、もはや語るな」――。

おお、ならばどうしてわたしが永遠にこがれずにいられようか、指輪《リング》のなかの指輪である婚姻のしるしに——回帰の円環《リング》に。

いまだ子どもがほしいと思える女に会ったことがない。だが一人ここに、愛する女がいる。子を生ませたい。わたしはあなたを愛しているのだから。おお、永遠よ。

あなたを愛しているのだから。おお、永遠よ。

第四、最終部

「ああ、同情する者たちがしたよりも大きな愚行が、この世にあるだろうか。同情する者たちがした愚行よりも苦しみを与えたものが、この世にあるだろうか。

同情を超えた高みを知らぬ、愛する者にわざわいあれ。

かつて悪魔がわたしに語った。『神にも地獄がある。人間への愛だ』。

つい最近も、悪魔はこう語った。『神は死んだ。人間への同情のゆえに、神は死んだ』――」。

――ツァラトゥストラかく語りき、第二部「同情する者たちについて」

蜜の供物

――そしてまた歳月がツァラトゥストラの魂をながれていった。が、彼は気にかけなかった。しかし髪は白くなった。或る日、洞窟の前の石に腰を下ろして遠くを眺めていると、――そこからは海が見え、そして入り組んだ谷底が見渡せた――鷲と蛇は思わしげに彼のまわりを行き来していたが、遂に前に来て言った。

「おお、ツァラトゥストラよ。あなたの幸福がやって来るのを見張っておいででしょうか」。――「幸福など知ったことではない」。彼は答えた。「もうとうに幸福など求めなくなった。求めているのは、わたしの仕事だ」――「おお、ツァラトゥストラよ」、と彼の生き物たちはふたたび言った。「それは、あなたが十二分に自足しているということではありますまいか。あなたは空のように青い幸福の海にひたっているのではないでしょうか」。――「お前たち、道化者よ」とツァラトゥストラは返事をして、笑った。「うまい比喩をえらんだものだ。だが知っての通り、わたしの幸福は重く、流れ行く波のようではない。それはこの身にまとわりついて離れず、溶けた瀝青《アスファルト》のようだ」――。

すると生き物たちはふたたび思わしげにまわりを行き来し、もう一度彼の前に立った。「おお、ツァラトゥストラよ」と言った。「ではそのせいなのでしょうか。髪は亜麻のように白くなっていくのに、あなた自身の姿はますます黄色く、黒ずんでいくのは。そうだ、あなたはその瀝青のなかに座っているのだ」——「何を言うのだ、わが生き物たちよ」。ツァラトゥストラは笑ってそう言った。「たしかに、瀝青とは言い過ぎだった。この身に起こっているのは、熟していく果実にも起こることだ。この血管のなかには蜜がながれていて、血を濃くし、魂をも静かにさせる」——「そうでしょうとも、おお、ツァラトゥストラよ」。そう生き物たちは答えると、彼に身を寄せた。「しかし、今日は高い山に登ってみるのはどうでしょう。大気は澄み渡り、いつになく世界を一望することができます」——「そうだ、わたしの生き物たちよ」、と答えた。「よいことを言ってくれた。この心にかなう勧めだ。今日は高い山に登ってみよう。だが、そこで蜜が手に入るように準備しておいてくれ。黄色く、しろく、質のよい、氷のように新鮮な、天然の蜂蜜を。そうだ、山上で蜜の供物をささげようと思うからだ」——。

ところがツァラトゥストラが山頂に着くと、ついてきた生き物たちを帰してしまった。今や独りだった。——そこで彼は心の底から笑った。あたりを見回すと、こう語った。

わたしが供物と、しかも蜜の供物と口にしたのは、言葉の上のまやかしに過ぎなかった。実に愚かなことだが、たいそう役に立った。ここまで登ってきたのだから、自由に語ることができる。独り住む洞窟と、独り住む者に仕える動物たちを前にするよりも。

供物などと。わたしはこの身に贈られたものを惜しみなく使い果たす。千の手を持つ浪費者だ。いまさらそれを供物などと呼べるものか。

蜜を所望したのは、ただ甘く滴る餌が欲しかったにすぎない。不平ばかりこぼしている熊や偏屈で文句ばかり言う害鳥たちも、舌なめずりするような甘く滴る餌が。

——猟師や漁人《すなどり》が必要とするあの最高の餌が。世界は獣の住む暗い森であり、すべての荒くれた猟師たちの遊び場だが、わたしにはむしろ底の知れない豊かな海であるように思われるし、そう思いたい。

——色さまざまな魚と甲殻類が群れつどう海だ、見れば神々すら獲りたくなり、漁人となって網を投げるだろう。それほど世界は大小のめずらしいもので満ちている。わけても人間の世界、人間の海がそうだ。——そこにわが黄金の釣り竿を振る。そして言う。聞け、君よ、人間の深淵よ。

聞け、そしてその魚ときらきら光る甲殻類をわたしに投げ与えるがいい。この最上の餌で、今日もっともめずらしい人間魚を釣るのだ。

——わが幸福そのものを、わたしはどこまでも遠くへ投げる。日いずる東へ、真昼の南へ、日没する西へ。そしておびただしい人間魚たちが、わが幸福を引き入れようとしてもがくかどうか見ようとする。

そしてついに、その隠れた鋭い釣り針に食いついて、わが高みにまで昇らざるを得なくなるかどうかを見ようとする。このうえなく多彩な深海魚たちが、ひと釣り師のなかでもっとも底意地のわるい者の手にかかるかどうかを。

つまり、わたしは根底から、ことの最初から、ひと釣り師なのだ。引き、引き寄せ、引き出し、引き上げる。引く者、飼育する者、きびしく養い育てる者だ。かつてわたし自身にこう言ったのはそらごとではない。「汝自身になれ」。

だから今は、人間たちがわたしのところまで昇って来てほしい。わたしはまだ兆しを待っているのだから。みずからの下降の時を知らせる兆しを。わたしはなすべき人間たちへの没落をまだ果たしていない。

だからこそ、ここで待っている。この高い山の上で、策をめぐらし、嘲りながら。焦ってはいない。忍耐づよくはない。ただ忍耐をも忘れてしまった者として待つ——わたしには、「耐える」ことはもうないのだから。

つまり、わたしの運命はまだ猶予をくれている。それとも運命はわたしを忘れてしまったか。運命は巨石のかげにかくれ、蠅でも追っているのか。

そして本当だ、わたしはこの運命に感謝している。わたしの永遠の運命はこの身を駆り立てず、急き立てず、ふざけたり意地悪をしたりする猶予をあたえてくれているのだから。だからこそ、今日こうして魚を釣りに高い山まで登ってくることができている。

かつて高い山で魚を釣った人間がいるだろうか。だが、わたしがこの頂上で行いまた行おうとしていることが愚かなことであろうとも、あの下の方でもったいぶって待ちわび、青くなったり黄いろくなったり顔色を変えているよりはましだ——

——待ちきれなくてこれ見よがしに怒り、山から吹き降ろす聖なる怒号の嵐になり、性急に谷底に向かって「聞け、さもなくば神の鞭で打つぞ」などと叫ぶよりはましだ。

だがこのような怒る者たちを憎みはしない。笑わせてはくれるのだから。このような大太鼓たちが焦るのも無理はない。今日ものを言わなければ、二度と言う機会がない者たちだから。

しかし、わたしとわが運命は——今日にむかって語らない。決して来ない日にむかっても語らない。語るための忍耐と時間と、そして超時間を持っている。それはいつか必ず来るし、通り過ぎることなどないのだから。

その必ず来るもの、通り過ぎることなどないものとは何か。それはわれらの大いなる千年《ハザラ》だ。われらの大いなる遙かなる人間の国だ、千年におよぶツァラトゥストラの国だ

——

「遙か」というが、どれくらい遙かか。そんなことは知ったことではない。かといってその確かさは減りはしない。この両足を踏みしめて、わたしはその土地の上に立っている。

永遠の土地、堅固な原岩盤、このもっとも高くもっとも硬い原生山脈の上に。ここは気象の分かれ目、あらゆる風が吹き込んでくる。「どこか」「どこから」「どこへ」と問いながら。

ここで笑え。笑え、わたしのあかるい、無傷の悪意よ。高山からそのきらきらしい嘲りの哄笑を投げ降ろせ。お前のきらめきで、最も美しい人間魚を釣り上げよ。

そしてすべての海のなかにいてわたしに属しているもの、すべての事物のなかにある

本来のわたし《アン・ウント・フユール・ミッヒ》を——それこそを釣り上げてくれ。それをわたしのところへ引き上げてくれ。それを待っているのだ、あらゆる漁人のなかでもっとも意地の悪いこのわたしは。

遠くへ、遠くへ、わが釣り針よ。入り込め、下っていけ、わが幸福という餌よ。そのもっとも甘い雫を滴らせよ、わが心の蜜よ。食い込んで行け、わが釣り針よ、すべての重い悲しみの腹のなかに。

彼方へ、彼方へ、わが目よ。おお、このまわりに何というおびただしい海があることとか。何と人間の未来が明けていくことか。そして頭上に——何という薔薇いろの静けさだ。何という雲ひとつない黙《もだ》しか。

悲鳴

翌日、ツァラトゥストラはふたたび洞窟の前の石に座っていた。一方、鷲と蛇は出て行って外界をめぐり、新しい食物を探していた——そしてまた新しい蜜を。古い蜜は、ツァラトゥストラが最後の一滴もあまさず使い果たしてしまったから。そのように座って、手にしていた杖でみずからの影法師をなぞりながら、もの思いにふけっていた。だが、自分とその影についてではない——突然、彼はうちおどろき、身を慄《ふる》わせた。その影のそばにもうひとつ別の影を見たからだ。すばやく立ち上がってあたりを見回すと、見よ、かたわらに預言者が立っている。かつて食卓に招き飲食を共にしたあの男が。大いなる疲労を告知する者であって、「すべては同じことだ、何をしても無駄だ、世界に意味はない、知はひとを窒息させる」と教えていた男だ。しかしその姿は以前とは変わっていた。その目を一瞥すると、ツァラトゥストラはまたも心からうちおどろかされた。その顔のおもてを、悪い告知《しらせ》と灰色の稲妻が走っていたから。

ツァラトゥストラの心中に起こったことに気づいた預言者はその顔をぬぐった、まるで顔そのものをぬぐい去ろうとするかのように。ツァラトゥストラも同じく顔をぬぐった。このようにして二人は黙り込んだまま落ち着きを取り戻し、気を確かに持ち直すと、互いに手をさしのべた。旧知の間柄のしるしだった。

「よく来られた」とツァラトゥストラは言った。「大いなる疲労を告知する者よ。かつて君がわが食卓に客としてついたことも、何かの縁だ。今日もわたしのかたわらで飲みかつ食べて行きたまえ。しかし、君と食卓を共にする者が、愉快に楽しんでいる一介の老人であることを許してくれ」。——「愉快に楽しんでいる一介の老人？」と、預言者は頭をふって答えた。「あなたが何者であろうと、そしてこれから何者になるのだろうと、おお、ツァラトゥストラよ。あなたはこの高みに長く居すぎた。——あなたという小舟は、すぐに乾いたままではいられなくなりましょう」。——「わたしが乾いたままでいるというのか」。ツァラトゥストラは笑って訊いた。——「あなたの山を取り巻く波は、しだいに高まっている」と預言者は答えた。「巨大な苦難と悲哀の波が。それはすぐにあなたという小舟を浮かせ、あなたをここから連れ出すでしょう」。——ツァラトゥストラは訝しみながらも、黙っていた。——「まだ聞こえないのか」と預言者は続けた。「深い底から昇ってくる、響《どよ》めきと騒《ざわ》めきが」。——ツァラトゥストラはやはり黙ったまま、しかし耳を澄ませた。すると一度、長いながい悲鳴を聞いた。幾重もの谷がその悲鳴を投げ返して先へと送って来た。どの谷もその悲鳴をおさめておこうとはしなかった。それほどにも忌まわしく鳴り響いていた。

「君よ、悪しき告知者よ」。遂にツァラトゥストラは口をひらいた。「あれは悲鳴だ。しかも人間の。おそらくはいずれか黒い海からひびいてくるのだろう。だが人間の苦悩など知ったことではない。わたしが犯さずにおいた最後の罪——それが何か、知っていよう」。

——「同情だ」。預言者は答えた。あふれるばかりに高まる心に、両の腕を高く挙げながら——「おおツァラトゥストラ、わたしはあなたを唆《そそのか》しに来たのです、この最後の罪を犯させようとして」——

その言葉が終わらぬうちに、またあの悲鳴がひびいた。前より長く、苦悶にみちて、しかもはるかに近かった。「聞きましたか。聞きましたか、おおツァラトゥストラ」。預言者は叫んだ。「この悲鳴はあなたに向かっている。あなたを呼んでいる。『来たれ、来たれ、来たれ、時は来た、今こそその時だ』と」——

するとツァラトゥストラは惑い、衝撃をうけて黙った。やがて彼はためらいながら尋ねた。「だが、あそこからわたしを呼ぶのは誰か」。

「知っているくせに」と預言者は烈しく答えた。「なぜ自分をいつわるのですか。あなたを求めて叫んでいるのは、貴人だ」。

「貴人だと」。ツァラトゥストラは戦慄に襲われて叫んだ。「どう、しろというのだ。どう、しろというのだ。その貴人とやらは。一体ここでどうしてくれというのか」。汗が噴き出し、彼の肌は濡れた。

預言者はツァラトゥストラの不安に答えず、谷底に耳を澄ましつづけていた。だが長いこと何も聞こえてはこなかったので、向き直ってツァラトゥストラを見た。ツァラトゥストラは立ったまま慄えていた。

「おお、ツァラトゥストラよ」。預言者は悲痛な声で語りはじめた。「あなたはそうして立っているが、とても幸福に酔う者には見えない。あなたが踊っていなくてはならないのは、卒倒しないためなのです。

だが、わたしの目の前で踊ってみせて、どんなに飛んだり跳ねたりしようと、『見よ、ここで最後の心楽しむ人間が踊っている』などとは誰にも言わせはしません。そういう人間を求めてこの山に登って来るものがあったとしても、無駄骨に終わるでしょう。彼が見つけるのは洞窟、さらにその奥に洞窟です。隠れたい者がいる隠れ家だ。だが、決して幸福の坑道や宝物殿、新たな幸福の金の鉱脈は見つかりはしますまい。幸福と――こんな埋もれた世捨て人のところに、どうして幸福が見つかるものですか。やはりわたしは、最後の幸福を、遠い忘れられた海のはざまの至福の島々に求めなくてはならないのでしょうか。

だが、すべては同じことだ。何をしても無駄だ。探しても仕方がない。もう至福の島々などなくなってしまったのだから」――。

預言者はこのように語って嘆息した。だがその最後の嘆息を聞くと、ツァラトゥストラはふたたび明るさと確信を取り戻した。あたかも奈落から光のもとに出て来た者のように。「否、否、三たび否!」と彼は力強い声で叫び、おのが髭を撫でた。――「それはわたしのほうがよく知っている。至福の島々はなくなってはいない。そのことについては黙っているがいい。このため息ばかりをつく嘆きの空袋め。そのことについて雨音を立てぬがよい、午前の雨雲よ。その悲しみに濡れてすでにわたしは犬のように濡れそぼってしまったではないか。

さあ、滴りをふるい落として君から離れ、またこの身を乾かそう。何の不思議もないことだ。わたしが礼を失しているとでも思うか。だがここはわたしの宮廷だ。

君の言う貴人についてなら、よろしい、わたしは早速あの森のなかでその者を探そう。そこから悲鳴は響いて来たのだから。そこで悪い獣に追いかけ回されているのだろう。

彼はわが領土のなかにいる。そこで害を受けることがあってはならない。そうだ、わたしのところには悪い獣がたくさんいるのだから」――。

こう言うとツァラトゥストラは背を向けて去ろうとした。そこで預言者はこう言った。

「おおツァラトゥストラよ。冗談が過ぎておいでだ。

わかっていますとも。わたしから離れたいのでしょう。森へ駆け込んで獣でも追いかけたほうがましだと。

しかし、それが何の役に立つのです。夕方になれば、またお会いすることになるのですから。あなたの洞窟のなかにじっと座っていることにしましょう、粘り強く、しつこく、丸太のように――あなたを待っていることにしよう」。

「そうするがよかろう」、ツァラトゥストラは立ち去りながら、振り返って叫んだ。「そのときは、わが洞窟にあるわたしのものは、君のものでもある。君は客人なのだから。

洞窟のなかに蜜があったら遠慮なく舐めるがいい。不平ばかりこぼす熊よ。そうすればその魂も甘くなるだろう。暮れ方には、ふたりとも上機嫌でいたいものだ。

——一日が終わったと、上機嫌で歓ぼうではないか。君はわたしの歌に乗って、熊踊りでも踊りたまえ。

信じられないか。頭をふっているな。さあ、よろしい、老いた熊よ。だが、わたしもまた——預言者なのだ」。


ツァラトゥストラはこう語った。

王たちとの対話

一

ツァラトゥストラがみずからの山と森とを歩いて一刻もたたぬうちに、ふと奇妙な一行を見た。下っていこうとした道を二人の王が登ってくる。王冠と緋いろの帯で美しく装って、紅鶴《フラミンゴ》のようにきらびやかだった。荷を負った一頭の驢馬を先に歩かせていた。「この王たちは、わたしの国で何をしようというのか」とツァラトゥストラは驚いて心中ひとり語ると、すばやく茂みの後ろに身を隠した。だが、王たちが自分の近くまで来たときに、独り言のように低い声でつぶやいた。「奇妙だ、実に奇妙だ。辻褄が合わぬ。王が二人いる――なのに驢馬が一頭とは」。

するとニ人の王は立ち止まり、微笑んで、声のする方を見ると、顔を見合わせた。「だが、「われわれの臣下にもああしたことを考えるものはあろう」と、右の王が言った。「だが、口に出しはせぬ」。

左の王は肩をすくめて答えた。「おそらく山羊飼いのたぐいであろう。さもなくばあまりに長く岩と木のあいだで暮らした世捨て人か。まったく社交をしなくなれば、礼節も失ってしまうものだ」。

「礼節だと」と、もう一人の王は機嫌を損ね、苦々しげに答えた。「いったいわれわれは何から逃げ出してきたのか。その『礼節』からではないか。われわれの『上流の社交界』からではないか。

そうだ、世捨て人や山羊飼いのあいだで暮らしたほうがよい、あの鍍金《めっき》した、嘘ばかりついている、化粧をぬりたくった賤民どもと一緒に暮らすよりは――しかもその賤民どもはみずからを『上流の社交界』と呼び、

――『貴族』と呼んでいる。だがそこでは何もかもが嘘いつわりであり腐っている。とりわけて血が。古くからの悪性の病と、それ以上に悪質な治療師のせいで。

今日、もっとも善く、もっとも愛すべきものと思われるのは、健康な農民だ。がさつで、ずる賢く、強情で、忍耐づよい農民だ。これが今もっとも高貴な種族だ。

今日、農民こそ最善の者たちだ。農民という種族こそ支配者であるべきだろうに。だが、ここにあるのは賤民の国だ。――もう騙されはせぬ。賤民とは、つまり『ごたまぜ』ということではないか。

ごたまぜの賤民だ。そのなかには聖者と詐欺師が、名門とユダヤ人が、ノアの箱舟から出てきた家畜どものすべてが入り乱れている。

礼節だと！　われわれのもとでは一切が嘘いつわりであり腐っている。もはや尊敬することを心得ている者など居はしない。そこから、われわれは逃げ出してきた。甘ったれの厚かましい犬ばかりだ、椰子《ヤシ》の葉まで鍍金する連中だ。

われわれ王そのものすら贋物になった、虫酸が走って窒息しそうだ。古びて黄いろくなった父祖伝来の豪奢な衣服をまとって身をつくろい、この上ない間抜けどもや小ずるいやつら、そして今日権力をふるってがめつく儲けているやつばら相手に、いっぱいに勲章をつけているのだ。

われわれは第一等の人間ではない。――だが符号としてそう見えなくてはならない。この欺瞞に、われわれは遂にうんざりして嘔気を催すようになった。

この破落戸《ごろつき》どもから逃げ出してきた。わめき散らしてばかりいる連中、もの書く黒蠅、小商人の異臭、野心に燃えた悪あがき、くさい息――心底うんざりだ、こういう破落戸どものなかで生きるのは。

――うんざりだ、こんな破落戸どものなかで第一等の人間のふりをしなくてはならないとは。ああ、嘔吐、嘔吐、嘔吐だ！　いまさら、われわれ王などが何だというのだ」

「いつもの持病だな」と、左の王が言った。「可哀想なわが兄弟よ。また嘔吐《えず》いているな。まあ、君も気づいているのだろう。誰かがわれらの話を聞いていることを」。

即座にツァラトゥストラは隠れていた場所から身を起こした。王たちの話に、耳目をあげて聞き入っていたのだ。王たちの前に姿をあらわすとこう話し始めた。

「王たちよ、諸君の話をよろこんで聞いていた者だ。名をツァラトゥストラと言う。わたしはツァラトゥストラ、かつてこう語った。『いまさら王侯など何か』と。だから諸君が『われわれ王などが何だ』と語り合うのを聞いて歓んだ。このことを悪く思わないでいただきたい。

さて、ここはわたしの国だ。わたしが支配している。君たちはわが国で何を探しているのか。ことによるとわたしが探しているものに、途上で出くわしたのではないか。すなわち、あの貴人に」。

これを聞くと王たちは胸をたたき声を揃えて言った。「お見通しというわけだ。その言葉の剣によってわれらの濃い心の闇を断ち切ったな。われらの困難を見破ったな。そうだ、見よ、われわれは貴人を探そうとしてその途上にある――。――われらよりも高貴な人間を探しているのだ。われら王者よりもなお。その者のもとへこの驢馬を引いていく。もっとも高貴な人間が地上の最高の支配者にならねばならないのだから。

あらゆる人間の運命のうち、もっとも苛酷な不幸は、地を支配する者が第一等の人間ではないということだ。そのとき一切は嘘いつわりとなり、ゆがみ、法外なものとなる。

さらに支配者が最下等の人間であり、人間というより家畜であるときには、賤民の値打ちがしだいしだいに高騰してくる。そして遂には賤民の徳がこう口を利くようになる。『見ろ、おれだけが徳だ』と」――。

「思いがけぬことを聞いた」とツァラトゥストラは答えた。「王者には何という知恵があることか。陶然とした。いや、興に乗って歌をつくりたくなってくるほどだ――

――誰の耳にもこころよい歌ではなかろう。わたしは長い耳への配慮をとうの昔に失っているから。さあ、やってみよう。

(そのときに突然、驢馬がことばを発した。驢馬ははっきりと、そして悪意を持っていないた。「良いなあ《イ・アー》」と。)

昔むかし、たしか紀元一年に――
巫女が語った、一滴も飲まずに。
「ああ、みんな変になっていく。
堕ちていく、堕ちていく、深く沈むなんて、世界がこんなに。
ローマは娼婦に娼家になった。
ローマ皇帝は獣になった、神さえもなった、ユダヤ人に!」

二

このツァラトゥストラの歌を聞いて王たちは楽しんだ。そして右の王が言った。「おおツァラトゥストラ、旅立ったのは何とよいことだったろう。あなたに出会ったのだから。

あなたの敵がその姿を鏡に映して見せていた。鏡のなかのあなたは悪魔の顔をしてせせら笑っていた。だからあなたを恐れた。

だがそれが何になったろう。その箴言であなたは幾度となくこの耳と心を刺した。そしてわれらは遂にこう口にすることになった。彼の姿がどう見えようと、それが何だというのか。

彼の言葉を聞かねばならない、こう教えるその言葉を。『平和を愛するならば、新たな戦いへの手段としてでなくては。そして長い平和より短い平和を』。

かつてこのように戦闘的な言葉を語ったものがあったろうか。『何が善いことなのか。勇敢であることが善い。よい戦争は、一切の大義を神聖なものにする』。

おお、ツァラトゥストラよ。このような言葉を聞いたとき、この身のなかで父祖の血が騒いだ。古い葡萄酒の樽に語りかける春のことばのようだった。

あか斑《まだら》の蛇にも似て、剣と剣とが入り乱れ打ち合うとき、われらの父祖は生を愛した。すべての平和の太陽を、冴えない、ぬるいものと感じた。長い平和は恥ずべきものだった。

壁にかけられてむなしく光る乾いた剣を見るときに、われらの父祖は何と長嘆息したことか。剣と同じように父祖は戦《いくさ》に渇《かつ》えていた。剣は血を吸いたがり、その欲望ゆえにきらめくのだから」――。

――このように熱心に、王たちがその父祖の幸福について喋っていると、ふとツァラトゥストラはその熱心さを少なからずからかってみたくなった。目の前にいる王たちは、見るからに温和で、老いて繊細そうな顔つきをしていたから。だが彼は自制してこう言った。「さあ、この道はあちらにつづいている。そこにはツァラトゥストラの洞窟がある。今日はゆっくり夜を過ごすことにしよう。だが、急いでわたしの助けを呼ぶ声がするので、さしあたっては別れなくてはならない。

もし王たちが座って待っていてくれるなら、洞窟にとって名誉なことだ。ただし、長く待っていてもらわねばなるまい。

まあよい。それがどうしたというのか。今日び、宮廷ほど待つことを学ぶによい場所があろうか。そして王たちに残されている徳はぜんたい――いま、こう呼ばれてはいないか。『待つことができるということ』、と」。

ツァラトゥストラはこう語った。

蛭

ツァラトゥストラは物思いに沈んで、さらに進み、くだって行った。森を抜けると、ぬかるんだ場所にさしかかった。困難なことがらに思い耽っているものによくあることだが、思いがけずひとりの人間を踏みつけてしまった。見よ、その顔をめがけて一つの悲鳴と二つの呪詛と二十の罵倒が即座に飛んできた。彼は驚いて杖を振りあげ、踏みつけた者をさらに打ちすえた。しかし分別を取り戻すと、たった今した愚かなふるまいを心から笑った。

「許せ」と、踏みつけられた者に向かって言った。その男は激怒して身を起こし、座っていた。「許せ。そして何よりもまずひとつの比喩を聞け。

漂泊の旅びとが、遥かな彼方のことごとを夢想しながら歩み、淋しい路上で日向に出て眠っている犬に思いがけなくつまずくことがあるように、

——双方とも死ぬほどに驚いて跳ね起き、宿敵のごとく衝突し合うように。こういうことが、いまわれらにも起こったのだ。

しかも、しかもだ——少しばかり事情がことなっていたなら、この犬とこの孤独な者は愛撫し合っていたかもしれない。二人とも——孤独なのだから」。

——「たとえお前が誰だろうと」と、踏みつけにされた者はなお激怒して言った。

「お前はわたしを足だけではなく、比喩でも踏みつけにした！

さあ見ろ、わたしが犬だとでもいうのか」――と言うと、剝き出しの腕をぬかるみから引き抜いて立ち上がった。ということは、彼はたいらに地面に伏せっていたということになる。沼地に住む鳥獣を待ち伏せる者のように見分けがつかぬように身を隠して。「しかし、お前はいったい何をしているのだ」とツァラトゥストラは驚いてさけんだ。その剝き出しの腕をつたって大量の血が流れているのを見たから。――「どうしたのだ。不幸な男よ、わるい獣にでも嚙まれたか」。

血まみれの男は笑った、なお怒りさめやらず。「お前に何の関係がある」と言って、立ち去ろうとした。「ここはわたしの家だ、わが領土だ。誰が問うていようと、無礼な愚か者にそうそう答えてなどやるものか」。

「お前は間違っている」と、ツァラトゥストラは同情をこめて言い、しっかりと引き止めた。「お前は間違っている。ここはお前の領土ではない。わたしの国だ。ここでは誰も危害を加えられてはならない。

わたしのことを何と呼ぼうと勝手だ。――だが、わたしはわたし以外の何ものでもない。自分をツァラトゥストラと呼んでいる。

さあ、あの道を登っていけばツァラトゥストラの洞窟に出る。遠くはない。――そこで傷の手当をするのはどうか。

不幸な男よ。この世の災難だったな。けだものに嚙まれて、それから――人間に踏まれるとは」――

しかしツァラトゥストラの名を聞くと踏まれた男の様子が変わった。「なんということでしょう」と叫んだ。「この世で気がかりになるものが他にあるものですか。ここにいる人間ただ一人、すなわちツァラトゥストラと、あの生き物、すなわち血を吸って生きる蛭以外には。

蛭のためにこそ、わたしはこのぬかるみの側に漁師のように身を伏せていたのです。垂らしたこの腕は十度も噛まれました。するともっと美しい針鼠がやって来て噛み、この血を吸った。ツァラトゥストラその人が。

幸運だ！　信じられない！　今日という日を讃えたい、このぬかるみにわたしを誘ってくれたのだから。讃えたい、今生きているもののうち、もっとも良い、もっとも快活な吸血器を。大いなる良心の蛭ツァラトゥストラを！」――

このように踏まれた男は語った。ツァラトゥストラはその言葉と、畏敬に満ちて繊細な言い方をよろこんだ。「君は誰か」とたずねて手を差し出した。「われらのあいだには、まだ多くの解き明かし晴れやかにせねばならぬものがある。だが、はやくも澄み渡り、あかるくなってきたようだ」。

「わたしは知において良心的であろうとする者です」と相手は答えた。「知的なことがらについて、わたし以上に厳密に、精緻に、容赦なくやれるものはまずおりませんでしょう。わたしがその仕方を学んだ、ツァラトゥストラその人を除いては。

多くのことを生半可に知るよりは、何も知らないほうがよいではありませんか。他人の判断にしたがって賢者でいるよりは、みずからの力のみ頼りにする阿呆のほうがよい。わたしは――底の底まで行ってやろうと思うのです。

――その底の底が大きかろうと小さかろうと、それが何だというのでしょう。その名が沼であろうと、天であろうと。底の底は手のひら大で十分だ、わたしには。それが本当の根底であり基底であるならば。

――手のひら大の根底。でもその上に人が立つことだってできる。真の、良心的な知の世界には、大小の区別などはないのです」。

「だから君は、蛭を研究しているのか」。ツァラトゥストラはたずねた。「蛭をその究極の根底まで究めようというのか、知の良心を持つものよ」。

「おお、ツァラトゥストラよ」と踏まれた男は答えた。「それは途方もないことです、どうしてわたしにそんな無謀なことができるでしょう。

わたしが権威であり熟知しているのは、蛭の脳についてです。――それがわたしの世界だ。

だがこれだって一つの世界なのです！　いや、つい自慢を口ばしってしまいました、許していただきたい。このことでわたしの右に出る者は居ないのですから。だから言ったのです、『ここはわたしの家だ』と。

なんと長いことこの一つのことを、蛭の脳を追いかけてきたことでしょう。真理はぬめってつかみにくい、だがその真理をここではつかんで逃さぬために。ここはわたしの国だ！

——そのために他の一切を投げ捨てたのです。そのために他の一切はどうでもよくなった。かくしてわたしの知の隣には、暗黒の無知がぎっしりとたむろっている。

わたしの知的な良心は、一つのことだけ知り、他のことは知らぬことを要求する。生半可な知を持つ者、薄ぼんやりしていて、あちらこちら漂うばかりで、のぼせあがって狂信的な者は、虫唾が走ります。

誠実であることをやめてしまったら、わたしは盲目になる。また盲目であることを選びます。ものを知ろうという以上、わたしはみずからに誠実たることを要求するでしょう。容赦なく、厳密で、精緻で、苛酷で、妥協なくあろうとするでしょう。

あなたがかつて言ったのですよ、おおツァラトゥストラ。『精神とは、自らの生に切り入る生だ』と。この言葉がこの身をあなたの教えへと導き、誘ったのです。真実、わたしはこの血でこの知を増したのです」。

——「見ればわかるとも、」とツァラトゥストラはさえぎった。この知的良心を持つ者の剝き出しの腕からは、なおも血が滴りながれていたから。蛭が十匹もふかく嚙み付いていた。

「おお、君は不思議な奴だ。目の当たりに見ることが、つまり君自身が、なんと多くのことを教えてくれることか。だがそのすべてを語っても、その厳密な耳には入っていかないだろう。

さあ、ここで別れよう。だが君にまた会いたいと思う。あの道を登っていけばわたしの洞窟に出る。今宵、君を客人として迎えたい。

君のからだにしたことの償《つぐな》いもしたい。ツァラトゥストラは足で君を踏んだのだから。そのことも考えておく。しかし今は、悲鳴がわたしを呼んでいる。行かねばならない」。

ツァラトゥストラはこう語った。

魔術師

一

そしてツァラトゥストラは岩角を曲がると、その道を下っていった遠くないところに、一人の人間を見た。狂い猛ったかのように手足を振り回していたが、遂にうつ伏せに倒れこんだ。「待て」とツァラトゥストラは心のなかで言った。「あの男が、ひどい悲鳴をあげた貴人に違いない。――まだ助かるか、見てみよう」。そして男が倒れこんでいるところに駆け寄った。老人で、目がすわって、慄えている。いくらツァラトゥストラがこの男を助け起こしてその足で立たせようとしても無駄骨だった。この不幸な男は、誰かそばに来てくれたことすら気づかぬようだった。ただ、全世界から見捨てられ孤立した者であるかのような、あわれっぽい身ごなしで、あたりを見回していた。が、さんざん慄えたり、痙攣したり、身もだえしたあげく、遂にはこのような嘆きの歌をうたいだした。

誰がわたしを暖めてくれるのか、まだ愛してくれるのか。
熱い手をさしだしてくれ！

こころ暖める火鉢をくれ！
打ち倒されて、恐怖に慄え、
ひとに足を暖めてもらう瀕死の者のようだ――
慄えている、ああ、未知の熱病に侵され、
鋭い、氷のように冷たい矢をあびておののき、
思考よ！　お前に駆り立てられて、
名づけ得ぬ者よ！　身を隠す者よ！　おそるべき者よ！
雲のむこうに潜む狩人よ！
暗闇のなかからわたしを見つめる侮蔑の目よ、
あなたの稲妻に打たれて、
――このように倒れこみ、
身をくねらせ、よじらせ、苦しまされるのだ、
あらゆる永遠の責め苦に。
残忍な狩人よ、あなたに
射られて。
あなたよ、未知なる者よ――神よ！

もっと深く射抜いてくれ、

もう一度射抜いてくれ!
この心を突き、打ち砕いてくれ!
あえて鈍《なま》った矢じりで打つ、
この責め苦は何のためだ。
なぜまた見入っているのか、
人間が苦しむのを見飽きもせず、
様《ざま》を見よとでもいいたげな神の稲妻の目で。
殺すつもりはないのか、
ただ苛み、苛むのか。
何のために——このわたしを苛むのか。
人の不幸をよろこぶ、未知なる神よ——。

ああ、あなたは忍んで来るのか。
この真夜中に
言ってくれ! 何をしようというのか。
あなたは迫ってきて、わたしを圧《お》す——
ああ! もうこんなに近くに!
来るな! 来るな!

あなたはわたしの息づかいを聞き、
この心臓に耳をあける、
嫉妬深き者よ――
しかし何に嫉妬するのか。
来るな！　来るな！　なぜ梯子を持ってきたのだ。
い、い、入り込もうというのか、
この心のなかへ。
入ってこようというのか、わたしの最も内密な
考えのなかに。
恥知らずめ！　未知なる――盗人め！
わたしから何を手に入れようというのか。
わたしから何を聞き取ろうというのか。
わたしから何を責め立てて奪い取ろうというのか。
あなた、拷問する者よ！
刑使の神よ！
それともわたしに犬のように
自分の前でころげまわって欲しいか。
身をささげ、感激にわれを忘れて、

あなたに——愛を示すために尾を振れというのか。
無駄だ！　もっと刺すがいい。
残忍な刺よ！　違う、
犬ではない——お前にねらわれた野獣だ、わたしは。
残忍な狩人よ！
あなたのもっとも誇り高い囚人だ、
雲の向こうにいる盗人よ！
さあ、言ってくれ、
わたしの何が欲しいのか、追い剝ぎよ。
稲光に身を隠す者よ、未知なる者よ！　言ってくれ、
何が欲しいのか、知られざる神よ——。

何、身代金と。
いかほど欲しいのか。
多く要求せよ——さもなくばわたしの誇りが許さぬ！
手短に言うがいい——さもなくばわたしのもう一つの誇りが許さぬ！
ああ！

わたしが——わたしが欲しいというのか。
わたしの——すべてを。

ああ！
しかもわたしを苛むのか、愚かなお前は。
わたしの誇りを責め苦にかけようというのか。
わたしに愛をあたえてくれ——誰がまだわたしを暖めてくれるのか。
誰がまだわたしを愛してくれるのか——熱い手をさしだしてくれ。
こころ暖める火鉢をくれ。
与えてくれ、孤独の極みにあるこのわたしに。
氷は、ああ！　七重の氷は、
敵にすら
敵にすら、思い焦がれよと教える。
与えてくれ、いやゆだねてくれ、
残忍な敵よ、
わたしに——あなたを！

逃げていく！
彼のほうが逃げていく、
わたしの最後の唯一の同志、
わたしの最大の敵、
わが未知なる者、
わが刑使の神が！

——いや！　戻ってきてくれ、
どんな責め苦を持ってきてもよい！
孤独な者すべてのなかでも最後の者たるこのわたしに。
おお、戻ってきてくれ！
わたしの涙はみな小川となって流れる、
あなたを追って！

わたしの最後の心の炎は——
いい、あなたに向かって燃え上がる！
おお、戻って来てくれ、
わが未知なる神よ！　わが苦痛よ！　わたしの最後の——

幸福よ！

二

――ここまで来るとツァラトゥストラは我慢ならなくなった。杖をとると、力まかせに、この嘆き続けている者を打ちすえた。「やめよ」と、彼は怒りに慄えた笑いをあびせて叫んだ。「やめよ。俳優め、贋金造りめ。腹の底からの嘘つきめ。お前のことなど、お見通しだ。

お前の足を暖めてやろう、卑劣な魔術師よ。よく心得ている、お前のような者を――焚《た》くすべなら」。

「やめてくれ」と老人は地べたから飛び上がって言った。「もうぶたないでくれ、おおツァラトゥストラ。わたしはただ、ものの戯れに芝居をしていただけなのです。

これもまたわたしの芸のうちなのです。こうして試演《リハーサル》をしながら、あなたを試そうとしたわけです。いやはや、まことにあなたはよくお見抜きになった！

しかしあなたもまた――すくなからずご自身を試演して見せてくださった。苛烈なお方だ、賢明なツァラトゥストラよ！　あなたはその『真実』でわたしを苛烈に叩かれた。その棍棒でわたしの口は割られて、出てきたのです――この真実が！」。

――「媚びへつらうな」。ツァラトゥストラは答えた。憤怒は消えず、目は陰鬱だった。「お前は底の底から俳優だ。信用が置けぬ。どうしてお前が語ることができるというのか——真実を。

孔雀のなかの孔雀、虚栄心の海だ、お前は。わたしの前で何を演じて見せたのか。卑劣な魔術師よ。あのように哀れに嘆く様をして、わたしに何者だと思わせたかったのか」

「精神の贖罪者です」と老人は言った。「そいつを——わたしは演じた。この言葉を発明したのは、あなたではありませんか——。

——つまるところ、精神の向きをひっくり返して、自分自身を責めるようになった、詩人だの魔術師だのです。すっかり様変わりして、その悪い知識と良心のやましさで凍死しそうになっているわけだ。

しかし白状なさい、おおツァラトゥストラ。あなたはわたしの芸を嘘と見抜くまでに、ずいぶん時間がかかったではありませんか！　あなたはわたしの苦しみを信じていたんだ、そして、この頭を両手でささえてくださった——

——わたしは聞いたんだ、あなたが嘆いているのを。『この男はほとんど愛されて来なかったのだ、あまりにも愛されて来なかったのだ』と。この人をこんなに騙すことができるなんて、意地の悪いわたしは内心うれしくて、ざまあみろと思いましたよ」。

「お前はわたしより抜け目のない連中を、騙してきたのだろう」とツァラトゥストラは厳しく言った。「わたしは騙そうとしてくる者を警戒しない。用心などしてはならない。

わが運命がそう望んでいる。

だがお前は——騙さなくてはいられないのだ。そこまでお前の正体など見抜いている。いつも自分に二重、三重、四重、五重の意味を読み取ってもらわないではいられない。いまお前が告白したことも、わたしには十分に真実でもなければ、十分に嘘でもない。

卑劣な贋金造りよ。お前は他にどうしようもないのだ。医師の前で裸を診せるときすら、病に化粧をするのだろう。

『わたしはただ、ものの戯れに芝居をしていただけなのです』と言ったときにも、お前はその嘘に化粧をしていた。そのなかには本心もあった、お前はいくらか精神の贖罪者なのだ。

お前のことなどわかっている。万人の目をくらます魔術師になりおおせたが、しかし自分にしかける嘘と策略の手持ちがなくなったのだ。——自分自身だけ、魔法が解けてしまった。

その手に残った唯一の真実は、嘔吐だけだ。お前の言葉に本物は一つもない。だが、お前の口、その口にこびりついている嘔気だけは本物だ」——。

「お前は一体何様なんだ！」と、刃向かう声色になって老いた魔術師はわめいた。「誰がこのわたしにそんな口を利くんだ、いま生きているうちで一番偉い人間に」——そしてその目から緑の電光が閃いてツァラトゥストラを射た。だがすぐに態度を変えて、あわれっぽく言った。

「おお、ツァラトゥストラ。わたしは疲れてしまったのです。自分の芸に虫唾が走る。わたしは偉大ではない、そう見せかけているだけだ。それが何になりましょう。だが、ご承知の通り——わたしは偉大さを手に入れようとしたのです。

偉大な人間を演じてみようとしました。そして沢山の人たちを信じこませた。しかしこの嘘はわたしの力には余りました。この嘘に押し潰されているんです。

おお、ツァラトゥストラよ。わたしの言うことなすこと全部嘘です。でもわたしが押し潰されているということ——潰されている、これだけは本当なんだ！」——

「それがお前の名誉だ」とツァラトゥストラは憂鬱に、脇へと目を伏せながら言った。「偉大さを求めたということは、お前の名誉だ。だがそのことが、お前の正体をあらわにすることになる。お前は偉大ではないのだ。

卑劣な老魔術師よ。お前がみずからに倦み疲れて、『わたしは偉大ではない』と言ったこと、これがお前のもっとも良い、もっとも正直なところだ。

その点では、お前を精神の贖罪者の一人として尊重しよう。それがたった一呼吸のあいだにすぎなかったとしても、一瞬は、お前は本物だった。

だが言うがいい。お前はわが森と岩場で、何を探しもとめていたのか。わたしの行く手に身を横たえていたが、この身の何を試そうとしていたのか——。

——わたしをどのような試練にかけようとしていたのか」——。

ツァラトゥストラはこう語った。目が火花を発した。老いた魔術師はしばらく黙っていた。やがて言った。「あなたを試練にかける、ですって。わたしは——求めているだけです。

おお、ツァラトゥストラ。わたしは求めているのです、本物で、正しい、素朴で、明快な人を、すべて誠実さを兼ね備えている人間、知恵の器であって認識の聖者、ひとりの偉大な人物を！

ご存じないのか、おおツァラトゥストラよ。わ、た、し、はツァ、ラ、ト、ゥ、ス、ト、ラ、を、求、め、て、い、る、の、で、す」。


——二人のあいだに長い沈黙が生じた。ツァラトゥストラは目を閉じておのれのなかに深く沈んだ。やがて向き直ると、魔術師の手をとってこう言った。おおいに丁重に、しかし謀《たばか》りにみちて。

「さあ、あの道を登っていけば、ツァラトゥストラの洞窟がある。そこで見つけたい誰かを探すがいい。

そしてわたしの生き物、鷲と蛇に助言を乞いたまえ。探すのを手伝ってくれるだろう。だが、わたしの洞窟は広いぞ。

ただし、わたし自身——偉大な人間などというものに会ったことがない。何が偉大なのか。それを見分けるためには、今日もっとも繊細な者たちの目すら粗すぎる。いまここにあるのは、賤民の国だ。

背伸びをし、みずからを膨らませている者ならすでに何人も見た。それを見て群衆は叫ぶ。『見よ、偉大な人間だ』と。だが、吹子《ふいご》がいくらあっても仕方がない。結局、空気はぬける。

いつまでも膨らんでいると、蛙は破裂してしまう。空気はぬける。膨らんだ者の腹を針で刺すのは、なかなかおもしろいものだ。少年たちよ、よく聞いておくがいい。

賤民の時代だ。何が偉大か、何が卑小か、誰が知ろう。誰が運よく偉大な者を探しあてるというのか。愚か者だけだ。愚か者にはその運がある。

お前は偉大な人間を探し求めるのか、偏屈な愚か者よ。だが、それを誰に教わった。いまが相応しい時代か。おお、卑劣な探求者よ。どのような——試練にわたしをかけようというのか」——。

ツァラトゥストラはこう語ると、心は晴れて、笑いながらみずからの道を歩んでいった。

退任

その魔術師から離れてまもないのに、またも行く手の道ばたに、誰かが座っているのが見えた。黒衣をまとった長身の男で、痩せこけて蒼白な顔をしている。その姿を見ると、彼はひどく不機嫌になった。「ああ」と心のなかで言った。「あそこに座っているのは人の姿に身をやつした悲哀そのものだ。僧侶のたぐいだろう。僧侶がわたしの国に何の用があるか。

なんということだ。あの魔術師から逃れたと思ったら、また別の妖術使いが行く手にあらわれるとは、——

——ひとの頭に手を当てて祈る呪《まじな》い師だ、神の恩寵によって怪しげな奇術を使う者だ、聖油をぬられて世界を誹謗する者だ、悪魔にさらわれてしまうがいい。

だが、悪魔は居て欲しいところにはいないものだ。来てもいつも遅れてくる。あのいまいましい小人め、足曲がりめ」。

ツァラトゥストラはこのように、内心いらだって毒づいた。目をそらして、その黒衣の男のかたわらをそっと通りすぎようとした。だが、見よ。うまくはいかなかった。その瞬間、その座っている男もこちらに気づいたから。そして思いもかけぬ幸運に出くわしたかのように、飛び上がってツァラトゥストラに駆け寄ってきた。

「どなたかは存ぜぬが、漂泊の旅人よ」とその男は言った。「助けてほしい、ひとを探して道に迷ったこの老人を。ここは物騒なところだ。

ここはわたしには無縁の遠国だ。けだものが吠えるのも聞こえた。この身を護ってくださったお方ご自身も、いまはもう居られぬ。

わたしが探し求めているのは、最後の敬虔な人間だ、聖者であり世捨て人で、みずからの森のなかに独り棲み、いま全世界のものがみな知っていることなどまだ何一つ耳にしておらぬ人だ」。

「いま全世界のものがみな知っていることとは何か」とツァラトゥストラは尋ねた。「もしや、かつて全世界が信じていた古き神がもう生きていないということか」。

「その通りだ」その老人は悲しげに答えた。「そしてわたしは、その古き神の臨終の時まで仕えていた者だ。

いまは主もおらず、任を解かれている。かといって自由というわけでもない。もはや一時も心楽しまぬ。思い出のなか以外では。

わたしがこの山に登ってきたのは、老いた教皇、教会の父にふさわしい典礼を、遂にふたたび挙行するためだった。おわかりだろう、わたしは最後の教皇なのだ――そして敬虔な追憶と礼拝の典礼を挙行しようとした。

だが、今やあのもっとも敬虔な人、森の聖者も亡くなってしまった。歌うときも低くつぶやくときも、絶えず神を讃えていたあの人は。

その庵は見つけた。だがそのお人ご自身は見つからなかった。――ただ二頭の狼が、その死を悲しんで吠えているだけだった。――すべての生き物に愛されていたお方だ。わたしは立ち去った。

ではこの森と山に分け入ってきたことは無駄だったのか。そこでわたしの心は決まった。別の者を探そう、神を信じないすべての者のなかでもっとも敬虔な者を――ツァラトゥストラを探そうと」。

老人はこう語ると、鋭いまなざしで目の前に立つ人を見た。ツァラトゥストラは老いた教皇の手をとると、賛嘆の目でしばらく見つめていた。

「見よ、いとも尊き師よ」とツァラトゥストラは言った。「何とうつくしく、長い手だろう。たえず祝福をわかち与えてきた人の手だ。だがその手はいまや探していた者をしっかりととらえている。わたしがツァラトゥストラだ。

神を蔑《なみ》するツァラトゥストラだ。かつてこう語った。『わたし以上に神を蔑する者があろうか。あるなら歓んでその教えを受けよう』と」――

ツァラトゥストラはこう語った。そしてその眼光で、老教皇の考えを、そしてその奥にひそむ考えを見抜こうとした。ついに教皇は語り始めた。

「誰よりも神を愛し、得ていた者こそが、今や誰よりも神を失ったのだ――

――見よ、今やわれら二人のうちでも、わたしのほうが神を失った者ではないか。だが、どうしてそれを歓ぶことができようか！」――

「あなたは最期まで神に仕えていた」とツァラトゥストラは考え込み、深く沈黙したあとに言った。「ならば、知っていよう。神はどのように死んだのか。同情のあまり神は窒息したと人は言う。それは、本当か。

人間が十字架にかけられたのを見て、神は耐えられなくなった。この人間への愛が神の地獄となって、遂に死にいたったと言うのは」――。

だが老教皇は答えなかった。苦しげで陰鬱な表情で、物怖じしたように目を逸らした。

「去る者は去らせるがいい」とツァラトゥストラはしばらく考えた末に言った。まだ老人の目を見つめ続けながら。

「去る者は去らせるがいい。神は去った。あなたがこの死者について陰口をきかないのは、尊敬すべきことだ。だが、わたしと同じく、あなたもよく知っている。神が何者であったかを。そして神が奇妙な道を歩んだということを」。

「三つの目だけが見ている、ここだけの話だが」と老教皇はおもしろがって言った（というのは、教皇は隻眼だったから）。「神については、ツァラトゥストラよりわたしのほうが明るい――それもそのはずだろう。

わが愛は長年にわたって神に仕えた。わが意志は神の全意志に従った。だがよき下僕《しもべ》はすべてを知っている。時に主がご自身にすら隠していることまで。

秘密の多い、隠れた神だった。まことに、息子すら後ろぐらい抜け道を通じて作ったものだ。その信仰の戸口には姦通がある。

彼を愛の神として讃えるものは、愛そのものを十分に高いものとして考えていない。この神は裁き手でもあろうとしたではないか。愛する者なら、報奨や復讐を超えて愛するはずだ。

東方から来たこの神は、若かりし頃は苛酷で、復讐心に燃えていた。そして取り巻きを楽しませるために地獄を造り出した。

しかし、遂には彼も年を取った。こころ弱くなり、活気がなくなり、同情するようになった。父らしいと言うより、祖父らしくなった。いや、老いさらばえた祖母のようになった。

萎えおとろえ、暖炉のそばに座って、足弱になったことをなげいて、世に倦み、疲れ果てて意志もなくなった。そして或る日、あまりに大きくなった同情のために窒息した」――。

「老いた教皇よ」とツァラトゥストラは言葉をはさんだ。「それを目の当たりにしたか。そうして死んで行ったのかもしれない。しかし、また別の仕方で死んだのかもしれぬ。神々が死ぬ時は、いつもさまざまな死に方をするものだから。

だが、もうよい。どうであろうと――神は去った。彼はわたしの耳にも目にも、趣味に合わなかった。これ以上悪くは言うまい。

わたしは愛する、克明に見て、正直に語る者すべてを。だが、彼には――あなたはよく知っていよう、老いた僧侶よ。彼にはいくらかあなたのようなところが、僧侶のようなところがあった――その態度は幾通りにも解釈できた。

彼はまた曖昧だった。われらが自分をよく理解しないといって、幾度この短気な神は立腹していたことか。だが、ならばなぜもっと明快に語らなかったのか。

それがわれらの耳のせいであるというなら、なぜよく聞こえぬ耳をわれわれに与えたのか。われらの耳に泥が詰まっているというのなら、よろしい、では詰めたのは誰なのか。

この陶芸家は、修行が足りなかったので、あまりに多く作り損ねた。だが、だからといって上手く作れなかったことの復讐を、みずからの手になる壺に、被造物に加えたのは、――よい趣味に対する罪だ。

敬虔ということにも、趣味のよさはある。その趣味のよさが遂に声を発した。『このような神なら去るがいい。神などいないほうがいい、みずからの力で運命を切りひらくほうがいい。愚かでかまわない、みずから神であるほうがいい』と」。

「何ということを聞くものだ」と、そこで耳をそばだてていた老教皇は言った。「おお、ツァラトゥストラよ。そのように不信心であるにもかかわらず、あなたは自分で思うよりも敬虔だ。あなたのなかにいる何らかの神が、あなたを無信仰に改宗させたのだ。

あなたはもはや神を信じない、だがそれはあなたの敬虔さ自体のなせるわざではないか。あなたが善悪の彼岸に連れ去られたのは、あなたの途方も無い誠実さゆえではないか。

さあ、見るがいい、その身に何が残っているかを。その目、その手、その口、それは永遠の昔から祝福を授けるべく定められている。祝福は手だけで授けるものではない。あなたは誰よりも神を蔑する者たらんとしている。が、そばに寄れば、長きにわたる祝福を約束する、ひそやかな聖別の芳香がする。わたしには快い、そして悲しい。

あなたの客にしてくれないか、おおツァラトゥストラ。ただ一夜でもいい。今やこの地上で、あなたのそばほど快いところはないのだから」——

「然《アーメン》あれかし、望みのままに」と、ツァラトゥストラは大いにあやしみながらも言った。「あの道を登っていけば、ツァラトゥストラの洞窟に出る。

みずから案内したいところだ、いと尊き師よ。わたしは敬虔な人すべてを愛するのだから。しかし今は急を告げる悲鳴がわたしを呼んでいる。

わが領土のなかで何者も危害を加えられてはならない。わたしの洞窟はよい港だ。わたしは悲しんでいる人すべてを、また陸《おか》にあげ、しっかりと両足で立たせたい。

だが、あなたの肩からその憂鬱を、誰がとりのぞくことができようか。わたしにはそのような力はない。そうだ、誰かがあなたの神をふたたび目覚めさせるまで、われらは長くながく待たねばなるまい。

この老いた神はもう生きてはいないのだから。彼は全く息絶えたのだから」——。

ツァラトゥストラはこう語った。

最も醜い人間

——そしてふたたびツァラトゥストラの足は山と森を走り回り、その目は探し回った。だが相まみえようとするあの者、大いなる危機に悩み叫ぶ者はいなかった。というのにその道行くあいだいつも、心よろこび、感謝していた。「きょうという日は、出だしは散々だったが、そのかわりになんとさまざまな良いことを贈り与えてくれたことか。なんと不思議な話し相手がみつかったことか。

彼らの言葉をわたしはゆっくりと噛みしめることにしよう、あたかも良質の穀物の粒のように。この歯でよく噛み砕き、擦りつぶさねば。それが乳のようにわが魂のなかに流れ込むまで」——。

だが、道がひとつの岩塊にそうて曲がったときに、頓《とみ》に風景は一変した。ツァラトゥストラは死の国に足を踏み入れていた。黒い、そして赤い岸壁がそそりたっているばかりで、草木一本なく、鳥の鳴く声もなかった。どんな動物も避けて通る谷だった、猛獣であろうとも。ただ醜い、ふとい、緑の蛇が、老いるとここに降りてきて死ぬのだ。だから羊飼いたちはこの谷を「蛇の死」と呼んでいた。

ツァラトゥストラは或る黒い追憶に耽った。すでに一度ここに来たことがあると思えたから。何かあまた重いものが彼の意識にのしかかってきた。歩みはのろくなり、もっとのろくなり、ついに立ち止まった。ふと目をみひらいて見ると、道端に何かがすわりこんでいる。人らしい形はしている、だがほとんど人間ではない、名状しがたい何かだ。不意にツァラトゥストラは激しい恥辱に襲われた。この目でその何かを見たことが恥辱だった。白髪も染まるほどに赤面し、目をそらして、この悪しき場所を去ろうとした。そのときこの死の荒野に音が鳴り渡った。ごぼごぼ、ぜいぜい、喉を鳴らすように地から湧き上がって、まるで夜、詰まった水道管の水が立てる音のようだ。それは遂に人間の声になり、人間の言葉になって、――こう聞こえた。

「ツァラトゥストラ！　ツァラトゥストラ！　わが謎を解け。言え！　言え！　目撃者への復讐とは何か。

　お前を呼び戻してやる。ここはよく辷《すべ》る氷があるぞ！　気をつけよ、気をつけよ。お前の誇りが脚を折らぬように！

　お前は自分を賢明だと思っているな。誇り高いツァラトゥストラよ。ならこの謎を解いてみよ。強力なくるみ割り器なのだろう、お前は。――その謎とはこのわたしだ。さあ言うがいい――わたしは誰だ！」。

　――ツァラトゥストラがこの言葉を聞いたとき、――彼の魂に何事が起こったか、あなたには信じられるだろうか。同情が襲ったのである。彼は突然倒れこんだ、楢《オーク》の木が多くの木樵《きこり》たちにながく抵抗したあげく倒れるように。――それを伐り倒そうとしていた木樵たちも驚くほどに重く、突然に。だが早くも彼は身を起こした、そしてその顔《かんばせ》は苛酷になっていた。

「お前のことなどわかっている」とツァラトゥストラは青銅のごとき声で言った。「お前は神を殺した者だ。わたしを引き止めるな。

自分を見ている者に我慢ならなかったのだ、お前は。——お前はいつも見られていた、しかも徹底的に。最も醜い人間よ。お前はこの目撃者に復讐したのだ」。

ツァラトゥストラはこう語ると、立ち去ろうとした。だがあの名状しがたい者は、衣服の裾をしっかりつかむと、またあの音を出して言葉を探した。「待ってくれ」と、遂に彼は言った——

——「待ってくれ！　行かないでくれ！　あなたを地に倒した斧がどんな斧か、わたしにも察しがつく。——おおツァラトゥストラよ。よかった、あなたがまた立ち上がれて。

彼を殺した、——神を殺害した者がどんな心持ちでいるか、あなたは見抜いたのだ。わたしにはわかる。待ってくれ！　わたしの隣に座ってくれ。無駄にはしない。

あなたのところでなければ、わたしはどこに行けばいいのか。待ってくれ。ここに座ってくれ。でもわたしをそう見ないでくれ！　尊重してくれ——この醜さを！

わたしは迫害されている。もはやあなたしか、逃げこむところがない。憎悪されてもいなければ、追手が差し向けられているわけでもない。——おお、そのような迫害なら、嘲笑い、誇りとし、歓んだろうに。

いままで、すべての成功は、大いに迫害された者によってなされたではないか。そして大いに迫害し追跡する者は、たやすく追随するようになる――。迫害そして追跡するということは、――あとから付いていくということだからだ！　だが、彼らの同情が――

――あの同情からこそ、わたしは逃げ出し、そしてあなたのところに逃げ込んだ。おお、ツァラトゥストラよ、わたしを守ってくれ、わが最期の避難所よ、わたしを見抜いた唯一の人よ。

――あなたは見抜いたのだ、彼を殺した者がどんな気分か。ここにいてくれ！　それでもあなたが気短にも行こうとするなら、わたしが来た道を行くな。それは悪い道だ。お怒りか、わたしがこんなにいつまでも喋っていることを。忠告すらしたことを。だが知ってほしい、わたしは最も醜い人間なのだ。

――そしてこの足は最も巨大で重い。わたしが歩けば道はわるくなる。すべての道を踏み殺し、穢《けが》すのだ。

だがあなたは黙ったまま通りすぎようとした。あなたは赤面した。はっきりと見た。だからわかったのだ、あなたはツァラトゥストラだと。

他の者ならみな、施しを投げたり、眼差しや言葉で同情しただろう。だが、それを受けるほど――わたしは乞食ではない。あなたはそれがわかったのだ――

――それを受けるにはわたしは豊か過ぎる。偉大なもの、恐ろしいもの、この上なく醜いもの、名状しがたいものなら、ふんだんにある！　おおツァラトゥストラよ、あなたの恥辱はわたしに名誉を与えた。

同情する人びとが殺到してきたので、やっとのことで抜け出してきた。――いまこのように教える唯一の人を見つけるためだった。『同情は厚顔である』。――あなただ、おおツァラトゥストラよ！

――神の同情だろうと人間の同情だろうと、同情は恥を知らない。助けようとしないことは、すぐ駆け寄ってくる徳よりも高貴でありうる。

だがいま、それこそが、卑小な人びとのあいだでは徳そのものと呼ばれている。同情が。――大いなる不幸、大いなる醜悪、大いなる失敗に、何ら畏敬をいだかない。

このような者すべてを超えて、わたしはその向こうを見ている。犬がひしめいている羊の群れの、その向こうを見ているように。彼らは、気がよく毛もよい、小さな灰色のものたちなのだ。

鷺が頭をそらし、あさい池を軽蔑してその向こうを見やるように、わたしは灰色の波と意志と魂の群れを眼中におかず、その向こうを眺める。

この小さな人々は、あまりに長く正しいとされてきた。だから遂には権力まで得た。――今や彼らは教える。『小さな人間たちが善と呼ぶものだけが善だ』と。

そしていま『真理』と称されているものは、その小さな人々から出てきた説教師が語ったものだ。奇妙な聖者が、小さな人々を代弁する者が。彼はみずからをさして証言した、『わたしは――真理である』と。

このような傲慢な者が、いままで長きにわたって小さな人々をひどく自惚《うぬぼ》れさせてきた。――彼が『わたしは――真理である』と教えたのは、決して小さくない過ちだった。

しかし、おおツァラトゥストラよ。あなたは彼のかたわらを通り過ぎて言った。『否、否、三たび否！』と。――このような傲慢な者に、これ以上丁重に返答がなされたことがいままであったろうか。

あなたはその過ちに警告を発した、同情に警告を発した最初の人だ――万人に向けて発したのでもなく、誰に向けて発しなかったのでもない。みずからとみずからに似た者たちに向かって発した。

あなたは大きな苦悩を抱える人々の恥辱に恥辱を感じる。そうだ、あなたが『同情からこそ、大きな雲が押し寄せてくる。警戒せよ、人間たちよ』と語るとき、

――またあなたが『すべての創造者は苛酷である。すべての大いなる愛は、同情を超えている』と教えるとき、おお、ツァラトゥストラよ、あなたはなんとよく天候の兆しを読むに長けた人かと思う。

だが、あなた自身も――あなたの同情に警戒するがいい。多くの者があなたのもとへやって来ようとしているのだから。悩める者、迷う者、絶望する者、溺れている者、凍えている者が、多く――。

わたし自身にも警戒せよと言おう。わが最善にして最悪の謎、わたし自身とわたしの

行ったことを見抜いたのだから。あなたを倒した斧が何か、わたしにはわかるのだから。だが彼は——死なねばならなかった。彼はすべてを見た目で見た。——人間の深さを、そして奥底を。人間の隠された汚辱と醜悪を。

彼の同情は少しも恥を知らなかった。わたしのもっとも汚い隅々にまで入り込んだ。この、もっとも詮索好きで、遠慮がなさすぎ、同情がすぎる者を、生かしておけなかった。

彼はつねにわたしを見ていた。このような目撃者に復讐しようと思ったのだ——さもなくば、自分が生きてはいないと。

神は一切を見た、だから人間をも見た、このような神は死なねばならなかった！　人間は、このような目撃者が生きていることに耐えられない」。

最も醜い人間はこう語った。ツァラトゥストラは立ち上がって去ろうとした。腹の底まで寒気がしていた。

「名状しがたい者よ」と彼は言った。「その道を行くなと、君は警告してくれた。お礼にわが道を勧めよう。見るがいい、あちらにツァラトゥストラの洞窟がある。

わが洞窟は大きく、深く、隅なら沢山ある。何からどんなに隠れようとする者でも、隠れ家は見つかる。すぐそばには、這い飛び跳ねまわる生き物たちがひそむ百の穴と抜け道がある。

君よ、追放された者よ、みずからを追放した者よ。人間と人間の同情のあいだでは住みたくないのか。よろしい、ならわたしがするようにせよ。そうすればわたしから学ぶことができる。学ぶことができるのは、行動する者だけだ。

そしてまず、わが生き物たちと語れ。最も誇り高く、最も賢明な動物だ。――彼らはわれら二人によい助言をしてくれるだろう」――。

ツァラトゥストラはこう語った。そしてみずからの道を進んだ。今までよりも考えこみ、ゆっくりと歩いていった。多くを自分自身に問い、そして容易に答えることができなかった。

「人間とは、なんと惨《みじ》めなものだろう」と心のなかで考えた。「なんと醜く、なんと喘《あえ》いでおり、なんと多くの恥辱を押し殺していることだろう。

ひとは言う、人間は自分を愛するものだと。ああ、この自己愛はどんなに大きいことか。こんなにもみずからを軽蔑しているのだから。

いま会ったあの男も、自分を愛していた。だからこそ自分を軽蔑していた。――彼は大きく愛する者であり、だから大きく軽蔑する者なのだ。

彼以上に自分自身を軽蔑している者を見たことがない。これも高みなのだ。ああ、あの悲鳴を発した貴人は、おそらく彼だったのか。

わたしは、大いなる軽蔑者を愛する。人間は乗り超えられねばならぬ何かなのだから」――。

すすんで乞食になった人

　ツァラトゥストラは最も醜い人間と別れてからも冷えを、孤独を感じていた。多くの寒さと孤独が心のなかを通りぬけ、手足までを冷やした。それでも山道を進み、登りまた降り、或る時はみどりの牧場のかたわらを過ぎ、むかし鉄砲水が川床にしたらしい石ばかりの荒地を越えていくと、――突然、その心にあたたかさと情愛が戻ってきた。「どうしたことだ」とみずからに尋ねた。「何かあたたかい、生き生きとしたものがわたしを活気づける。それは近くにいるにちがいない。

　すでに、そう孤独でもなくなった。自分ではそうと気づいていない道連れ、兄弟たちが、このあたりを彷徨《さまよ》っているのだ。そのあたたかい吐息が、この魂を和ませる」。

　あたりを見回してその孤独を慰めてくれたものを探した。見よ、小高い丘の上に牝牛たちが群れている。近くにいたので、その匂いが彼の心をあたためたのだ。だが、牝牛たちは誰かの語りに聞き入っている様子で、近寄ってもこちらを気に留めなかった。ツァラトゥストラがすぐそばまで行くと、一人の人間の声がはっきりと聞き取れた。牝牛の群れの真ん中で語っていて、牝牛たちはあきらかにみな頭を語り手の方に向けていた。

　ツァラトゥストラはいそいで駆け上ると牝牛たちを押し分けた。そこで誰かが酷い目にあっていて、牝牛たちの同情では救われないのではないかとおそれたからだ。しかし思い違いだった。見よ、そこには一人の男が地面に座って、牝牛たちに自分を怖がらなくてもよいと説いているようだったから。温厚な人、山上で垂訓《すいくん》する者だった。その目から、慈愛そのものが教えを説いていた。「君はここで何を求めているのか」とツァラトゥストラはいぶかしんで尋ねた。

「わたしがここで何を求めているか、と」と彼は答えた。「君が求めているものを、だ。君よ、平穏を乱す者よ。すなわち、地上の幸福を求めている。

わたしはこの牝牛たちからそれを教えてもらいたい。だから、すでに朝の多くを費やして、牝牛たちに語りかけていたのだ。今ちょうど教えを受けるところだったのに。なぜ君は妨げるのか。

心を改めて牝牛のようにならなくては、われらは天国にはいることはできない。われわれは一つのことを牝牛たちから学ばねばならぬ。つまり、反芻《はんすう》だ。

そうだ、人間が全世界を獲得しても、この一つのこと、反芻を学ばなくては、何になろう。その悲しみから逃れられはしないだろう。

——あの大きな悲しみから。今日、嘔気と呼ばれているものから。いま、心が、口そして目が、嘔気で満ちていないものがいようか。君もだ、君もそうだ。だがこの牝牛たちを見るがいい」——。

山上の垂訓者はこう語った。そして目をツァラトゥストラに向けた。——それまでは愛情に満ちたまなざしを牝牛にばかりそそいでいた——と、彼の様子は一変した。「わたしと話しているのは誰だ」と動転して叫び、地面から飛び起きた。「嘔気を持たない人だ、ツァラトゥストラその人だ、大いなる嘔気の克服者だ。これはツァラトゥストラその人の目だ、その人の口だ、その人の心だ」。

そう言いながら、相手の両手をとって口づけた。目からは涙があふれた。まるで思いがけなく貴重な贈物が、宝が、天上から降ってきた人のようだった。牝牛たちはこの成り行き一切をいぶかしげに眺めていた。

「わたしのことは語るな。奇妙な人よ、愛すべき人よ」。ツァラトゥストラはそう言うと、その情愛をこばんだ。「まず君について語れ。君はかつて巨万の富をなげうち、すすんで乞食になった人ではないか、

――みずからの富を恥じ、財ある人々を恥じ、最も貧しい人々のもとへ逃れ、みずからの充実と心を贈ろうとしたではないか。だが、彼らはその人を受け入れなかった」。

「そうだ、わたしは受け入れられなかった」と、すすんで乞食になった人は言った。「あなたもご存知だろう。だからついに動物たちのところへ、この牝牛たちのところへ来た」。

「そこで君は学んだ」とツァラトゥストラは話を遮《さえぎ》った。「正しく与えることは、正しく受け取るよりも難しいということを。そしてよく贈るということは一つの技芸であって、善意がなす究極の、巧緻きわまりない名人芸だということを」。

「とりわけて今日ではそうだ」とすすんで乞食になった人は答えた。「一切の卑しい者

時代だから。

が蜂起し、脅えてのぼせ上がり、みずからの流儀で、つまり賤民の流儀で傲慢になった時代だから。

ご存知の通り、賤民と奴隷の反乱の時代が来た。大きく、悪く、長く、鈍《のろ》い反乱の時代が——この反乱は広がるばかりだ!

今や、この卑しい者たちは、ありとあらゆる慈善にも、小さな施しにも怒り狂う。あまりに富める者は、用心するがいい!

ふとい瓶が実に細い首からしずくを滴らせるようにすると——今日、そのような瓶はすぐに首を折られてしまう。

みだらな欲望、怒りまみれの嫉妬、遺恨にみちた復讐心、賤民の増上慢——これら一切がこの顔めがけて飛んできた。貧しき者はさいわいとは、もう真実ではない。むしろ天国は牝牛のもとにある」。

では、なぜ天国は富める者のもとにないのか、とツァラトゥストラは試すように尋ねた。この温厚な人を信じきって鼻息をかける牝牛たちを押しのけながら。

「なぜわたしを試すのか」とこの人は答えた。「わたしよりあなたのほうがご存知だろうに。それにしても、もっとも貧しい者たちへとわたしを駆り立てたのは何なのか。おお、ツァラトゥストラ。それは最も裕福な者たちに対する嘔気《はきけ》ではなかったか。

——この富の囚人たちは、屑のなかから利益を拾い集めている。冷たい目をして、欲得ずくの考えで。天まで悪臭を放つこの破落戸《ごろつき》たちに対する嘔気、

――鍍金《めっき》をほどこされて偽造された賤民たちに対する嘔気ではなかったか。彼らの父祖は掏摸《すり》か、さもなくば死骸を食う鳥か、屑ひろいだったのではないか。その妻たちはすぐ言いなりになる、みだらな、もの忘れのひどい――娼婦とほとんど変わらぬ女たちだったではないか――

上を見ても賤民、下を見ても賤民だ！　『貧しい』ということ、『富める』ということは、いま一体何なのか！　わたしには区別がつかないようになった。――だからそこから逃げ出した。遠くへ、さらに遠くへ。そしてこの牝牛たちのもとに来た」。

温厚な人はこう語ると、みずからの言葉に激して、彼も鼻息をたて大汗をかいた。牝牛たちはまたいぶかしそうにしていた。このように激しい言葉をつらねるあいだ、ツァラトゥストラはたえず微笑んでその顔をながめ、黙って頭を振っていた。

「山上で垂訓する者よ。あなたは力ずくでそのような激しい言葉を用いている。君の口も目も、そういう激しさに合うようにはできていない。

君の胃もそうだと思う。そのような怒り、憎しみ、激昂には、その胃は一切耐えられない。その胃はもっとやさしいものを求めている。君は肉食ではない。

むしろ君は草食か、根菜をたべる人だと思う。おそらく穀物をよく嚙んでたべるのだろう。ともあれ、肉の歓びは好まず、蜜を好むのは確かだ」。

「察する通りだ」と、すすんで乞食になった人は安堵したように答えた。「わたしは蜜を好む。穀物をよく嚙む。口にこころよく息を清らかにするものを求めるから。

——また、食べるのに時間がかかるものを。温和で、無為に過ごす無精者には好ましい、日々の作業、口をうごかす作業を求めるから。

もちろん、この牝牛たちがもっともよくそうしている。牝牛たちは反芻を、そして日向に寝そべることを発明した。それに牝牛たちはこころ驕《おご》らせるあらゆる重い思想を遠ざけている」。

「——よろしい」とツァラトゥストラは言った。「君はわが生き物たちにも会うべきだ。わたしの鷲と蛇に。彼らのようなものはいま地上にはいない。

見よ。あの道を行けばわが洞窟に出る。今宵、そこの客人となるがいい。そしてわが生き物たちと動物の幸福について語れ、——

——わたしが戻るまでは。いま、危急を告げる悲鳴がわたしを呼んでいて、君とは別れねばならないから。わが在所で新たな蜜も見つかるだろう。それは氷のように新鮮な、天然の、黄金の蜜だ。それを食べるがいい。

ともあれ、今はすぐに君の牝牛たちと別れたまえ。奇妙な人よ、愛すべき人よ。つらいだろう。牝牛は君のまたとなく暖かい友であり、師でもあるのだから」——。

「——わたしがなお愛しているたった一人のお方をのぞいて」とすすんで乞食になった人は答えた。「あなたはよいお方だ、牝牛よりもよいお方だ、おお、ツァラトゥストラ！」

「行け、ここから行ってしまえ。厭らしいおべっか使いめ」。ツァラトゥストラは怒って叫んだ。「お前はなぜそのような称賛と蜜のような世辞でわたしを不快にさせるのか」。「行け、行ってしまえ」。彼はもう一度叫ぶと、優しい乞食にむかって杖を振り上げた。乞食はすぐに逃げていった。

が、すすんで乞食になった人が走り去って、ツァラトゥストラがまた一人になると、すぐ背後に新しい声が聞こえた。叫んでいた。「行かないでくれ、ツァラトゥストラよ！　待ってくれ！　わたしだ、おおツァラトゥストラ。あなたの影だ！」。だがツァラトゥストラは待たなかった。突然不愉快になったのだ、自分の山のなかにこんなに大勢が殺到し、混雑していることに。「わたしの孤独はどこに行ってしまったのか」と彼は言った。

「もう沢山だ。この山には人がひしめき合っている。こんな世界はもはやわたしの国ではない。新しい山が必要だ。

わが影がわたしを呼ぶだと。わたしの影など知ったことではない。追いかけてくるがいい——逃げるまでだ」。

ツァラトゥストラは内心こう語って走りだした。だが背後にいるものはついてくる。すぐに三人がつらなって走ることになった。前にあのすすんで乞食になった人、次にツァラトゥストラ、三番目最後尾には彼の影が。しばらくこうして走り続け、ツァラトゥストラは自分のしていることの莫迦莫迦しさに気づくと、一挙に不快と嫌悪をふり払った。

「何なのだ」と彼は言った。「われら老いた隠者や聖者は、むかしから滑稽きわまりないことをしてきたのではないか。

本当に、山中ではわたしの愚かさまで背丈が伸びた。いま聞こえるのは、老いた阿呆の六本の足が一列になってひたひた走る足音だ。

それに、いったいなぜこのツァラトゥストラが影など恐れねばならないのか。結局、影はわたしより長い脚をしているようだから」。

ツァラトゥストラはこう語った。目で、そして腹の底から大笑いしながら。立ち止まり、出し抜けに振り向く。――と、見よ、あやうく追跡してくる影を地に弾き飛ばすところだった。それほど影は踵《きびす》を接して追ってきていたのであり、またそれほどまでに虚弱だった。吟味する目で見てみると、突如あらわれた幽霊を前にしたように驚かされた。この追っ手はそれほど痩せていて、黒ずんでいて、うつろで、老いぼれているように見えた。

「何者だ」とツァラトゥストラは語気を荒らげた。「ここで何をしている。なぜわたしの影などと名乗る。不愉快だ」。

「お許し下さい」と影は答えた。「あなたの影であることを。お気に召さぬというのなら、よろしいのです。おおツァラトゥストラよ。さすが、あなたはよい趣味をお持ちだ。

わたしは漂泊の旅人で、もう長いことあなたの踵の後ろについてきた。いつも途上にあって、目指すところもなければ故郷もない。ほとんど永遠のユダヤ人といってもよいが、永遠でもユダヤ人でもない。

何ということでしょう！　いつまでも旅の途上にいなくてはならないのでしょうか。風に吹きしだかれるままに空に飛ばされ、居場所もなく、漂いながれていくばかりなのでしょうか。おお大地よ、あなたはわたしにとってあまりに丸くなった！

どんな表面にも座ってみた。疲れた埃のように鏡や窓硝子《ガラス》のおもてで眠った。万物はわたしから奪うばかり、何も与えてはくれぬ。この身は痩せほそって、――ほとんど影のようになった。

しかし、おおツァラトゥストラよ。あなたを追って飛びかつ歩いた時がもっとも長かった。あなたのもとから身を隠したときでも、あなたの最良の影だった。あなたがどこに座っても、わたしもそこに座った。

あなたと一緒なら、もっとも遠い、もっとも寒い世界でも歩きまわった。まるで好んで冬の屋根や雪の上をいく幽霊のように。

あなたと一緒なら、どんな禁じられたもの、最悪のもの、遠くにあるものにでも進み入った。わたしが何か長所を持っているとすれば、どんな禁止も恐れないということだから。

あなたと一緒なら、かつて心から崇拝していたものを打ち砕いた。あらゆる境界石と偶像を覆《くつがえ》し、何よりも危険な望みを叶えようとした。――そうだ、どんな罪でも一度は踏み越え、やってのけたのだ。

あなたと一緒なら、言葉と価値と大いなる名を信じることを忘れた。悪魔が皮を脱ぎ捨てれば、悪魔という名も剝げ落ちるではないか。つまるところ名とは皮なのだ。悪魔自身もおそらく――皮なのだろう。

『真理はない。すべては許されている』。そう自分に言い聞かせた。この上なく冷たい水のなかにも飛び込んだ。頭も、心も、もろとも。ああ、そのために幾度あかい蟹のようなはだか身で立ち尽くしたことだろう！

ああ、すべての善、すべての恥、すべての善人への信頼はどこに行ってしまったのか。ああ、かつて身につけていた贋物の無邪気さはどこに行ってしまったのか。善人の無邪気さと、その気高い嘘はどこに！

そうだ、幾度となく真理を追ってその踵に迫った。だが真理はこの頭を蹴った。時には嘘をついた。すると見よ、はじめて言い当てた――真理を。

あまりに多くのことが明らかになった。何にも興味が湧かなくなった。何も愛せなくなった。――いまさらどうして自分を愛することができるだろう。

『欲するまま生きる、さもなければ生きなくてよい』。これを意志する。最高の聖者たちもそう意志するのだから。だが。ああ、どうしていまさらこのわたしに――欲することなどあろうか。

わたしに――いまさら目的があるか。わたしの帆がめざす港などあるか。

良い風が吹くとでも。ああ、どの風が良いか、順風なのかがわかるのは、自分がどこに行くか知っているものだけだ。

この身に何がまだ残っているか。疲れてふてぶてしい心、さだまらぬ意志、空しくばたつく翼、砕けた背骨だ。

わが故郷を探し求めること。おお、ツァラトゥストラ。ご存知だろう、この探求こそわたしの災厄だ。この身を食い尽くす。
『どこにあるのか——わが故郷は』。問う、探す、探した。見つからなかった。おお、永遠の偏在よ。永遠の不在よ。おお永遠の——徒労よ！」。

影はこう語った。ツァラトゥストラはその言葉を聞くと無表情になった。「お前はわたしの影だ」とついに悲しんで言った。
「お前の陥っている危険は、小さくない。自由な精神の持ち主よ、漂泊する者よ。悪い昼を過ごしたのだ。なら気をつけよ、もっと悪い暮れ方が来ぬように。

お前のようにさだまりなく居場所もない者には、牢獄すらしあわせに思えてくる。見たことがあるか、囚われた犯罪者が眠っているのを。安堵して眠りこんでいる。みずからの新しい安全をよろこんで。

用心せよ。行き着くところ、結局は偏狭な信仰に、苛酷で強力な妄想にとらえられることがないように。すなわちこれからお前は、偏狭で断固としたものすべてにそそのかされ、誘惑されるだろう。

お前は目的を失った。ああ、この喪失をどうやってやり過ごし、耐えぬくつもりなのか。ともに――道をも失ったのに。

あわれに彷徨する者よ、浮かれ群がる者よ、疲れ切った蝶よ。今宵、憩いの宿が欲しくはないか。ならばわが洞窟まで登っていくがいい。

あの道を行けばわたしの洞窟に出る。だが、いまはすぐにお前と別れて去ろう。もう影のようなものがこの身にさしてきた。

独りで走りたい。まわりがふたたび明るくなるように。そのために、しばらくは快活に両足を動かさねばならない。だが、今宵は、わたしのところで――踊ろうではないか」――。

ツァラトゥストラはこう語った。

正午

——そしてツァラトゥストラは駆け続けた。もはや誰にも会わず、ただ独りだった。どこまで行っても自分だけだ。その孤独を味わい、啜《すす》った。こころよいことだけ考えた——幾時も。やがて正午となって、太陽がツァラトゥストラの頭の真上にかかったとき、曲がりくねり節くれだった老樹のそばにさしかかった。その樹は一株の葡萄の蔓《つる》の、ゆたかな愛でだきしめられていて、その木肌が見えないほどだった。きいろい房がたわわに生《な》って、旅人をさしまねいている。そこですこし渇きをいやすためにひと房摘み取りたくなった。しかし手を伸ばしたときには、すでに他のことがしたくなっていた。この完璧な正午に、この樹のそばに寝そべって眠りたくなったのだ。

ツァラトゥストラはそうした。色とりどりの草花が生えて静けさひそやかさを出している地に身を横たえると、もうすこしの渇きも忘れて眠った。ツァラトゥストラの格言によれば、他事よりも一事が肝要、だからだ。しかし彼の目はひらいたままだった。——老樹と葡萄の愛を見て、賛嘆して飽きることがなかったから。こうして眠りにつきながら、ツァラトゥストラはみずからの心に語った。

静かに。静かに。世界はいま完全になったのではないか。この身に何が起きるだろう。

そよ凪が、鏡のように凪いでひかる海の上で、誰も見ていないのに、舞う。かろやかに、羽毛のように。そのように——眠りはわたしの上で舞っている。

この眠りは目をふさがない、わが魂を目ざめさせたままにする。眠りはかろやかだ、そう、羽毛のように。

どのようにしてか、この眠りはわたしをかき口説く。この身の内から、嬉しがらせの手でそっと触れてきて、強いてわたしを大人しくさせる。そう、わたしを大人しくさせ、この魂を伸びのびと大の字に横たえる——

——何と長ながと身を伸ばし、そして疲れ果てていることか。わたしの奇妙な魂は。この正午のさなか、七日目の暮れ方がやってきたとでも。よい、熟れたものたちのあいだをしあわせに漫《そぞ》ろあるいてきたが、もうそれがあまりにも長かったか。

魂が身を伸ばす、長くながく——もっとながく。静かに横たわっている。この奇妙な魂よ。あまりに多くの美味を味わい過ぎた、という黄金の悲しみに押し拉《ひし》がれて、魂は口元をゆがめている。

——何処よりもしずかな入江に入ってきた船のように。——いま魂は大地に身をゆだねている。ながい旅とよるべない海に疲れて。大地のほうが頼りになるではないか。

——このように船が陸《おか》に着き、身を寄せているときには——一匹の蜘蛛が糸をつむいで渡すだけで足りる。それより強い縄など要らぬ。

しずかな入江の疲れた船のように、わたしも大地にふれて安らっている。大地に忠実に、信頼して、待っている。か細い糸でつながれて。

おお、幸福よ、幸福よ。歌いたいか、わが魂よ。草花のなかに横たわって。だがいまはひそやかで、厳《おごそ》かな時だ。一人の羊飼いも笛を吹かぬ。

つつしむがいい。熱い正午が野に眠っている。歌うな。しずかに。世界は完全なのだ。歌うな。草花のあいだを飛ぶものよ、おお、わたしの魂よ。囁きすらするな。見よ、――静かに。老いた正午が眠る。口をうごかす。いま幸福のひとしずくを飲んだのではないのか――

――黄金《きん》の幸福の、黄金の葡萄酒の、ふるい褐色のひとしずくを。その面《おもて》をかすめていく、その幸福が、笑う。そう――ひとりの神が笑うように。静かに――。

――「幸福のためには、なんとわずかなことで足りることか」とかつて語った。賢いと、思っていた。だが、なんという冒瀆だったろう。それこそをいま学んだ。賢い阿呆ならもっとよいことを言うだろう。

まさにごくわずかなこと、ごくかすかなこと、ごく軽いこと、するすると走るとかげ、いちどの微風、颯《さ》っとすぎること、ひとつきりの瞬《まばた》き、――わずかであることこそが数々の最高の幸福をつくるのだ。静かに。

――この身に何が起こったのだろう。耳を澄ませ。時間は飛び去ったか。わたしは落ちていくのではないか。落ちたのでは。――耳を澄ませ。永遠という泉にか。

――この身に何が起こるのだろう。静かに。刺され、――痛っ、――心臓か。心臓を刺された。おお、裂けよ裂けよ、心臓よ。このような幸福のあとでは、このように刺されたあとでは。

――どうだ。いま世界は完全になったのではないか。まるく熟れて。おお、黄金の円環よ。――どこへ飛んで行くのか。あとを追う。はやく。

しずかに。――」（ここでツァラトゥストラは身を伸ばし、みずからが眠っていることを感じた）――。

「起きよ」と自分に言った。「眠る者よ、正午を寝てくらす者よ。さあ、起きよ、老いた両脚よ。いまが時だ、時を超えた時だ。道のりはまだまだある――。

もう十分に眠ったろう。永遠の半ばまでも。さあ、起きよ、わが老いた心よ。こんなにも眠ったのだから、どれだけながく――目ざめていられることか」。

（だが、そこでまたしても眠ってしまった。彼の魂は彼に反論し、抵抗し、また横たわった）――「そっとしておいてくれ。静かに。世界はいま完全になったのではないのか。おお、黄金の球体よ」。

「起きるがいい」とツァラトゥストラは言った。「小さな泥棒よ。昼を盗む者よ。なにごとか。いつまでも寝そべって、あくびをし、ため息をついて、深い泉に落ちていくのか。

お前は何者だ、わが魂よ」。（ここでツァラトゥストラは驚いた。太陽の光がひとすじ、天から彼の顔にさしてきたから）

「おお、わが頭上の天空よ」と、彼は嘆息しながら言うと、身を起こして座った。「わたしを見ているのか。この奇妙な魂の言うことを聞いているのか。いつあなたはこの露のひとしずくを飲むのか。あらゆる地上の物ごとに降りたこの露を。――この奇妙な魂をいつ飲むのか――

――おお、永遠という泉よ。あかるく、すさまじい、正午の深淵よ。いつあなたはわが魂を飲み、その身のなかに取り戻すのか」。

ツァラトゥストラはこう語った。樹のそばの寝床から身を起こした。まるで未知の酩酊から醒めたかのように。すると、見よ。太陽は依然として彼の頭の真上にかかっている。だから、ツァラトゥストラはそう長く眠ったのではないという者がいても、間違いとは言えないだろう。

挨拶

ツァラトゥストラは長いこと探しまわったが、無駄だった。みずからの洞窟に戻ったのは午後もおそくなってからだった。しかし洞窟まであと二十歩もないところに来て正面に立つと、まったく思いがけないことが起こった。また新たに大きな悲鳴を聞いたのだ。驚くべきことに、今度は自分の洞窟から聞こえてきた。しかし、それは長い、さまざまな響きをふくむ、奇怪な悲鳴だった。ツァラトゥストラは、これは多くの声がひとつになったものだとはっきり聞き分けた。遠くから聞けば、一つの口から出た悲鳴のように聞こえたろう。

ツァラトゥストラは洞窟に駆けつけた、と、見よ。あの合唱のあとに、なんという見世物が待ち受けていたことだろう。そこに、昼ひなか出会って別れたあの人々が、みな居並んで座っていた。右の王に左の王、老いた魔術師、教皇、すすんで乞食になった人、影、知において良心を持つ者、悲しみの預言者、そして驢馬だ。あの最も醜い人間は王冠を戴いて、真紅の帯を二本その身に巻いていた。――すべての醜い者とおなじく、彼も飾りたてて美しく装うことを好んだ。この陰鬱な人々の集まりの中心には、ツァラトゥストラの鷲が、羽を逆立て落ち着かぬ風情でいた。その誇りにかけても答えられぬような、数々の問いを出されていたから。賢明な蛇は、鷲の首に巻きついていた。

この一切を見て、ツァラトゥストラはおおいに驚いた。客の一人ひとりを気さくな様子で、好奇心をもってよくよく見ていった。その魂を読み取ると、驚きを新たにした。そのあいだ集まった人びとは、席から起立し、ツァラトゥストラが語り出すのを畏敬の念をもって待っていた。そしてツァラトゥストラはこう語った。

「諸君、絶望している者たちよ、奇妙な者たちよ。では、わたしが聞いたのは君たちの悲鳴だったのか。やっとわかった。わたしが今日見つけ出すことができなかった者を、どこに探し求めればいいのかを。つまり、貴人を――。

――わたし自身の洞窟に、貴人たちは座っている。何の不思議もない。誘ったのはこのわたしではないか。蜜の供物と、わが幸福という巧妙な呼び声で。

だが、どうも諸君はこうした宴には不向きのようだ。悲鳴をあげた人々よ、君たちは隣同士すわって、たがいに気分を害しあっているのではないか。もう一人、ここに来なくてはならない。

――諸君をふたたび笑わせる者が、巧みで陽気な道化師で、舞踏者《ダンサー》で、疾風《はやて》であっていたずら者で、だれか老いた戯《たわ》け者が――諸君は、どう思うか。

諸君、絶望している者たちよ。このような益体もない言葉を聞かせることを許してくれ。まことに賓客を迎えるにふさわしくない言葉だ。だが君たちにはわかるまい。どうしてこの心がこうもいたずらに巫山戯《ふざけ》ているかを――

――それはまさに君たち自身のせいだ。そしてその顔つきのせいだ。許せ。絶望している者を見れば、誰しも元気がでてくる。誰だって絶望している者に話しかけるくらいの――力はあると思うものなのだから。

わたしにもその力を与えてくれた。――すばらしい贈物だ、わが高貴な客人たちよ。心のこもった手土産だ。さあ、返礼をしよう。怒らないでくれたまえ。

ここはわが国だ、わたしの支配のもとにある。今宵一夜、わたしのものは諸君のものだ。このわが生き物たちも諸君のものだ。この洞窟は君たちの憩いの場だ。

わたしの住処を宿とし家としているあいだは、誰も絶望させはしない。わが領域にいるからには、どんな者でも追ってくる野獣から守る。これがわたしからの最初の贈物だ。安全、である。

第二の贈物はこの小指だ。それを手にしたからには、この掌をまるごと持っていくがいい。さあ、わが心までも。はるばるよく来てくれた、ようこそ、わが客人たちよ」。

ツァラトゥストラはこう語った。そして笑った、愛と悪意をこめて。この挨拶を受けて、客人たちはかさねて頭を垂れ、畏敬の念を抱いて沈黙していた。やがて右の王が一同の名のもとに答えた。

「おお、ツァラトゥストラよ。その手のさし出し方、挨拶の仕方、まぎれもなくあなたがツァラトゥストラだとわかる。あなたは身を低くしてくださった。ゆえにわれらは畏敬の念のあまり、痛みすら感じた――

――だが、あなたのように、誇りを持ちながらも身を低くしうる者があるでしょうか。

それがわれらを力づける。われらの目と心を爽快にする何かなのです。

これを見るだけのために、われわれはここよりもっと高い山に登ることをいとわなかったでしょう。見たい一心でやって来たのですから。曇った目をあかるくするものが見たいと。

ご覧のとおり、すでにわれらの悲鳴はみな止んだ。すでにわれらの意識と心は開かれ、陶然としています。われらも、もうすぐ愉快にやることでしょう。

おお、ツァラトゥストラよ。大地から生えるもののなかで、強い意志よりよろこばしいものはない。何よりも美しい植物だ。この一本の樹だけで、風景のすべてが活気づく。

おお、ツァラトゥストラよ。あなたのように生育するものを笠松にたとえよう。高く、静かで、硬く、孤高で、もっとも靭《しな》やかな木質をしていて、雄大だ、——

——そしてついにはみずからが支配するところへ、強く青々とした枝を伸ばしていき、風にあらしに、この高みに棲むものすべてに、強い問いを発する。

——問いよりも強い答えを発する、命令する者として、勝利を収めた者として。おお、このような植物を見るためなら、高い山であろうとも登らぬものがあろうか。

おお、ツァラトゥストラよ。あなたという樹を見れば、陰鬱な者、不具の者をも活気づく。よるべない者も安堵して、こころ癒されるのだ。

そしてまことに、今日、あなたという山と樹に、多くの目がそそがれている。大きな憧れが巻き起こり、あまたの人々が問うようになった。ツァラトゥストラとは誰かと。

かつてあなたがその歌と蜜とを耳に滴らせてやった者たちがいる。隠れ棲む者たち、ひとり世を捨てて生きる者たち、ふたり世を捨てて生きる者たちが。彼らは突如、みずからの心にこう語りかけ出したのだ。

『ツァラトゥストラはまだ生きているのか。生きていても意味はない、すべては同じだ、何をしても無駄だ——ツァラトゥストラと共に生きるのでなくては！』

『あんなに長く、来ると予告していたのに、なぜ彼はやって来ないのか』。あまたの人々がそう問いたずねた。『彼は孤独に呑み込まれてしまったのか。それとも、われわれのほうから行かなくてはならないのだろうか』。

今や、孤独そのものが熟れ、割れてしまった。崩れてもう死者を納めておくことができなくなった墓のようだ。いたるところ蘇生した者たちばかりだ。

あなたという山へ、波は刻一刻高まっている。おお、ツァラトゥストラ。あなたの高みがどんなに高くても、多くの者が登ってこずにおれない。あなたという小舟も、もういつまでも乾いたままではいられないだろう。

そして、現にわれら絶望する者たちがあなたの洞窟にやって来ると、もう絶望していないのだ。これは徴《しるし》だ、前兆だ、もっとすぐれた者たちがここにやって来ようとしていることの——。

——人間のあいだにある神の最後の名残すらもがあなたのもとにやって来ようとしている。それは、大いなる憧れ、大いなる嘔気、大いなる嫌悪をもつすべての者たち、

――ふたたび希望することを学ばなくては、――おおツァラトゥストラ、あなたから大いなる希望を教えられなくては生きていられぬすべての者たちだ！」。

右の王はこう語ると、ツァラトゥストラの手をとり、口づけようとした。だがツァラトゥストラはその敬意を拒んだ。おどろいて退《しさ》った、黙ったまま、はるか遠くへ逃れようとするかのように急激に。しかし、しばらくすると客人たちのそばに戻り、澄んであかるい、吟味する目で彼らを見ると、こう語った。

「わが客、貴人たちよ。諸君とはドイツ的《ドイチュ》に、明快《ドイトリヒ》に語りたい。この山でわたしが待っていたのは、君たちではない」。

（「ドイツ的《ドイチュ》に、明快《ドイトリヒ》にだと。神よ、あわれみたまえ！」と左の王はここで目をそらして言った。「ドイツ人についてよくご存知ないようだ。東方からやって来たこの賢者は。『ドイツ的に粗暴に』とでも言いたいのだろう――よろしい。ならば当節、そうわるくない趣向だ！」）。

「確かに、諸君はそろって貴人ではあろう」ツァラトゥストラはつづけた。「だがわたしにとっては――君たちは十分に高貴でも、強くもない。

わたしにとっては、というのは、わたしの内にあって沈黙しているが、いつまでも黙ってはいない『仮借なきもの』にとっては、ということだ。諸君はわたしの同族だ。しかしわが右腕ではない。

つまり、君たちのように病みおとろえた脚で立っている者はみな、みずから気づいていようと気づいていなかろうと、大事にされることをのぞんでいるからだ。

だがわたしはこの腕この脚を大事《だいじ》にしない。わたしはわたしの戦士を大事にしない。どうして諸君がわが戦いに役立ちえようか。

君たちが味方では、勝てるものも勝てぬ。諸君のなかには、わが戦鼓のとどろきを聞いただけで卒倒してしまう者もあるだろう。

また、諸君はわたしにとって十分美しくもない、生まれもよくない。わたしの教えのためには、すべらかに澄んだ鏡が要る。君たちの面《おもて》では、この姿もゆがんで映るだろう。

諸君の肩は多くの重荷と多くの記憶のために押し拉《ひし》がれている。多くの悪い小びとが、君たちのなか隅々にうずくまっている。君たちの内部には、賤民すら隠れている。

諸君が高い、より高い種族だとしよう。だがその心身は曲がって奇形のところが多い。君たちをただしく真っ直ぐに鍛え治せる鍛冶屋など、この世のどこにもいはしない。

諸君は橋にすぎない。もっと高い者たちが君らを踏んでわたって行けばよい。君たちは階段だ。だからその身を踏み越えて彼自身の高みへと登って行く者に恨みを抱いてはならない。

君たちの種子《たね》からわたしの正統な息子、完璧な後継者が育ってくることがあるかもしれない。だがその日は遠い。諸君はわが遺産と名を継ぐべき者ではない。

この山でわたしが待っていたのは君たちではない。諸君とでは、最後の下山はできない。君たちがここにやって来たのは、もっと高貴な者が来つつある前兆としてでしかない。

——それは大いなる憧れ、大いなる嘔気、大いなる嫌悪を持っている人間ではない。諸君が神の名残などと名づけた者ではない。

——否、否、三たび否だ。この山で待っているのは他の者たちだ。彼らが来ないなら、この足はあげない。

——もっと高貴で、強く、勝利を確信していて、快活で、心身ともにくっきりと形どられている者が。つまり哄笑する獅子が来なくてはならない。

おお、わが客人よ、奇妙な人々よ。——わたしの子どもについてまだ何も聞いていないか。わが子どもたちがここに来つつあるということを。

語ってくれ、わたしの庭のことを、わたしの至福の島々のことを、わたしの新しく美しい種族のことを。——なぜそれについて語らないか。

諸君の愛に期待する手土産はこれだ。わたしの子どもたちについて語ってくれるということだ。子のためにこそ富み、子のためにこそ貧しくなった。わたしが惜しみなく与えなかったものがあろうか。

——たった一人の子を得るために、与えないものなどあろうか。この子どもたち、この生きる苗を、わが意志とわが最高の希望を宿すこの生命の樹を得るためにならば！」。

ツァラトゥストラはこう語ると、不意に言葉をとめた。つよい憧れに襲われたから。

心うごかされて、目と口とを閉じた。客もみな無言のまま、呆然として立ち尽くしていた。ただ老いた預言者だけが、身振り手振りで何ごとかしめしはじめた。

最後の晩餐

つまり、預言者はここでツァラトゥストラと客たちの挨拶を遮ったのだ。一刻も待てぬといった風情で身を乗り出してきて、ツァラトゥストラの手をとって叫んだ。「だが、ツァラトゥストラよ！

『他事よりも一事が肝要』とはあなたの言葉ではありませんか。そうだ、わたしにとってはこの一事が他の何事よりも肝要だ。

まさに今、一言いいたい。あなたは食事に招いたのではないのですか。長い道のりを歩いてきた者たちがここには大勢います。話だけ与えて追い払おうとするのではありますまいな。

ここにいる諸君はそろいもそろって凍えるだの溺れるだの窒息するだの、身体の苦しみについてはさんざん述べ立てているが、わたしの苦しみについては誰ひとり考えも及ばないようだ。つまり腹が減って死にそうなのだ――」。

（預言者はこう語った。ツァラトゥストラの生き物たちはこの言葉を聞くと、仰天して飛び出して行った。彼らが昼ひなか運んできたものだけでは、預言者一人分にもなるまいと思ったから）。

「死ぬほど喉が渇いているということも、忘れてもらっては困りますな」と預言者はつづけた。「確かにここでは水の音がする。知恵のことばのようだ。滾々と湧いて倦むことを知らない。だがわたしは——葡萄酒が欲しいのです。誰もかれもがツァラトゥストラのように生まれついての水好きではありません。水は、疲れ衰えた者には効きはしない。われわれには葡萄酒がいいのです。——それがあればすぐに治るし、即席で元気になるのですから」。

預言者が葡萄酒を所望したこの機会にと、寡黙な左の王がめずらしく言葉を口にした。「葡萄酒なら」と、彼は言う。「われわれが用意しておいた。わたしと、兄弟の右の王が。葡萄酒なら存分にある。——驢馬一頭が運べる分あります。だが、パンがない」。

「パンだと」とツァラトゥストラは答えて、笑った。「パンが世捨て人のところにあるものか。人はパンのみにて生くるにあらず、だが旨い子羊の肉によっても生きるものだ。子羊なら二頭いる。

——これをすぐさま屠り、セージをかけて香ばしく料理しよう。わたしの好物だ。根菜も果物もそろっている。美食家も満足だろう。割ってあけるものなら、胡桃も他の謎もある。

さあ、よい晩餐にしようではないか。しかし食事を共にしたいなら、手も貸してくれねばならぬ。王たちも例外ではない。ツァラトゥストラの居場所では、王が料理人であってもおかしくないのだから」。

この申し出には一同心から賛成した。ただあのすすんで乞食になった人は、肉と葡萄酒と香料とを嫌がった。

「美食家ツァラトゥストラの言い分を聞くがいい」と彼は冗談めかして言った。「この洞窟この高山にやってきたのは、このような宴をひらくためだったのか。

彼がかつてこう教えた意味がよくわかる。『ささやかな貧しさよ、讃えられてあれ』。そしてなぜ彼が乞食を遠ざけるのかも」。

「愉しくやろう」とツァラトゥストラは応じた。「わたしのように。君の流儀を守るがいい。すぐれた人よ。穀物を嚙み、水を飲み、みずからの料理を讃えるがよい。それが君の歓びなら。

わたしは掟だ。しかし同類に対してのみの掟で、万人にとっての掟ではない。だが、わたしと共にあろうとすれば、骨格は強く、足は軽く、——

——戦いと祝祭を楽しまねばならない。陰鬱で、夢見がちではいけない。どんな難事にも祝祭に向かうかのように立ち向かわねばならず、健康で無傷でなくてはならない。

最高のものはわが同志とわたしのものだ。誰も与えてくれないなら、奪えば良い。最高の食料、澄み切った空、最強の思想、そして誰よりも美しい女を」——

ツァラトゥストラはこう語った。右の王は応じて言った。「不思議だ。このように抜け目のないことを賢者の口から聞いたことがあるだろうか。

そして実に、このように抜け目がなく、しかも驢馬ではない賢者がいるとは、何よりも不思議なことだ」。

右の王はこう言い、いぶかしんでいた。驢馬はその言葉をきくと、悪意をこめ「良い《イ・》なあ《アー》」と言った。これが数々の史書において「最後の晩餐」と呼ばれているあの長い宴のはじまりであった。この宴で語られたのはもっぱら貴人についてだった。

貴人について

一

わたしがはじめて人間たちのもとへ行ったときに、世捨て人らしい愚行をおかした。大きな愚行だった。市場にあらわれたのだ。

万人に語りかけたが、何者にも語っていなかった。その暮れ方、道連れになったのは、綱渡り舞踏家《ザイルテンツァー》とその亡骸だった。わたし自身、亡骸同然だった。

だが新たな朝とともに、新たな真理がこの身にやってきた。次のように語ることを学んだ。「市場と、賤民と、賤民の喧騒と、賤民の長い耳など、わたしの知ったことではない」と。

君たち貴人よ。これをわたしから学べ。市場では貴人の存在など誰も信じない。それでも諸君がそこで語ろうとするなら、よろしい。賤民は目を瞬《また》かせて言うだろう。「われわれはみんな平等だ」と。

「あなたたち、貴人よ」――と賤民は瞬きする――「貴人などは居はしない。われわれはみんな平等だ、人間は人間だ。神の前では――われわれはみんな平等なのだから！」と。

神の前では、と——だがその神は今や死んだ。賤民を前にして、われらは平等であろうとは思わない。君たち貴人よ、市場を去れ。

二

神の前では、と——だがその神は今や死んだ。君たち貴人よ、この神は諸君の最大の危険だった。

神が墓に入ったからこそ、諸君はついに復活した。いまはじめて大いなる正午が来る。いまはじめて貴人が——主となる。

この言葉がわかったか。おお、わが兄弟よ。驚いているな。心がめまいを起こしそうか。目の前に深淵が口をひらいたか。地獄の番犬が吠えかかってくるか。

さあ、さあ。諸君、貴人たちよ。いま、人間の未来という山が産みの苦しみを味わっている。神は死んだ。今やわれわれは欲する——超人が生まれることを。

三

今日、不安な者たちは問う。「どうしたら人間というものを維持できるか」と。だがツァラトゥストラは唯一にして最初の者としてこう問う。「人間はいかにして乗り超えられるか」と。

わたしの心中にあるのは超人だけだ。わたしにとって第一にして唯一のものは超人であって、――人間ではない。隣人でも、貧者でも、苦しむ者でも、善き者でもない――おお、わが兄弟よ。わたしが人間を愛するのは、人間がひとつの過渡であり、没落であるからだ。諸君のなかにある多くのものもまた、わたしに愛と希望を抱かせる。

貴人たちよ。君たちが軽蔑しているということは、わが希望だ。大いなる軽蔑を持つ者は大いなる尊敬を持つ者だから。

君たちが絶望しているということは、おおいに尊敬すべきことだ。諸君が屈従することを学ばず、小利口な分別を学ばなかったということだから。

いまは小さい者たちが支配しているのだから。彼らは忍従、謙遜、分別、勤勉、気配り、と延々と続く小さな徳を説教している。

女々しい者、奴隷根性を持つ者、とりわけても何もかもを雑然とまぜる賤民という者、彼らがいまや人間の運命を支配しようとしている。――おお、嘔気、嘔気、嘔気。

彼らはこう問いかけて飽きることを知らない。「どうしたら人間というものを維持できるか、もっとも良く、もっとも長く、もっとも快適に」。これによって――彼らはこの時代の支配者となった。

この時代の支配者たちを打倒せよ。おお、わが兄弟よ。――この小さな者たちを。彼らこそが超人にとって最大の危険なのだ。

貴人たちよ、打倒せよ。卑小な徳を、卑小な分別を、砂粒のごとき気配りを、うようよする蟻を、みじめな快感を、「最大多数の幸福」を——。屈従するより絶望せよ。そうだ、貴人たちよ。わたしが諸君を愛するのは、いまを生きるすべを知らないからだ。だからこそ君たちは生きているのだ——もっとも良く。

四

諸君には勇気があるか。わが兄弟よ。大胆であるか。見てくれている者があってこその勇気ではなく、もはや神も見ていない孤高なる者の勇気、鷲の勇気があるか。

冷えた魂、騾馬、亡者、酔漢を大胆などとは呼べぬ。恐れを知り、かつ恐れを克服する者こそが大胆なのだ。奈落の深淵を見ているが、誇りをもって見ている者が大胆である。

鷲の目で深淵を見る者、——鷲の爪で深淵を摑む者、それが勇気がある者だ——。

五

「人間の性は悪である」——と、わたしを慰めるために最高の賢者たちは言った。ああ、これが今でも真実なら。悪は、人間の最善の力だからだ。

「人間はより善く、より悪くならねばならない」――わたしはそう教える。最悪のことは、超人の最善のために必要だから。

小さな者たちのために教えを説いたあの説教師にとっては、人間の罪になやみ、その罪を背負ったことはよいことだったのかもしれない。だが、わたしは大きな罪を大きな慰めとしてよろこぶ――。

これは長い耳をした者たちに聞かせるために言うのではない。すべての言葉がすべての口で語られてよいわけがない。これは微妙で深淵なことだ。羊の爪でつかんではならない。

六

貴人たちよ。君たちがうまく作れなかったものを正すために、わたしが来たとでも思うか。

それとも、悩める諸君をこれからは安楽に寝かせるために来たとでも。所在なく、道に迷い、登り間違えた諸君に、あたらしく歩きやすい道を教えるために来たとでも思うか。

否、否、三たび否。君たちの一族のいやまして多くの者が、より良いものたちが、滅びなくてはならない。――諸君の行く手はますます険しく、苦しいものにならねばならない。だからこそ——

——だからこそ人間はその高みへと育っていくのだ。稲妻が彼を打ち砕くところまで、稲妻が襲うほどにも高く。

わたしの感覚と憧れは向かう、希少なもの、長くつづくもの、遥かなものへ。君たちの些細な、数多い、つかの間の惨状など、知ったことではない。

見るところ、諸君は十分に悩んでもいない。自分のことを悩んでいるばかりで、人間を悩んだことがないからだ。違うと言うなら、それは嘘だ。君たちはわたしが悩んだことを悩んでいない——。

七

稲妻の害がなくなったというだけでは足りない。避雷針で避けようなどとは思わぬ。稲妻は教えられねばならない、わたしのために——働くことを——。

わが知恵は長きにわたって集まり、ひとつの雲のようになっている。ますます静かに、暗くなっていく。いつか稲妻を生む知恵とは、そうしたものだ。

いまの人間たちを照らす光ではない。そう呼ばれたくない。彼らの——目を潰そう。わが知恵の稲妻よ、彼らの目を抉《えぐ》れ。

八

なしうること以上を望むな。なしうる以上のことを望む者は、悪しき虚勢を張る。とりわけて彼らが大いなることを望むときに。彼らのせいで、大いなることに対する不信がめざめる。この巧みな贋金造りの、俳優のせいで。

——ついに彼らは自分自身をも偽り、みずからを正視できなくなり、虫に食われているのに上塗りでごまかすようになる。激しいことば、美徳の張り紙、きらきらしい贋物の仕事で取り繕って。

諸君、貴人たちよ。これを警戒せよ。思うに、誠実ほどいま貴重かつ希少なものはない。

今日という時代は賤民のものではないか。だが賤民は知らないのだ、何が大きく、何が小さく、何がまともで誠実なのかを。賤民は無邪気なまま曲がっている。いつも嘘をつく。

九

いまは疑いぶかくあれ。貴人たちよ、勇敢な人びとよ、率直な人びとよ。論拠を隠しておけ。いまは賤民の時代だ。

賤民たちが論拠もなく一たび信じたことを、論拠で——覆すことができようか。

市場では身ごなしだけで信頼されてしまう。賤民たちは論拠に不信の念をいだく。

そこで真理が勝利を収めたら、疑いながらこう問うがいい。「どんな強力な誤りが勝利を助けたのか」と。

学者たちをも警戒せよ。彼らは諸君を憎む。生む力がないからだ。学者は冷たい、乾いた目をしている。その目前では、どんな鳥も羽をむしられる。

嘘を言わぬのが彼らの自慢だ。しかし嘘がつく能力がないことは、まだ真理への愛ではない。警戒せよ。

熱病にかからないということでは、まだ認識の能力があるということにならない。冷め切った精神は信頼できない。嘘をつくことができない者が、真理が何であるか知っているわけがない。

十

高く登ろうとするなら、自分の足を用いよ。引き上げてもらおうとするな。他人の背や頭に乗ってはならない。

だが、君は馬に乗って登るのか。そうしていそいで目標に向かっていくのか。よろしい、わが友よ。だが君の萎えた脚も一緒に馬に乗っているのだ。目標までやって来て、馬から飛び降りる。まさにその君の高みで、貴人たちよ——君はよろめき、転ぶだろう。

十一

諸君、創造する者よ。貴人たちよ。ひとは自分の子を孕むことしかできない。丸め込まれるな。説き伏せられるな。諸君の隣人とは誰だ。「隣人のために」行動することはあろう——しかし隣人のために生むことはない。

諸君、創造する者よ。この「のために」を忘れよ。このような「のために」「と引き換えに」「のゆえに」によって何事も行うな。そのことを君たちの徳は望む。このような偽りの卑小な言葉には、耳を糊づけにしてふさげ。

この「隣人のために」は小さな者たちの徳でしかない。「似たもの同士」だの「持ちつ持たれつ」だの言われている——彼らは諸君のように利己心を持つ権利も力もない。

諸君、創造する者よ。君たちの利己心のなかには、孕める者のみが持つ細心と摂理がある。まだ誰もその目で見たことがない——これから実るものを、諸君はそのすべての愛をささげて守り、いつくしみ、養う。

諸君の愛のすべてがあるところに、つまり諸君の子どものそばに、君たちの徳のすべてもある。君たちの仕事、君たちの意志こそが、諸君の「もっとも近い隣人」だ。偽りの価値を吹きこまれてはならぬ。

十二

諸君、創造する者よ。貴人たちよ。生まねばならぬ者は病む。だから生んだ者は汚れる。

女たちに聞いてみよ。楽しみのために生むのではない。痛みに耐えかねてこそ、雌鳥も詩人も声を嗄らして鳴くのだ。

創造する者たちよ。君たちには汚れたところが沢山ある。母にならねばならなかったのだから。

一人の、新しい、子どもだ。おお、それとともに何と多くの汚れも新しくこの世界に生まれたことだろう。離れるがいい。そして生んだ者は、みずからの魂を洗い清めるがいい。

十三

君たちの力を超えて徳高くあろうとするな。見込みもないことを、みずからに望んではならない。

諸君の父たちの徳の足跡をたどれ。父の意志がともに登っていなくては、どうして君たちが高く登れるか。

長子になろうとするならば、最後の子孫にならぬよう気をつけよ。父たちが悪習に耽ったところで、聖者と思われようとするな。

父たちが女と強い酒と猪の肉を好んだというのに、純潔を望んでどうなる。

愚かなことだ。まことに、そのような男に一人、二人、三人の妻しかいないならば、それだけで立派なものだと思われる。

そしてその男が修道院を建てて門上に「聖者への道」などと書いたとすれば、――わたしはやはり言うだろう。「どこに行く。また新たな愚行を重ねるか」。

彼が打ち建てたのは、おのれのための矯正院であり、避難所だ。栄えあれ。だが、わたしは真に受けはしない。

孤独であるときに、その孤独のなかに持ち込んだものは成長する。だから内なる獣も成長する。だから多くの者に孤独をすすめてはならない。

砂漠の聖者より不潔な者がこの地上にあったか。彼らの周りにこそ、悪魔はあらわれた。――ばかりか、豚まで。

十四

物怖じした様子で、恥ずかしがって、ぎこちなく、あたかも跳び損ねた虎のように。貴人たちよ、君たちがひっそりと脇に退くのを幾度も見た。骰子の一擲に諸君は失敗したのだ。

だが、賭博者たちよ。それが何だというのか。君たちは賭ける者、嘲笑う者が心がけるべきことを学んでいなかった。われわれはいつも一つの大いなる賭博と嘲笑の卓についているのではないのか。

そして、諸君が大いなることをやり損なったにせよ、君たち自身が——出来損ないということになるか。また君たち自身が出来損ないだったとしても——人間が出来損ないだということになるか。また人間が出来損ないだったとしても、だからといって——ならば！　さあ！

十五

高貴な種族であればこそ、完成することは稀《まれ》だ。ここにいる貴人たちよ。諸君はみなそろって——失敗作なのではないか。

勇気を失うな。それが何だというのか。多くのことが、まだまだ可能なのだ。みずからを笑うことを学べ。笑ってしかるべきように。

諸君が失敗作で、半ば出来損ないだったとしても、何の不思議があるだろう。半ば砕けた人たちよ。君たちのなかで、ひしめいているではないか、押し合っているではないか――人間の未来が。

人間が達しうる何より遙かなもの、何より深いもの、星のように高いもの、途方もない力が。そのすべてが、諸君という壺のなかでぶつかり合い、泡だっているのではないか。

あまたの壺が砕けたにしても、なんの不思議があるだろう。みずからを笑うことを学べ。笑ってしかるべきように。貴人たちよ、おお、何と多くのことが、まだまだ可能なことか。

そうなのだ。何と多くのことが、すでに完成していることか。この大地は、何とゆたかに小さい、よい、完璧なもの、完全に出来上がったもので満ちみちていることか。

諸君、貴人たちよ。小さく、よく、完璧なものを身の回りに置くがいい。その黄金の円熟が君たちの心を医《いや》す。完璧なものは希望を教える。

十六

いままで地上で犯された最大の罪業は何か。「いま笑う者にわざわいあれ」と語った、あの者の言葉ではなかったか。

彼はこの地上で、笑う理由を何一つ見出さなかったのか。探すのが下手だっただけだ。子どもでも笑う理由を見つけるというのに。

彼は――愛することが足りなかった。そうでなければ、われら笑う者たちをも愛したろうに。だがわれわれを憎んだ。嘲った。われらが泣きわめき、歯の根を鳴らすだろうと思って。

いったい、愛せぬからといって呪わねばならないものなのか。それは――悪趣味だとわたしは思う。だが彼はそうした。この歯止めがきかない絶対者は。賤民の出だったから。

彼自身に愛が足りなかった。そうでなければ、愛されないからといって、あれほど怒りはしなかっただろうに。すべての大きな愛は愛されることなど求めない。――それ以上のことを求める。

あのような切りもなく命ずる絶対者たち一切を避けるがいい。貧しい、病んだ種族だ。賤民の種族だ。この生を悪意をもって見る。この大地に呪いのまなざしをそそぐ。

あのような切りもなく命ずる絶対者たち一切を避けるがいい。彼らの足は重く、心は鬱陶しい。――踊れないのだ。こうした者たちに、どうして大地が軽やかになろう。

十七

すべて良いものは弧を描いて目指すところにゆく。猫のように背を丸め、喉を鳴らして、幸福が間近いことを悟る——よいものはすべて笑う。

歩みでわかる、みずからの道を歩いているかどうかは。わが歩みを見るがいい。目指すところが近くなったら、踊りだす。

そうだ、わたしは立像になどならなかった。かたく、のろく、石でできた柱のように、立ってはいない。わたしは疾走を愛する。

地上に沼地があり、ぬかるんだ悲しみがあるときにも、軽い足をしている者は、泥を飛び超え、みがかれた氷の上であるかのように踊る。

わが兄弟たちよ。心を高く揚げよ。高く、もっと高く。足も忘れるな。足を挙げよ、君たちよい舞踏者よ。逆立ちもすれば、もっとよい。

十八

哄笑する者の王冠、薔薇の花冠を、この手でみずからの頭に乗せた。みずからこの哄笑を聖なるものと宣言した。それをなしうるほど強い者は、他に見つからなかった。

舞踏者ツァラトゥストラ、翼でさしまねく、軽やかなる者ツァラトゥストラ、すべての鳥に挨拶する、飛べる者ツァラトゥストラ、いつでもどこでも飛びおおせる、よろこびやすい者、——

真理を語る者ツァラトゥストラ、真理を笑う者ツァラトゥストラ、癇癪も起さなければ、切りなく命ずる絶対者でもない、跳躍と旋回を愛する者。みずから頭にこの王冠を乗せたのだ。

十九

わが兄弟たちよ。心を高く揚げよ。高く、もっと高く。足も忘れるな。足を挙げよ、君たちよい舞踏者よ。逆立ちもすれば、もっとよい。

幸福を目の前にしても、身ごなし重い動物がいる。生まれながらに足のろいものもいる。逆立ちしようと無駄骨を折る象のように、珍妙な苦労をかさねる。

だが、幸福を目の前にして愚かなことをするのは、不幸を目の前にして愚かなことをするよりも良い。ぶざまに踊ることは、萎えた足で歩くよりも良い。だからわが知恵をよく学び取るがいい。最悪のことも二つの良い面があるということを、——

——最悪のことにも、うまく踊る足があるということを。ならば君たち、貴人たちよ。わたしから学ぶがいい、そのみずからの全うな足で立つことを。

悲しみの笛を、賤民の嘆きを忘れよ。いま、賤民の道化役者たちも、なんと悲しげに見えることか。だがいまは賤民の時代だ。

二十

山上の洞窟から吹き降ろす風のごとくに振る舞え。おのれの笛の音にのって風は舞おうとする。その足に踏まれて、海は慄《ふる》え、躍《おど》る。

驢馬に翼を与え、雌獅子の乳を絞る。この飼い慣らされぬ良き精神よ、讃えられてあれ。それはすべての今日のもの、すべての賤民に、暴風のようにやって来る。

——薊《あざみ》の頭の、屁理屈の詰まった頭の敵になる。すべての萎《しお》れた葉と雑草の敵に。この荒々しく、良く、自由な嵐の精神よ、讃えられてあれ。沼と悲しみの上でも、みどりの草原の上であるかのように舞う。

弱った犬のような賤民を憎み、陰鬱な出来損ないの奴ばらを憎む。あらゆる自由な精神の持ち主の精神よ、讃えられてあれ。それは哄笑する嵐だ、物事を暗く見る目、膿みただれた目すべてに塵を吹き込む。

諸君、貴人たちよ。君たちが最悪なのは、一人残らず踊るべきように踊ることを学ばなかったことだ。——君たち自身を超えて踊ることを。諸君が失敗作だろうと、それが何だというのか。

何と多くのことが、なおも可能なのだろう。だから君たち自身を超えて笑うことを学べ。心を高く揚げよ、諸君よき舞踏者よ。高く、もっと高く。そして忘れるな、よき笑いをも。

哄笑する者の王冠、この薔薇の花冠、わが兄弟よ、この冠を諸君に投げる。哄笑は聖なるものだとわたしは宣言した。貴人たちよ、学べ——哄笑することを。

憂鬱の歌

一

ツァラトゥストラはこの言葉を語った。その洞窟の入り口近くに立って。最後の言葉を放つと、彼は客からのがれて、しばし戸外に出た。

「おお、この身をつつむ浄らかな薫りよ」と叫んだ。「おお、この身をつつむ至福の静もりよ。だが、わたしの生き物たちはどこにいる。さあ、来るがいい、わが鷲、わが蛇よ。

言ってくれ、わが生き物たち。この貴人たちは揃いもそろって――どうも、よくない匂いがしないか。おお、この身をつつむ浄らかな薫りよ。いまはじめて知った、感じた、どんなにお前たちを愛するか。わが生き物たちよ」。

――そしてツァラトゥストラは繰り返した。「お前たちを愛する。わが生き物たちよ」。この言葉を語るのをきくと、鷲と蛇は彼に身を寄せてきて、彼を見上げた。三つの姿は静かに集まって、よい空気をかぎ、ともに吸った。貴人たちのそばよりも、戸外の空気はよかった。

二

ツァラトゥストラが洞窟から見えなくなるとすぐ、あの老いた魔術師が立ち上がって、狡猾な様子で見回すと、こう語った。「行ってしまったぞ！
すると、早くも、貴人たちよ——わたしも彼にならって、この称賛と世辞の呼び方で君たちをくすぐることにしよう——わが悪しき、あざむく魔術の霊が、わが憂鬱なる悪魔が、この身に襲いかかってきた。

——これは根っからツァラトゥストラの敵だ。致し方もない！　いまこの悪霊は諸君に魔法をかけようとしている。まさに彼の番が来たのだ。わたしはこの悪霊には逆らえない。

お前たちがみな、いくら尊称で自分たちを呼ぼうともだ。そう、『自由精神の持ち主』だの、『誠実なる者』だの『精神の贖罪者』だの『束縛から解き放たれた者』だの『大いなる憧れを持つ者』だのと呼ぼうとも——

——お前たちはみんな大いなる嘔気に苦しんでいるのだ。わたしのようにな。お前たちにとって古い神は死んだが、新しい神は揺籠のなかにも襁褓《むつき》のなかにもいはしない。

——そんなお前たちをみな、わが悪霊と魔法を使う悪魔は好いている。
お前たちのことならよくわかっているぞ。貴人たちよ。彼のこともわかっている。この身が図らずも愛しているこの怪物、ツァラトゥストラのことも。よく思うのだ、彼自身が美しい聖者の仮面ではないかと。

――新しい奇っ怪な仮面舞踏会ではないかと。そこにはわが悪霊も、憂鬱の悪魔も、いい気分で加わっている。――よく思うのだ、わたしがツァラトゥストラを愛するのも、わが悪霊のせいではないか――。

だが、それはすでにわが身に襲いかかり、無理じいにしている。この憂鬱の霊は、黄昏の薄ぐらさの悪魔は。貴人たちよ、それはむずかっている――

――よく目をあけて見るがいい――それは裸でここに来たくてむずかっている。男か女かはわたしにもまだわからない。だが、それはやって来る。そしてわたしに無理じいする。ああ。よく感官をひらいて確かめるがいい！

昼の響きは消えていく。万物に黄昏が来る。最善のものにすら。聞け、そして見よ。お前たち貴人たちよ。この黄昏の憂鬱の霊が、男女いずれでもあれ、どんな悪魔か」。を！

三

老いた魔術師はこう語った。狡猾なまなざしで見回してから、その竪琴をつかんだ。

そらの光は薄れゆき、
はや露のなぐさめが、
地にくだりくる、
目にも見えず、耳にも聞こえず――
やわらかい靴を履いているのだ、
なぐさめの露は、なぐさめの心すべてと同じように――
覚えているか、おぼえているか、熱いこころよ、
かつてお前がどんなに渇いていたかを、
天上よりふりそそぐ涙に、露のしたたりにこがれて、
渇き疲れ果てていたかを。
あのとき黄ばんだ草の小路で、
悪意こめて黄昏の陽のまなざしが、
かぐろい木立を透かしてはお前のまわりに射してきた、
まばゆいほどの太陽の灼熱のまなざしが、お前の不幸をよろこんで。
「真理に求婚すると？　お前が？」――そう夕陽のまなざしは嘲った――
「いや！　ただの詩人にすぎぬではないか！
ずるがしこく、手くせわるく、しのびあるく、獣ではないか。

嘘をつかずにおれぬではないか。
わざと、それと知りつつ、嘘をつかずにおれぬ。
獲物ほしさに、
さまざまな仮面をつけて、
みずからにも仮面を向け、
みずからをも獲物にする——
そんな者が——真理に求婚するだと。
否！　道化にすぎぬ！　詩人にすぎぬ！
きらびやかは口先ばかり、
道化の仮面ごしににぎやかな叫びをあげて、
嘘のことばの橋を行き来する、
きらきらしい虹の上を、
偽りの空と
偽りの地とのあいだを、
めぐり、さすらい、ただようのみ。
道化にすぎぬ！　詩人にすぎぬ！
そんな者が——真理に求婚するだと。

しずかで、硬くて、すべらかで、冷たい、
彫像にもなれず、
神の姿の柱像にもなれず、
神の扉の守り手として、
聖堂の前に立ったこともない。
いや！　そのような真理の立像に敵意をいだき、
聖堂よりも荒野いたるところを住処とし、
猫のごとくに悪ふざけが過ぎて、
あらゆる窓を抜けて飛び込むのだ、
叱《し》っ。すべての偶然のなかへと。
すべての原生林に嗅ぎよって、
病んだ憧れにかられて、嗅ぎよるのだ、
そして原生林のなかで、
色さまざまな斑ある猛獣たちにまじって、
罪ある健やかさで、きらきらしく、美しく、走っていく。
口唇には欲望をたらし、
あざけりが悦び、悪魔のしわざがよろこび、残忍がよろこび、
奪い、しのびあるき、先をうかがって走っていくのだ――

あるいは鷲のごとくにか。長く、
ながく深淵へとまなざしをそそぐ、
みずからの深淵に――
おお、なんと、下に、
奥に、くだることか。
いやましていく深みに、うねり落ちていくことか！――
そこに、
突如、まっしぐらに、
翼のひと羽撃《はばた》きで、
子羊に襲いかかる、
飢えに燃えて降りゆく、
子羊ほしさに、
すべての子羊の魂に怒り、
怒り狂って、すべて、
迷える子羊らしい目をした、子羊らしくあわれな、ちぢれ毛をした
灰色のものたちに、迷える子羊の善意をもつものに！

かくも
鷹のごとく、豹のごとくだ
詩人の憧れとは。
千の仮面をとりかえるお前の憧れは。
お前、道化よ！　お前、詩人よ！

お前は見たのだ、人間を、
神としても羊としても——
人間のなかの神を引き裂いた、
人間のなかの羊を引き裂いたように、
そして引き裂きながら哄笑する——

これが、これこそが、お前の至福だ。
豹の、鷲の至福だ！
詩人の、道化の至福だ！」——

そらの光は薄れゆき、
はや月の鎌が、

青く、くれないに夕焼けるなかを、
妬み深く、しのびあるくとき——
——昼を憎み、
ひそやかな歩み、ひとつずつ、
くれないの吊床を
刈り取りながら沈みゆく、
夜の方へ、あおざめて落ちてゆく——

かつてこの身もそのように沈んだ
みずからの真理への狂熱から、
みずからの昼への憧れから、
昼につかれ、ひかりに病んで、
——沈んでいった、下の方へ、黄昏の方へ、影の方へ、
一つの真理に
灼かれ、渇いて。
——まだ覚えているか、おぼえているか、熱いこころよ、
あのとき、どんなにお前が渇望したかを。
——あらゆる真理から

追放されればという思いを。
道化にすぎぬ！
詩人にすぎぬ！

学問について

魔術師はこう歌った。集まった一同はみな、鳥のように、知らぬ間に彼の狡猾で憂鬱な快楽の網につかまった。だが、あの知において良心的たらんとする者だけはとらわれはしなかった。すばやく魔術師の手から竪琴を奪い取ると、叫んだ。「空気を！　澄んだ空気を入れろ！　ツァラトゥストラをここへ！　お前はこの洞窟を重苦しくし、毒で充たしたな。この質の悪い、老いた魔術師が！

この巧妙な嘘つきめ。お前は見知らぬ欲望の原野へと誘惑する。なんたることだ。お前のような奴ばらが真理について言辞を弄するとは！

このような魔術師を警戒せぬすべての自由な精神とやらにわざわいあれ！　自由が失われる。お前はひとに教えこみ、そそのかして、また牢獄にもどそうとしている、――

――お前、老いた憂鬱の悪魔よ。その嘆きからは誘惑の笛の音がひびいてくる。お前は、純潔を賛美しながら、ひそかに快楽に誘う者に似ている！」

知的な良心を持つ者はこう語った。しかし老いた魔術師は一同を見回すと、勝利を確信してよろこび、知的良心を持つ者があたえた不快感を押し殺した。「静かに！」と彼は控えめな声で言った。「よい歌のあとは余韻を楽しむものだよ。よい歌のあとには、しばし黙っているべきなのだ。

ここにいる貴人たちもそうしている。お前にはわたしの歌がよくわからなかったのかね。魔術の精神にとぼしいからだ」。

「お前とわたしが別種だとするならば」と知的良心を持つ者は応じた。「それはわたしにとって賞賛だ。よろしい！　だが他の諸君はどうしたのだ。まだみだらな目をして座っているではないか――。

君たち、自由な精神の持ち主よ。その自由はどこにいったのか！　一糸まとわぬ娘たちがみだらに踊るのを、ずっと見つめ続けていた者のように見える。その魂までがまだ踊っている！

貴人たちよ。君たちのなかには、この魔術師が悪しきあざむく魔術の霊と呼ぶものが、わたしより多くあるに相違ない。――われわれは別の種にちがいない。

実に、ツァラトゥストラがこの洞窟に帰ってくるまで、われわれは十分に話し合い、考えあっていたのだから、わたしにはよくわかる。われわれは別種なのだ。

この山上でも、われらは別のものを求めている。つまり、わたしが求めているのはより確かであることだ。だからツァラトゥストラのもとに来た。彼はもっとも確固とした塔であり、意志であるから――

――今日、すべてが揺れ動き、一切の大地が震えているのに。だが、その目を見るに、君たちはより不確かであることを求めているらしい。

――むしろ戦慄を、むしろ危険を、むしろ地震を。憶測を許してほしいのだが、君たちが欲しいのは、貴人たちよ——

——君たちが欲しいのは、何よりも悪い、何よりも危険な生のようだ。わたしはそれが何よりも恐ろしい。野獣の生を、原野を、洞窟を、険しい山々を、そして迷路のごとき峡谷を求めているようだ。

諸君が最も身を任せたいのは危険から連れだしてくれる指導者ではなく、あらゆる道を踏み外させる誘惑者なのだ。だが、君たちのなかにそのような欲求があることが現実だとしても、わたしには不可能なことだと思われる。

なぜなら、恐怖こそが——人間の古来からの根本感情だからだ。この恐怖から原罪も、逆に原徳というものも説明できる。恐怖からわたしの徳も生じた。それが学問なのだ。

たとえば野獣に対する恐怖——これはもっとも古くから人間が身につけているものだ。そのなかには人間がみずからの内に抱え込んでいて恐れている獣も含まれる。——これをツァラトゥストラは『内なる獣』と呼んだ。

このように古くから長きにわたって存在してきた恐怖が、やがて洗練され、霊的になり、精神的になって——いま学問と呼ばれていると思われる」——。

良心を持つ者はこう語った。まさにそのときツァラトゥストラが洞窟へ帰ってきた。話の最後のみ聞いてその意味を見抜き、知において良心的たらんとする者に一握りの薔薇を投げ、彼が言う「真理」を笑った。「何と」と叫んだ。「何ということを聞かされるものだ。そうだ、君は阿呆だ。さもなければわたしが。今すぐ君の言う『真理』とやらを逆さまに転覆してやろう。

つまり、恐怖というのは——われわれの例外にすぎない。だが、勇気と冒険、そして未知なるものと誰もなしえなかったことへの欲望、——勇気こそが、有史以前の人間のすべてだとわたしは思う。

人間は、何よりも荒々しく勇気ある野獣たちを妬んで、そのすべての徳を奪いとった。そうしてはじめて——人間になった。

この勇気が洗練され、精神的になり、霊的になり、鷲の翼と蛇の賢明さを持つ人間の勇気になった。思うに、その勇気をいま持つ者こそが——」

「ツァラトゥストラだ！」と一同口をそろえて叫び、大笑いした。そのとき、重い雲のようなものが彼らから立ち昇って去って行った。魔術師までも笑い、抜け目なく言った。

「よろしい！　退散した、わが悪霊は！

わたし自身、あれは詐欺師であり、まやかしといつわりの霊だから気をつけよと言ったではないか。

とりわけ、あれが裸であらわれるときには用心せよと。だがその悪巧みを、わたしが、どうすることができるというのかね。わたしがあれも世界も創造したとでも。

さあ、気を取り直して愉快にやろう！　ツァラトゥストラが怒りの目でわたしを見ているにしてもだ——見てみよ、彼はわたしに腹を立てている——

——夜が来る前には、彼もふたたびわたしを愛し、褒めるようになるだろう。いかに愚かな振る舞いだろうと、そうせずには彼は生きられないのだから。

それが——敵を愛するということだ。わたしが見たすべての者のうちで、彼はもっとこの技芸《わざ》を心得ている。まあ、彼はその仕返しを——みずからの友にするのだが！」。

老いた魔術師はこう語った。貴人たちは喝采した。そこでツァラトゥストラは悪意と愛をこめて、友人たちと握手をしてまわった。——あたかも皆に何かつぐないをし、詫びねばならない人であるかのように。だが、そうしつつも、洞窟の入り口までやって来たときに、見よ、彼は早くもまた外のよい空気と彼の生き物たちにふれたくなった。
——そしてそっと抜けだそうとした。

砂漠の娘たちのもとで

一

「行かないで下さい！」と、そのとき漂泊の旅人が言った。ツァラトゥストラの影と名乗っていた男である。「われらのもとに居て下さい。でなければ、以前の陰気な悲しみがまた襲ってくるでしょう。

すでにあの老魔術師はみずからが持つ選り抜きの最悪なものをふるまってくれた。ごらんなさい、あの善良で信心ぶかい教皇は、もう目に涙をうかべ、またもすっかり憂鬱の海へと船出してしまった。

この二人の王はまだわれわれの前では機嫌のよい顔をしていられるようだ。今日われら全員のうちで、そうすることに誰より長けているのですから！　しかし賭けてもいい、見ているものがいなくなれば、また悪い芝居をはじめるに決まっている——

——雲たなびき、憂鬱にしめり、空かきくもり、太陽がぬすまれ、秋風がわめく悪い芝居が、

——われらが泣き叫び悲鳴をあげる悪い芝居が。ここに居て下さい、おおツァラトゥストラよ！　ここにはあげたい声を押し殺した悲惨がたくさんある。多くの夕暮れが、

多くの雲が、多くのしめった空気が。

あなたは濃い、男性的な食事と、力を与える箴言を馳走してくださった。食後の甘味としても、柔弱で女性的な霊が襲ってこないようにしてください！

その身のまわりの空気をつよく澄んだものにできるのはあなただけだ。この地上で、あなたの洞窟であなたのそばにいるときほど、よい空気に遭ったことがない。

多く国々を見てきた。この鼻はさまざまな空気を試し、評価してきた。しかしあなたのそばでこそ、わたしの鼻は最大のよろこびを味わったのです。だが例外がある——例外が——。おお、昔の思い出ですが、許していただきたい。食後の一興として、古い歌をうたうことをお許し願いたい。かつて砂漠の娘たちのもとで作ったものです——

——彼女たちのところには、同じようによく、澄んだ、東洋の空気があったのです。そこでわたしは、曇りがちで、しめって、憂鬱な古いヨーロッパから、もっとも遠くはなれていた！

そのころ、わたしは愛していた。このような東洋の娘たちを。雲かげ一つ、思想のかげ一つもたなびかぬ、別世界の青々とした天国を。信じまい。彼女たちが踊らぬとき、どんなに淑《しと》やかに座っていたかを。ふかく、しかし思想のかげ一つなく、小さな神秘のように、飾り帯《リボン》をかけた謎かけのように、食後の胡桃のように——。

まさに極彩色の異国だった！　しかし雲はなかった。謎は解きやすかった。あのとき、この娘たちのために一篇、食後の詩をつくった」。

漂泊する影はこう語った。誰も答えないうちに、早くも老魔術師の竪琴を手にとっていた。脚を組み、落ち着いた思慮ぶかい目で見渡した。――鼻孔でゆっくりと、たしかめるように空気を吸った。新たな国に来て、新たな異国の空気を味わう者であるかのごとく。そして唸るような声で歌いはじめた。

二

砂漠は育つ。わざわいなるかな、砂漠を内に秘めたる者は。

――おお！　厳《いかめ》しい！
まことに厳しいな。
歌い出しは荘重だ！
厳しい、アフリカ風に。
荘重だ、獅子のようにか、
それとも道徳をわめく猿のようにか――
――だが、あなたがたにはかかわりない、

こよなく可憐な乙女たちよ！
その足もとに、この身が、
はじめて、
ヨーロッパ人が、椰子の木かげ、
すわることを許された。セラ。

実にすばらしい！
ここに座っている、
砂漠ちかく。なのに早や
かくも砂漠からは離れて。
ここはすこしも砂漠らしからぬ。
そのはずだ、呑み込まれているのだから、
この小さなオアシスに――
――ちょうど、あくびして、開けたところだった
その愛らしい口を。
どの口よりも薫りよい口を。
この身はそこに落ちていき、
くだって抜けて、あなたがたのもとに出た。

こよなく可憐な乙女たちよ！　セラ。

嬉し、うれしや、かの鯨、
こんなにも客人を、
もてなしてくれるとは！——わかるだろうね、
この教養ある譬《たと》えは。
嬉し、あの腹の中、
かくも、
たのしいオアシスだった、あの腹は。
とはいえ、この身にはどうも、いぶかしい。
——ヨーロッパからやって来たせいだ、
あそこは疑り深いのだ、どんな、
年のいった奥さんよりも。
神さま、直してください！
アーメン！

ここに座っている、
この小さなオアシスに。

椰子の実のように、
褐色で、すみずみ甘く、金いろで、欲しくてたまらない
あのまんまるい乙女の口が。
それよりもあの乙女らの
氷のようにつめたくて、雪のようにしろい、するどく切れる、
歯で嚙んでほしい、それに
心からこがれているのが、椰子の実というものさ。セラ。

いま名をあげた南の果実
のように、そっくりに、
ここに横たわって、ちいさな
羽虫に、
這い回られ、嗅ぎ回られていて、
同じようにされる、もっとちいさな
愚かしい、いじわるい、
願いや思いにも。
あなたがたに取り巻かれている、
もの言わぬ、胸騒いでいる、

猫のような乙女たちよ、
ドゥドゥよ、ズライカよ。
——スフィンクスに囲まれて。一言で、
このあふれる思いをつづめて言えば。
（神よお許しあれ、
こんなけしからぬ物言いを！）
——ここに座っている。この上ない空気を吸いながら、
ほんとうの楽園の空気だ、
あかるい、かるい空気、金のすじが通っていて。
こんなによい空気は、いつか
月から降ってきたかのようだ——
偶然のことか、
それとも、有頂天のあまりにか、
むかしの詩人が語ったように。
しかしこの身は疑いぶかくて、どうにも
信じられぬよ。だってわたしが来たのは、
ヨーロッパから。
あそこは疑り深いのだ、どんな、

年のいった奥さんよりも。
神さま、直してください！
アーメン！

このいと美しき空気を呑んで、
鼻孔を杯のようにふくらませ、
未来なく、記憶なく、
ここに座っている。あなたがた、
こよなく可憐な乙女たちよ。
そして椰子の木をながめている、
踊り子のように、
身をくねらせ、かがめ、腰ふるさまを。
――ずっと見ていたら、同じように身体がうごく。
踊り子のように見えてくる、
とても長く、あぶなっかしいほど長く、
ずっとずっと一本足で立っているのか。
――忘れてしまったのだろうかと思う、
もう片方の脚を。

無駄だった、せめて、
わたしは探してやろうとしたのだが。いなくなってしまった
双子の宝石のかたわれを。
——つまりもう片方の脚を——
神々しいまでちかくで、
彼女のこよなく愛らしい、かわいらしい
扇のような、ひらひらした、きらきらしたスカートの。
そう、うつくしい乙女たちよ。あなたがたは、
わたしを信じまい。
あの娘はそれを失くしてしまった。
なくなった。
永久になくなった。
その片方の脚は。
残念だ、あのかわいらしい片方の脚！
どこに——いるのか、どこでうち捨てられて悲しんでいるのか。
一人ぼっちの脚は。
おびえてはいないか、
金の巻き毛をたらした、

獅子のごとき野獣に。もしやもう、
嚙まれ、かじられてしまったかもしれない——
あわれな。悲しや、悲しや！　かじられてしまったか。セラ。

おお、泣くな、
やさしい心の持ち主よ。
泣くな、あなたがた、
椰子の実のような心よ。乳をいだく胸よ！
甘草でできた、
心の臓よ！
泣かないでおくれ、
青ざめたドゥドゥよ！
男らしくしておくれ、ズライカ！　元気を、元気を！
——それとも、ことによると、
何か元気づけるもの、心づよくするものが、
入り用なのか。
もったいぶった箴言とか、
おごそかな慰めとか。

さあ、出てこい、威厳よ。
徳の威厳よ。ヨーロッパ人の威厳よ！
吹けまた吹け、
徳の吹子《ふいご》よ！
さあ、
もう一遍吠えろ。
道徳的に吠えろ。
道徳的な獅子として、
砂漠の娘たちの前で吠えろ！
——徳をわめくことこそ、
いとも可憐な乙女たちよ、
なによりも、
ヨーロッパ人の熱意、ヨーロッパ人の渇望だから！
そしてわたしも立っている、ここに、
ヨーロッパ人として、
わたしには他にどうすることもできない。神よ救《たす》け給え。
アーメン！

砂漠は育つ。わざわいなるかな、砂漠を内に秘めたる者は。

覚醒

一

漂泊者たる影が歌い終えると、一気に洞窟のなかは喧騒と笑いにみちた。招かれた客はみな同時に語りだし、驢馬すらもが興奮して黙ってはおれなかったので、ツァラトゥストラは思わず嫌悪を感じて、客を嘲笑するところだった。彼にとっても客人が陽気になったことはよろこばしくはあった。快癒の兆しだと思われたからだ。彼は外へと抜けだして、みずからの生き物たちに語った。

「彼らの悲惨はどこに行ってしまったのか」と言うと、いささか嫌悪をわすれて、息をついた。――「わたしのところに来て、あの悲鳴をあげることを忘れたらしい。

――あいにく、叫ぶことはまだ忘れていないが」。そしてツァラトゥストラは耳をふさいだ。そのとき驢馬が良いなあ《イ・アー》と鳴き、貴人たちの歓呼と奇怪にまざって聞こえてきたからだ。

「彼らは陽気にしている」とまた言葉をついだ。「だが、どうだろう。それはこの席の主人にとって余計なことではないか。彼らはわたしから笑うことを学んだ。だがわたしの笑いではない、彼らが学んだのは。

だが、知ったことではない。彼らは老人だ。彼らの仕方で恢復し、彼らの仕方で笑えばよい。わが耳はもっとひどいことも聞いて、それでも耐えてきた。わたしはいま彼らに無愛想にはしなかった。

今日という日はひとつの勝利だ。わが旧敵、重さの霊はおびえて逃げ出した。あのように悪く重くはじまったこの一日が、なんとよく終わろうとしていることか。そう、終わろうとしている。もう宵がくる。宵、このよい騎手は、海を越えて駆けつけてくる。真紅の鞍に乗って、この至福にみちて帰ってくる者は、見事にゆれながら。天空は澄んだ目でこれをうちながめ、世界は身をひくくしている。おお、諸君、わたしを訪れた奇妙な者たちよ。わたしのそばで生きれば、かならず報われるのだ」。

ツァラトゥストラはこう語った。するとまた貴人たちの叫びと笑いが洞窟から聞こえてきた。彼はまた語り始めた。

「彼らは食いついた。わたしの垂らした餌が効いた。彼らからも、その敵、重さの霊は逃げていく。すでに彼らはみずからを笑うことを学んだ——と聞いて、間違っていないだろうか。

わたしの男性的な食事と、みずみずしく力づける箴言が効いたのだ。そうだ、与えたのは嵩《かさ》ばかり張る野菜ではない。戦士の食物、征服者の食物だ。わたしは新しい食欲を目覚めさせたのだ。

新しい希望が彼らの四肢にみなぎっている。心臓はひろがっている。彼らは新しい言葉を見つけ、その精神はまもなく奔放な呼吸をしはじめるだろう。

もちろん、この食物は子どもには向かない。老若の女たちのあこがれのためにもならない。その胃袋を満足させるためには他の仕方があろう。わたしはそういう者たちの医者でも教師でもない。

貴人から嘔気がなくなっている。そうだ、これはわたしの勝利だ。わが国で彼らは安堵し、意味のない羞恥をすてて、おのれ自身を打ち明ける。

心から打ち明ける。よい時が戻ってくる。祝い、反芻する。——彼らは感謝するだろう。

これは最高の兆しだとわたしは思う。感謝するということは。まもなく、彼らは祝祭を思いつき、歓びを記念する石碑を建てるだろう。

快癒しつつあるのだ」。ツァラトゥストラは内心こう語ってよろこび、遠くをながめた。彼の生き物たちは寄ってきて、その幸福と沈黙とを讃えた。

二

だが、不意にツァラトゥストラは耳にしたものに仰天した。いままで喧騒と笑いにみちていた洞窟が、突如として死んだように静かになったのだ。——そして彼の鼻は松かさが燃えているような香ばしい煙とにおいを嗅いだ。

「どうしたのだ。彼らは何をしている」。彼はあやしんで、客たちには見られぬように、入り口からなかの様子をうかがった。奇っ怪につぐ奇っ怪であった。彼の目に映ったものは何だったか。

「彼らはみな、ふたたび敬虔になっている。祈っている。狂ったか」。——彼はそう言った。際限なく驚いた。当然である。貴人たちはみな、二人の王も、任を退いた教皇も、悪しき魔術師も、すすんで乞食になった人も、漂泊する影も、老いた預言者も、知的良心を持つ者も、最も醜い人間も、みな打ちそろって、子どものようにまた信心ぶかい老婆のように跪《ひざまず》いて、あの驢馬に祈りを捧げているのだ。そのときあの最も醜い人間が喉を鳴らし鼻息を立てはじめた。名状しがたいものを発するかのように。だがそれが実際に言葉になって出てくると、見よ、それは煙立ちこめるなかで崇められている驢馬をたたえる、敬虔な、奇妙な連禱だった。その連禱はこのように鳴り響いた。

アーメン！　賞賛と栄光と知恵と感謝と賛美と力が、永遠無窮にわれらの神にあらんことを！

——驢馬は応えていなないた、「良いなあ《イ・アー》」。

かの御方、われらの重荷を背負い、下僕の姿をまとい、心より辛抱づよく、決して「否《ナイン》」とは仰られぬ。かくして神を愛する者は、これに鞭を加える。

――驢馬は応えていなないた、「良いなあ《イ・アー》」。

かの御方は語られぬ。みずからお創りになった世界につねに「然り《ヤー》」と言う、そのとき以外は。かくしてみずからの世界を讃えられる。語らぬのは狡知ゆえ、だからこそおよそ間違うことがない。

――驢馬は応えていなないた、「良いなあ《イ・アー》」。

みすぼらしいお姿で世界を歩まれる。その身は灰いろ、そのなかに徳をお包みになる。精神を持つがお隠しになる。だが万人はその長い耳を信ず。

――驢馬は応えていなないた、「良いなあ《イ・アー》」。

かの御方が長き耳をされ、「然り《ヤー》」とだけ仰り、決して「否《ナイン》」と仰せにならないのは、なんとふかく秘められた知恵であろうか。この世界を御身に似せて創り給いしか、すなわち、なしうるかぎり、愚かに。

――驢馬は応えていなないた、「良いなあ《イ・アー》」。

御身は真っ直ぐな道も曲がった道も行かれる。人間が何を真っ直ぐとし曲がっているとするかは、御身はあずかり知られぬ。御身の国は善悪の彼岸にあり。御身の無垢は、無垢とは何かをご存知ないこと。

――驢馬は応えていなないた、「良いなあ《イ・アー》」。

見よ、御身は誰も押しのけはなさらない。乞食も王も。御身は幼子を近づけられる。悪童たちが誘うときも、天真爛漫「良いなあ《イ・アー》」と仰る。

——驢馬は応えていなないた、「良いなあ《イ・アー》」。

雌驢馬と新鮮な無花果《いちじく》を好まれる。何でもお食べになる。空腹でいらっしゃるときには、薊《あざみ》にさえ心をそそられる。ここにこそ神の知恵あり。

——驢馬は応えていなないた、「良いなあ《イ・アー》」。

驢馬祭り

一

だが連禱がここまで来ると、もはやツァラトゥストラはみずからを抑えていられなくなった。彼自身が「良《イ》いなあ《アー》」と叫んだ、驢馬よりも高く。そして狂乱のかぎりを尽くしている客人のあいだに飛び込んでいった。「何をしている、人の子よ」と叫んだ、地に伏して祈る者たちを引き起こしながら。「ツァラトゥストラ以外の者に見られたら、どうなる。

みなこう判断するだろう。お前たちは新たな信仰を持って、悪を限りに神を冒瀆する者か、あらゆる老婆よりもまして愚かな者になり果てたと。

そしてお前だ、老教皇よ。お前がしてきたこととどう折り合いをつけるのか、このように驢馬を神として崇めるとは」——。

「おおツァラトゥストラ」と教皇は答えた。「許してくれ。だが神事についてはあなたよりわたしのほうが詳しい。それは当然のことではありますまいか。

まったく姿かたちがない神よりは、こうして形ある神を拝むほうが好ましいのです。わが高貴なる友よ、この言葉によくよく思いを致していただきたい。すぐ悟られるでしょう、この言葉には深い知恵がひそんでおることを。『神は精神なり』と語った者は——この地上で無信仰へともっとも大きな跳躍をした者です。このような言葉が地に発せられれば、容易には取り返しがつきません！ この老いた心は、まだ地上に崇めるべき何ものかがあるということに、小躍りしている。おお、ツァラトゥストラよ。この信心深い教皇の心を許したまえ！——」。

——「そしてお前だ」とツァラトゥストラは漂泊者にして影に言った。「お前はみずから自由精神の持ち主と名乗り、そう思い込んでいるではないか。なのにいまさらこのような偶像崇拝と坊主の真似事をはじめるのか。

そうだ、お前がここでしていることは、あの小麦色の肌をした少女たちのそばでしたことよりもさらに悪い。お前、悪しき新しき信徒よ」。

「たしかに悪い」と漂泊する影は言った。「あなたは正しい。だがどうしようもないのです！ 古い神は復活した。おおツァラトゥストラよ。あなたが何と言おうとも。すべてはあの最も醜い人間がしたことだ。彼が古い神を蘇生した。かつて神を殺したと彼は言っている。が、死んだというのは、神々についてはいつも即断にすぎないものです」。

「——またお前だ」とツァラトゥストラは言った。「この質の悪い老魔術師よ。何ということをしたのか。この解放の時代にあって、このような驢馬を神として崇めたなら、これから誰もお前を信じはしないではないか。

お前は愚劣なことをした。悧巧なお前が、なぜこんな愚劣なことができるのか」。

「おお、ツァラトゥストラよ」、悧巧な魔術師は答えた。「あなたは正しいよ。これは愚かなことだ。――わたしにもなかなかやり難《にく》いことだった」。

――「そしてお前もだ」とツァラトゥストラは知的良心を持つ者に言った。「鼻に指でもあててよく考えてみるがいい。これはお前の良心に反しないのか。このように祈り、信徒仲間の臭気に耐えるには、お前の知はあまりに潔癖ではないのか」。

「ここには何か」と、知において良心を持つ者は鼻に指をあてて答えた。「この芝居には何か、わたしの良心にも快いものがあるのです。

おそらく、わたしは神を信じることができないのでしょう。しかし、こういう姿かたちをした神ならば、まだしも信じられる気がするのです。

信心深い人々が証言するところによれば、神は永遠であるとのこと。そのように時間があるのならば、急ぐこともありますまい。なしうるかぎりにゆっくりと、愚鈍にやればいい。そうなれば、そうなっても相当なことができるはずでしょう。

そして、あまりに多くの才知を持つものは、かえって愚鈍な振る舞いや痴愚な行いに夢中になるものです。あなた自身のことをお考えになるがよいでしょう、おお、ツァラトゥストラよ！

あなたご自身が――そうです！　あなたもまた、知恵ありあまるゆえに驢馬になりかねないお人だ。

非の打ちどころのない賢者こそ、もっとも曲がりくねった道を行きたがるものではありますまいか。実例からわかることです、おおツァラトゥストラ。――あなたという実例から！」

――「そして最後に、お前だ」とツァラトゥストラは言って、最も醜い人間の方に向き直った。彼はまだ地に伏していて、腕を驢馬のほうにさし上げていた（驢馬に葡萄酒を飲ませていたのだ）。「言え、名状しがたい者よ。お前はここで何をしていたのだ。

お前は変わってしまったようだ。その目は燃え、荘重な者の着る外套がその醜さをつつんでいる。何をした。

彼らが言っているように、お前が神を蘇生させたというのは本当か。だが何のために。神が殺され、退けられたのは、理由があってのことではないのか。

目が覚めたのはお前だ、とわたしには思える。何をした。なぜお前が回心した。なぜお前が改宗したのか。言え、名状しがたい者よ」。

「おお、ツァラトゥストラ」。最も醜い人間は答えた。「やくざなお方だ！

彼がまだ生きているのか、復活したのか、まったく死んでしまったか――それを誰よりも知っているのは、われわれ二人のうちで、どちらか。それをあなたに尋ねたい。

わたしの知っていることはただ一つ――かつてあなたから学んだことだ。おお、ツァラトゥストラよ。徹底的に殺す者は、笑うということを。

『怒りによってではなく、笑いによって、人は殺す』。――かつてそう言ったではない

か。おお、ツァラトゥストラよ、正体を隠す者よ、怒りなく滅ぼす者よ、物騒な聖者よ
——、やくざなお方だ、あなたは！」。

二

こんな破落戸《ごろつき》めいてふざけた答えばかりを聞いて、あらためて呆れ果てたツァラトゥストラは、洞窟の入り口まで跳び退ると、彼の客人一同に向き直って、語気を強めて叫んだ。

「おお、お前たち。いずれも悪ふざけが過ぎるたわけ者、戯《おど》け者よ。なぜわたしの前で空とぼけたり、白を切ったりするのか。

まったく、お前たちの心は歓びと悪意とで、そわそわしているではないか。ついにお前たちが童心に返ったからだ——ゆえに敬虔になった——

——ついにまた幼子《おさなご》のように振る舞うようになった。お祈りをしたり、手を合わせたり、『かみさま』などと言ったりして。

だが、いまはこの子ども部屋を去れ。今日はあらゆる子どもらしい騒ぎで暮れたこの洞窟から。お前たちの熱っぽい、子どものような心さわぐ大はしゃぎを、外で冷やすがいい。

もちろん、お前たちは子どものようにならなければ、あの天上には行けない。（そこ

でツァラトゥストラは諸手で頭上を指した)。

だが、われらは天国に行こうとはまったく思わない。われわれは大人になったのだ、――だから、われわれは地上の国を求めよう」。

三

そしてまたツァラトゥストラは語り始めた。「おお、わが新しい友よ」と彼は言った。「――奇妙な人よ、貴人たちよ。いま、諸君の何と好ましいことか、――また快活になってくれたのだから。君たちはみな本当に花ひらいた。諸君のような花には、新たなる祭典が必要だと思う。

――ちょっとした、勇気の要る莫迦さわぎや、礼拝式のような、驢馬祭りのようなもの、馴染みの陽気な道化師ツァラトゥストラのようなもの、諸君の魂を吹き払ってあかるくする一迅の突風が。

この夜とこの驢馬祭りを忘れるな。貴人たちよ。それは君たちがツァラトゥストラのそばで発明したものだ。それはよい兆候だと思う。快癒しつつある者だけが、このようなものを発明する。

諸君がこの驢馬祭りをまた執り行うとしても、それは君たちへの愛ゆえに、そしてわたしを愛するがゆえに行うがいい。そしてわたしの思い出のために」。

ツァラトゥストラはこう語った。

夜を行く者の酔歌

一

やがて一人またひとりと、外へ出て行った。自由で、つめたい、思惟にいざなう夜のなかへ。ツァラトゥストラ自身、最も醜い人間の手をとって導いていく。彼の夜の世界、巨《おお》きく円をえがく月、洞窟のそばの銀の滝を彼に指し示した。ついに彼らは黙《もだ》したまま寄り添って立った。老いた者ばかりだった。だがこころは勇気を取り戻していた。みな、地上にこのような仕合わせがあることに驚いていた。夜の秘密が、ひしひしと心に迫ってくる。そこであらためてツァラトゥストラは考えた。「おお、なんと諸君は好ましいことか。貴人たちよ」と。——しかし言わなかった。彼らの幸福と沈黙を敬って。——

そのとき、この驚くべき一日のなかでも最も驚くべきことが起こった。最も醜い人間が、もう一度、これを最後と、喉を鳴らし鼻息を立てはじめたのだ。ついにそれが言葉になったとき、見よ、彼の口から、一つの問いがまるく、くっきりと躍り出た。一つのよい、ふかい、あかるい問いだった。聞いた者すべてのこころを揺さぶった。

「わたしの友たるすべての人よ」と最も醜い人間は言った。「どう思うか。この一日のおかげで——わたしははじめて満足した。いままで生きてきた、全生涯に。

それを証言しただけでは、わたしには足りない。この大地に生きることは、意味があることなのだ。ツァラトゥストラと共にあったひと日、一度の祭りが、大地を愛することを教えてくれた。

『これが――生だったのか』。わたしは死に向かって言おう。『よし！　ならばもう一度！』

わが友たちよ。どう思うか。君たちはわたしと同じく、死に向かって言おうとは思わないか。『これが――生だったのか。ツァラトゥストラのために、よし！　ならばもう一度！』と」――

最も醜い人間はこう語った。真夜中ちかくだった。そのとき何が起こったか、君たちは信じられるか。貴人たちはその問いを聞くと即座に、一度で、みずから変貌し、恢復したことに気づいた。そしてそれを誰が与えてくれたかも。彼らはツァラトゥストラに駆け寄り、それぞれの仕方で、感謝し、敬意をしめし、愛撫し、その手に口づけた。笑う者もあった、泣く者も。老いた預言者はよろこびのあまり踊り出した。あまたの語り手が伝えるとおりに、甘美な葡萄酒がしたたかに入っていたのだが、それよりも甘美な生にみちていて、すべての疲れを捨て去っていたのは確かだ。どころか、驢馬さえも踊っていたと伝える者もある。最も醜い人間がさきに葡萄酒を飲ませたのも無駄ではなかったとまで。そうだったのかもしれぬ、そうではなかったのかもしれぬ。たとえ、その宵に驢馬が踊らなかったのが事実だとしても、驢馬が踊ったなどということよりもはるかに偉大で、奇異で、不思議なことが起こったのだ。つまり、ツァラトゥストラの言い方を借りれば、こうなる。「そんなことは知ったことではない」。

二

最も醜い人間がこうしていたとき、ツァラトゥストラは酔漢のように立っていた。目の光は消え、舌はもつれ、足元がたよりない。誰が見抜くことができたろう、そのとき、いかなる思考がツァラトゥストラの魂を走っていたかを。しかし彼の精神はそこになく、逃げ去って、はるか彼方にあった。文書に書かれてある通りに、「二つの大海のあいだの高い尾根の鞍部に、

――過去と未来のあいだに、重い雲としてたゆたって」。しかし、貴人たちが彼を腕に抱えているあいだに、彼は少しずつわれに返って、崇拝し気遣ってみずからを取り囲む者の手をこばんだ。だが黙っていた。だが彼は不意に、すばやく頭をあげた。何か聞こえたらしい。そして指を口に当てて言った。「来い！」

すぐにあたりは静かに、ひそやかになった。深い谷底からゆっくりと鐘の音が昇ってくる。ツァラトゥストラは耳を澄ませた。貴人たちもそうした。そしてもう一度、指を口に当てると、言葉を継いだ。「来い！　来い！　真夜中が近づいた！」――彼の声は変わっていた。だが彼はじっとしてその場を動かない。あたりはいっそう静かに、ひそ

やかになった。すべての者が耳を澄ませた。驢馬さえも。またツァラトゥストラの名誉ある生き物、鷲と蛇も。さらにツァラトゥストラの洞窟も、巨きなつめたい月も、そして夜そのものすら。そして、ツァラトゥストラは三たび口に指を当てて言った。

「来い！　来い！　来い！　いまこそ出かけよう！　いまがその時だ。夜のなかへ出かけよう！」

三

諸君、貴人たちよ。真夜中は近づいた。君たちの耳に或ることを伝えよう。あの古い鐘がこの耳に伝えたとおりに、——

——ひそやかに、おそろしく、心をこめて。あの真夜中の鐘が語りかけるとおりに。一人の人間よりも多くを経験してきたあの鐘が。

——あの鐘は、諸君の父たちの心の痛みの鼓動を数えてきた——ああ、ああ。なんという嘆息か。なんと夢見つつ笑うことか。この老いた、深いふかい真夜中は。

静かに。しずかに。さまざまなことが聞こえてくる、昼の間には音を立ててはならなかったことごとが。いま大気は冷え、君たちの胸騒ぎも収まっている。

——いま、それは語る。いま聞こえる。いま忍んでくる、夜に不寝番をする魂のなかへ。ああ、ああ。なんという嘆息か。なんと夢見つつ笑うことか。

——お前には聞こえないか、あれがひそやかに、おそろしく、こころこめてお前に語りかけるのが。あの古い、深いふかい真夜中が。

おお人間よ、耳を澄ませ。

四

いたわしいことだ。時間はどこへ行った。この身は深い泉のなかに沈んだか。世界はねむる——

ああ、ああ。犬が吠える。月がひかる。いっそ死にたい、死にたい、わが真夜中の心がいま考えていることを、君たちに告げるよりは。

もう死んだ。過ぎ去った。蜘蛛よ、なぜわたしに糸を張る。血が欲しいか。ああ、ああ。露がおりてくる、時が来る——

——わたしを悴《かじか》ませ、凍えさすあの時が。問う、問う、問うのだ。「誰に、それに耐えうる心があるか。

——大地の主となるべき者は誰か。『大河よ、小川よ、いま流れるとおりに流れよ』と言う者は誰か」。

——時が迫る。おお、人間よ。貴人よ。耳を澄ませ。この言葉は鋭敏な耳のためのものだ。お前の耳のための。——深い真夜中は何を語る。

五

この身は運ばれていく。わが魂は踊る。昼の仕事よ、昼の仕事よ。大地の主になるべき者は誰か。

月はつめたい。風は黙《もだ》す。ああ、ああ。お前たちが高く飛んで、その程度か。踊りもした。だが、脚はやはり翼ではない。

お前たちはよく踊ったが、今すべての快楽は去った。葡萄酒は滓《かす》になった。杯はのこらず朽ちた。墓がつぶやいている。

お前たちが高く飛んでも足りなかった。いま墓がつぶやいている。「死人を救い出してくれ。なぜ夜はこんなに長いのか。月はわれらを酔わせてはいないか」。

貴人たちよ。墓を救え。亡骸《なきがら》を目覚めさせよ。ああ、なぜまだ虫が食うのか。迫るのに、時が迫るのに、――

――鐘が低《ひき》やかに鳴るのに。心臓はまだ軋む。木食い虫はまだ食っている、心臓の虫は。ああ、ああ、世界は深い。

六

甘美な竪琴よ、甘美な竪琴よ。その響きを愛する。酔った蟇蛙のような響きを。――どんなに遙か昔から、どんなに遙か彼方から、その音はやってくることか。遙かな、愛の池から。

お前、古い鐘よ。甘美な竪琴よ。あらゆる痛みがその心臓に打ち込まれた。父の苦痛、父たちの苦痛、太古の祖先の苦痛が。お前の言葉は熟れた――。

――金いろの秋と午後のように、わが隠者のこころのように、熟れて。――そしていまお前は語る。「世界そのものが熟れた。葡萄は色づいた。

――いま死のうとしている。幸福のために死のうと」。諸君、貴人たちよ。その匂いを感じないか。ひそやかに湧きあがってくる匂いを。

――永遠の薫りだ、永遠の匂いだ。古い幸福の、薔薇のようにあかく至福の、くすんだ金いろの葡萄酒の薫りだ。

酔った、真夜中の死の幸福の薫りだ。それが歌う。世界は深い、昼が思うよりも。

七

放っておいてくれ。放っておいてくれ。わたしは、お前にとっては清《きよ》らにすぎる。この身に触れるな。わたしの世界は、いま完璧になったではないか。

わたしの膚《はだ》は、お前が手を触れるには清らにすぎる。放っておいてくれ。愚かで、鈍《のろ》くて、陰にこもった昼よ。真夜中のほうがあかるくはないか。

最も清らかな者が大地の主になるべきだ。最も知られていない者、最も強い者、どんな昼よりあかるく深い、真夜中の魂を持つ者が。

おお、昼よ。わたしを捕まえようと手探りするか。わが幸福がほしいか。お前には、わたしが豊かで、孤独で、宝の鉱脈で、黄金の蔵のように見えるのか。

おお、世界よ。わたしが欲しいか。お前から見て、わたしは俗人のようか。聖者のようか。神のようか。だが、昼と世界よ。お前たちは鈍重すぎる、――

――もっと巧みな手を持つがいい。もっと深い幸福に、もっと深い不幸に、手を伸ばせ。どこかの神に手を伸ばせ。わたしには手を出すな。

――わたしの不幸、わたしの幸福は深い。奇妙な昼よ。だが、わたしは神ではない。神の地獄でもない。深いのだ、その苦痛は。

八

神の苦痛はもっと深い。お前、奇妙な世界よ。神の苦痛に手を伸ばせ、わたしではなく。わたしは何か。一つの酔いしれた、甘美な竪琴だ、——真夜中の竪琴だ。蟇蛙の音を出す鐘だ。誰にもわからない。だが、語らざるを得ない。耳癡《し》いた者にむかって。お前たちにはわたしがわからない。去って行った。去っていった。貴人たちよ。おお、青春よ。おお、昼よ。おお、午後よ。そしていま宵が来た、夜が、真夜中が——犬が吠える。風が。

風は一匹の犬ではないか。啼《な》く、わめく、吠える。ああ、ああ。なんという嘆息か。なんと笑うことか。なんと喉を鳴らし、あえぐことか。この真夜中は。

真夜中は酔いしれた女詩人、今はなんと素面《しらふ》の声で語ることか。その酔いすらも呑んでしまったか。目が冴えてしまったか。反芻しているか。

——この老いた深い真夜中は、夢のなかで、彼女の苦痛を反芻している。いやまして、彼女の歓びを。苦痛は深い、とはいえ、歓びはさらに深いから。歓びは苦悩よりも深いのだ。

九

葡萄の樹よ。どうしてわたしを讃える。わたしはお前を切ったのに。わたしは残虐で、お前は血を流している。わたしの酔いしれた残虐さを、お前は讃える。なんのために。「完全になったもの、すべて熟れたものは——死のうとする」。そうお前は語る。葡萄を摘む鋏に、さいわいあれ、さいわいあれ。だがまだ熟れぬものは生きようとする。いたましいことだ。

苦痛は語る、「過ぎ去れ、消えてくれ、苦痛よ！」。だが苦悩するものはすべて生きようとする。成熟して、歓び、憧れるために。

——もっと遠く、高く、あかるいものに憧れて。「わたしを継ぐ者が欲しい」と、苦悩するものはすべて、こう語る。「子どもが欲しいのだ。このわたしではない、」——だが歓びにはあとを継ぐ者などいらぬ。子どもなど。——歓びは欲する、おのれ自身を、永遠を、回帰を、万物が永遠に同一であることを。

苦痛は語る、「裂けよ、血を噴け、心臓よ。彷徨《さまよ》え、脚よ。飛べ、翼よ。上へ、上へと、痛みよ！」。よい、よろしい。おお、わが親しい心臓よ。苦痛は言う、「去れ」と。

十

貴人たちよ。どう思うか。わたしは預言者か。夢見る者か。酔っているか。夢を解く者か。真夜中の鐘か。

露のひとしずくか。永遠からくる臭気か、薫香か。聞こえないか。嗅がないか。いま、わが世界は完全になった。真夜中もまた正午なのだ、——

苦痛はまた一つの歓びであり、呪いはまた一つの祝福であり、夜はまた一つの太陽だ

——学ぶ気がないなら去れ。一人の賢者はまた一人の阿呆であると。
一つの歓びに、然《ヤー》りと言ったことがあるか。おお、わが友よ。ならばすべての苦痛に然《ヤー》りを言ったことになる。万物は鎖でつながれ、糸でつながれ、愛でつながれている、——

——かつて一度あったことを二度欲したことがあるか。かつて「気に入った。幸福よ、刹那よ、瞬間よ」と言ったことがあるなら、万物の回帰を欲したことになる。

——万物をあたらしく、万物を永遠に、万物が鎖でつながれ、糸でつながれ、愛でつながれていることを。おお、諸君はこのように世界を愛した——

——諸君、永遠なるものよ。世界を愛せ、永遠に、すべての時にわたって。苦痛にも言うがいい。去れ、しかし戻って来い、と。すべての歓びは——永遠を欲するのだから。

十一

歓びはすべてが永遠であることを欲する。蜜を、滓を、酔いしれた真夜中を、墓を、墓の涙のなぐさめを。黄金の夕焼けを欲する。

——歓びが欲しない何ものがあろうか。歓びはさらに渇いていて、あたたかく、飢えていて、おそろしく、ひそやかなのだ。すべての苦痛よりも。歓びはみずからを欲し、みずからを嚙む。円環の意志は歓びのなかでめぐる——

——歓びは愛を欲する。憎しみを欲する。歓びはあまりに豊かで、贈り、投げ捨て、誰かが取ることを乞い、取り上げた者に感謝する。憎まれてもよろこぶ、——

——このようにも豊かなのだ、歓びは。だから苦痛を、地獄を、憎しみを、恥辱を、不具を、渇きもとめる。世界すらを——。この世界を、だ。おお、それがどんなものか知っていよう。

諸君、貴人たちよ。歓びは君たちを憧れもとめている。この解き放たれた、至福の歓びは。——諸君の苦痛すら。おお、出来損ないたちよ。すべて永遠の歓びは、不出来なものを憧れもとめる。

すべての歓びはみずからを欲しているのだから。ゆえに苦悩をも欲する。おお、幸福よ。おお、苦痛よ。裂けよ、心臓よ。貴人たちよ、学べ。歓びは永遠を欲する。

——歓びはすべてのものが永遠であることを欲する。深い、深い永遠を欲する。

十二

さあ、わたしの歌を学んだか。それが何を望むかを察したか。よい、よろしい。貴人たちよ、ならばわが輪唱を歌うがいい。

自分で歌うのだ、この歌を。その名を「もう一度」、その意味は「永遠に」だ。——歌え、貴人たちよ。ツァラトゥストラの輪唱を。

おお、人間よ、耳を澄ませ。
深い真夜中は何を語る。
「わたしは眠った、ねむった――
深い夢からめざめた――。
世界は深い。
昼が思うよりも。
世界の痛みは深い――
歓びは――苦悩よりもなお、深い。
苦痛は言う、去れと。
だがすべての歓びは永遠を欲する。
深い、深い永遠を欲する！」。

兆し

一夜明けて朝、ツァラトゥストラは臥所《ふしど》から飛び起きて、腰帯を巻くと、洞窟の外に出た。燃えて力に満ちていた。暗い山から昇る朝の太陽のように。

「君よ、大いなる星よ」と、ツァラトゥストラはかつて語ったことばを言った。「君よ、深い幸福の目よ。いったい君の幸福もすべてなにものであろうか、もし君にひかり照らす相手がいなかったならば。

君がはやくも目覚め、やって来て、贈りわかち与えているのに、あの者たちはまだ洞《うろ》から出てこない。君の誇り高い羞恥は、どんなに怒ることだろう。

よろしい。わたしは目覚めているのに、貴人たちはまだ眠っている。彼らはわたしの本当の道連れではない。この山でわたしが待っているのは、彼らではない。

わたしの仕事へ、わたしの昼へ向かおう。だが、彼らにはわからない、わたしの朝の兆しを。この足音は——彼らの目を覚ますためにあるのではない。

まだわたしの洞窟で眠っている。まだ彼らの夢はわたしの真夜中を噛みしめている。わたしに傾けられる耳が、——聞き従う耳が、彼らの四肢には欠けている」。

——太陽が昇りつつあるとき、ツァラトゥストラはみずからの心にこう語った。そこで空を見あげた。頭上に、彼の鷲のするどい叫び声を聞いたのだ。「よろしい！」と上にむかって叫んだ。「好《よ》い。こうでなくてはならない。わが生き物たちは目覚めた。わたしが目覚めたのだから。

わたしの鷲は目覚めて、同じように太陽を敬っている。鷲の爪で新しい光を摑んでいる。お前たちは真にわたしの生き物だ。愛している。

だが、真のわたしの人間が、まだいない」――。


ツァラトゥストラはこう語った。が、そのとき突如、みずからの周囲を群れ飛ぶ数知れぬ鳥の羽音を聞いた。翼の羽ばたきはあまりに夥《おびただ》しく、頭をとりまいて殺到する勢いが激しかったので、目を閉じた。そして本当に雲のごとく、新たな敵に降りそそぐ矢の雲のごとくにそれは降りかかってきた。だが、見よ。それは愛の雲だった。新たな友めがけて降りそそぐ。

「どうしたことだ」とこころ驚いて考え、洞窟の入り口のそばにあった大きな石にゆっくりと腰かけた。身のまわり、上下に手を伸ばして、愛にあふれた鳥たちをさえぎっているど、見よ、いっそう不思議なことが起こった。知らず、みっしりと詰まったあたたかい毛のふさのなかに手を差し入れたのだ。そのうえ、すぐ手前から一つのうなり声まで響いて来た。――やさしい、ながい、獅子の咆哮だった。

「兆しが来た」と、ツァラトゥストラは言った。心が一変した。そしてまことに、彼の前はあかるくなり、黄いろく、力強い、一匹の獣が伏していた。頭を彼の膝にすり寄せて、愛のあまりに離れようとはせぬ。もとの主人に再会した犬のように。鳩たちも、愛をしめすに熱心で、獅子におさおさ劣らなかった。鳩の一羽が獅子の鼻をかすめるたびに、獅子は頭を振ってあやしみ、笑った。

　このすべてに、ツァラトゥストラは一言のみ語った。「わたしの子どもたちは近い。わたしの子どもたちは」。――そして黙り込んだ。しかし心はほぐれ、その目から涙が滴って、手にこぼれた。もはや何事にも気をとめず、身じろぎもせずそこに座って、生き物たちをさえぎろうともしなかった。鳩たちは飛び去り飛び寄り、肩にとまって、彼の白髪を愛撫して、愛情とよろこびをみせて飽きることがなかった。たくましい獅子はツァラトゥストラの手におちた涙をいつまでも舐めて、控えめに吠え、うなった。これがこの生き物たちのしたことだった――。

　このすべては長い時間つづいた。あるいは短い時のあいだだった。このような事柄をはかる時間は、この地上にはないから。しかしそのあいだに貴人たちはツァラトゥストラの洞窟で目を覚まし、一列になって揃って出てきた。ツァラトゥストラのもとに行き、朝の挨拶をするためだった。彼らが目覚めたときには、彼の姿がもう見えなかったから。彼らが洞窟の入り口まで来て、その足音が先に聞こえてくると、獅子は驚いて、きっと、ツァラトゥストラからはなれて向きなおり、猛々しく吠えながら、洞窟にむかって飛びかかっていった。貴人たちは咆哮を聞くと、みないっせいに悲鳴をあげ、後ずさると、すぐ姿を消してしまった。

放心し、他人事のようだったツァラトゥストラその人も、その座から立ち上がり、あたりを見回すと、驚いて立ちすくんだ。その心にたずね、みずからがただ一人であることを悟った。「さて、何が聞こえたか」と、ついにゆっくりと口を開いた。「いま、わたしに何が起こったのか」。

　すると、はやくも記憶がよみがえってきた。一瞬で、昨日と今日のあいだに起こったことを理解した。「この石だ」と言って、髭をなでた。「昨日の朝、この上に座っていた。ここへ預言者がやって来た。ここではじめにあの悲鳴を聞いた。たった今しがた聞いていた、あの大きな悲鳴を。

　おお、諸君、貴人たちよ。昨日の朝、あの老いた預言者が預言したのは、君たちの苦難だったのだ——

　——諸君の苦難へと、あの預言者は唆《そそのか》し、わたしを試したのだ。『おおツァラトゥストラ』と彼は言っていた。『わたしはあなたを唆しに来たのです、あなたの最後の罪を犯させようとして』と」。

「わたしの最後の罪だと」。ツァラトゥストラは叫び、みずからの言葉に苛立って笑った。「わたしが最後の罪として残していたものがあったのか」。

　——そしてツァラトゥストラはもう一度もの思いに沈み、あの大きな石にまた腰を下ろして、考え込んだ。突然、跳ね起きた。

「同情だ。貴人たちへの同情だ」と叫んだ。するとその顔《かんばせ》は青銅《あおがね》になった。「よし。その時は——過ぎたのだ。
わたしの苦悩、そしてわたしの同情——そんなことは知ったことか。わたしが求めているのは幸福か。わたしが求めているのは、わたしの仕事だ。よろしい！　獅子は来た。わたしの子どもたちは近い。ツァラトゥストラは熟れた。わが時が来た——

これはわたしの朝だ。わたしの日がはじまる。さあ昇れ、昇って来い、大いなる正午よ！」——

ツァラトゥストラはこう語った。そしてその洞窟を出た。暗い山から昇る朝の太陽のように、燃え、力に満ちて。

訳者あとがき

本書は、Friedrich Nietzsche, *Also sprach Zarathustra.* の全訳である。訳出にあたりFriedrich Nietzsche, *Also sprach Zarathustra.Ein Buch für Alle und Keinen*, in Sämtliche Werke, Kritische Studienausgabe, Bd. 4, hrsg. v. Giorgio Colli und Mazzino Montinari, München/Berlin/New York, Walter de Gruyter, 1999. を底本とした。

感嘆符は欧米語と日本語とではニュアンスが違うので多く省略した。そのかわり語尾の処理等で強調の表現を出すようつとめた。また、もっとも信頼すべき上記原典表記において発言の括弧の開閉が定まらぬ箇所があり、やむなくこれを補った。

佐々木　中

二〇一五年　向暑

原典には現在差別語とされる語句が含まれるが、原典を尊重してそのまま翻訳した。ご寛恕を願う。

Friedrich Wilhelm Nietzsche "Also sprach Zarathustra"

ツァラトゥストラかく語《かた》りき

二〇一五年 八 月二〇日 初版発行
二〇二五年 七 月三〇日 14刷発行

著 者 F・ニーチェ
訳 者 佐々木中《ささきあたる》
発行者 小野寺優
発行所 株式会社河出書房新社
〒一六二-八五四四
東京都新宿区東五軒町二-一三
電話〇三-三四〇四-八六一一（編集）
〇三-三四〇四-一二〇一（営業）
https://www.kawade.co.jp/

ロゴ・表紙デザイン 粟津潔
本文フォーマット 佐々木暁
本文組版 KAWADE DTP WORKS
印刷・製本 TOPPANクロレ株式会社

Printed in Japan ISBN978-4-309-46412-1

喜ばしき知恵

フリードリヒ・ニーチェ　村井則夫〔訳〕　46379-7

ニーチェの最も美しく、最も重要な著書が冷徹にして流麗な日本語によってよみがえる。「神は死んだ」と宣言しつつ永遠回帰の思想をはじめてあきらかにしたニーチェ哲学の中核をなす大いなる肯定の書。

ニーチェと哲学

ジル・ドゥルーズ　江川隆男〔訳〕　46310-0

ニーチェ再評価の烽火となったドゥルーズ初期の代表作、画期的な新訳。ニーチェ哲学を体系的に再構築しつつ、「永遠回帰」を論じ、生成の「肯定の肯定」としてのニーチェ／ドゥルーズの核心をあきらかにする著。

服従の心理

スタンレー・ミルグラム　山形浩生〔訳〕　46369-8

権威が命令すれば、人は殺人さえ行うのか？　人間の隠された本性を科学的に実証し、世界を震撼させた通称〈アイヒマン実験〉――その衝撃の実験報告。心理学史上に輝く名著の新訳決定版。

定本　夜戦と永遠　上

佐々木中　41087-6

『切りとれ、あの祈る手を』で思想・文学界を席巻した佐々木中の第一作にして主著。重厚な原点準拠に支えられ、強靭な論理が流麗な文体で舞う。恐れなき闘争の思想が、かくて蘇生を果たす。

定本　夜戦と永遠　下

佐々木中　41088-3

俊傑・佐々木中の第一作にして哲学的マニフェスト。厳密な理路が突き進められる下巻には、単行本未収録の新論考が付され、遂に定本となる。絶えざる「真理への勇気」の驚嘆すべき新生。

仝

佐々木中　41351-8

『アナレクタ・シリーズ』の四冊から筆者が単独で行った講演のみ再編集文庫化し、新たに二〇一四年秋に行われた講演「失敗せる革命よ知と熱狂を撒け」を付した、文字通りのヴェリー・ベスト。